Ich bin Influencer

Steuern leicht gemacht für selbstständige Content Creator und Influencer

Dominik Fuhrmann und
Annette Winkler

WOLTERS KLUWER | STEUERTIPPS

Postfach 10 01 61 · 68001 Mannheim
Telefon 0621/8626262
Telefax 0621/8626263
www.steuertipps.de

1. Auflage
Stand: Juli 2024

Zum Zwecke der besseren Lesbarkeit verwenden wir allgemein die grammatisch männliche Form. Selbstverständlich meinen wir aber bei Personenbezeichnungen immer alle Menschen unabhängig von ihrer jeweiligen geschlechtlichen Identität.

Redaktion: Dr. Torsten Hahn, Benedikt Naglik, Annette Winkler

Geschäftsführer: Christoph Schmidt, Stefan Wahle

Layout und Umschlaggestaltung: futurweiss kommunikationen, Wiesbaden

Bildquelle und Grafiken: Carla Lenné

Printed in Poland

ISBN 978-3-96533-364-2

Vorwort

Als Influencer*in oder Content Creator*in Geld verdienen – das ist keine Ausnahme mehr. Viele, gerade junge Menschen, geben »Influencer*in« oder »Content Creator*in« als ihren Berufswunsch an.

Was häufig in den Hintergrund tritt: Gehst du einer Influencertätigkeit nach und wirst dafür auch bezahlt, bist du in den meisten Fällen selbstständig. Und das bedeutet dann für dich: Du hast einen eigenen »Betrieb« bzw. ein eigenes »Geschäft«, für das du verantwortlich bist. Und von dem Geld, das du als Influencer*in verdienst, musst du auch deine Steuern zahlen!

Influencer*innen und Content Creator*innen geraten immer mehr in den Fokus der Finanzämter. Dies hat eine Entscheidung des Finanzgerichts Niedersachsen gezeigt, welches im Jahr 2024 veröffentlicht wurde. Das erste Urteil, bei dem es um eine Influencerin und ihre Ausgaben ging.

Auf den Punkt gebracht: Influencer*innen sind »ganz normale« Selbstständige und Unternehmer. Als Unternehmer hast du zum einen Pflichten, denen du nachkommen musst, zum anderen möchtest du mit deinem Influencerunternehmen auch ganz oder teilweise deinen Lebensunterhalt verdienen.

Für jeden Unternehmer ist es daher wichtig, die wirtschaftlichen Zusammenhänge im eigenen Betrieb zu verstehen, um zu wissen, welche Folgen die eigenen Handlungen haben, und um zu wissen, wie viel Geld am Ende übrig bleibt. Denn es geht um dein Geld!

Unser Ratgeber soll dir helfen, diese Zusammenhänge zu verstehen. Daher war es unser Ziel, verständlich und ohne allzu viele Fachbegriffe zu schreiben – auf die Angabe von Paragrafen haben wir bewusst verzichtet. Wir wollen dir zeigen, was alles zu deinen Einnahmen gehört, was du als Ausgaben in deinem Influencerbetrieb berücksichtigen kannst, wie sich dein Gewinn ergibt und welche Steuern du zahlen musst.

In diesem Ratgeber sollst du gezielt Antworten auf deine Fragen finden. Daher beginnen wir den Ratgeber mit der Kurzzusammenfassung »Shortcut: Durch das Steuerleben eines Influencers oder Content Creators«. Hier findest du nach jedem Abschnitt zahlreiche »FAQs«, die dir helfen werden, die für dich passende Antwort zu finden. So kannst du die Antwort auf deine konkrete Frage schnell nachschlagen. Auch das an Fragen orientierte Inhaltsverzeichnis und ein ausführliches Stichwortverzeichnis helfen dir, gleich eine Lösung für dein Problem zu finden. Beim Thema Steuern wird es manchmal aber doch komplex – hier sollen anschauliche Grafiken helfen, die für dich richtige Entscheidung zu treffen.

Wir sind mehr in der Welt der Steuern zu Hause, weniger in der Welt der Influencerinnen und Influencer. Daher haben wir mit vielen Influencer*innen und Content Creator*innen gesprochen, um deren Probleme und Fragen kennen zu lernen. Unser großer Dank geht besonders an Anke, Anna-Lena, Jana, Kaddi, Nadina und Tim, die sich richtig viel Zeit für uns genommen haben.

Uns ist natürlich bewusst, dass man unter den Begriffen Influencer*in und Content Creator*in nicht das Gleiche versteht und es Unterschiede gibt. In diesem Ratgeber haben wir aber einfach beide Bezeichnungen abwechselnd genutzt. Und wir hoffen, dass alle, die sich mehr als Content Creator*in verstehen, sich auch mit Influencer*in angesprochen fühlen und umgekehrt.

Und last, but not least: Für eine bessere Lesbarkeit verwenden wir in diesem Ratgeber von nun an die grammatisch männliche Form Influencer und Content Creator. Selbstverständlich meinen wir dabei immer alle Menschen unabhängig von ihrer jeweiligen geschlechtlichen Identität.

Dominik Fuhrmann und Annette Winkler

Inhalt

Shortcut: Durch das Steuerleben eines Influencers oder Content Creators

Hast du einen eigenen Blog oder bist auf Instagram, TikTok, YouTube, X, Snapchat, Facebook, Twitch oder einer anderen Plattform aktiv?

Egal, wie viele Follower du hast – solange du mit deinem Social-Media-Account **kein Geld** verdienst und für deine Posts, Storys und Beiträge auch **keine Produkte oder Geschenke** zugeschickt bekommst, ist das deine Privatsache. Das interessiert das Finanzamt nicht.

Wann geht es mit den Steuern los?

Hast du aber viele Follower oder Abonnenten und dir so eine stattliche Community aufgebaut, dann hast du auch eine große Social-Media-Reichweite. Und selbst mit einer vergleichsweise geringen Anzahl an Followern kann deine Reichweite für potenzielle Kooperationspartner interessant sein. Vorausgesetzt, du hast eine vielversprechende Nische gefunden und veröffentlichst hier authentisch und überzeugend deinen Content. Gerade dann ist deine Nutzerbindung oft besonders hoch.

Meldest du dich nun beispielsweise bei Google AdSense oder dem Partnerprogramm von Amazon oder einem anderen Partnerprogramm an, verdienst du mit deiner Reichweite Geld. Denn du bekommst beispielsweise pro Klick oder pro Verkauf einen gewissen Betrag. Oder du erhältst nun Anfragen von Unternehmen und gehst mit ihnen eine Kooperation ein. Für deine Kooperationspartner sollst du dann zum Beispiel die Produkte der Unternehmen in deinen Beiträgen, Videos oder Storys zeigen. Diese Produkte bekommst du von den Unternehmen geschickt und häufig darfst du sie im Anschluss behalten. In vielen Fällen bekommst du für deinen Beitrag auf Social Media auch noch ein vorher vereinbartes Honorar gezahlt.

Egal, ob du Provisionen pro Klick, Produkte zum Zeigen, Geschenke oder Honorar bekommst: Ab diesem Zeitpunkt verdienst du mit deiner Tätigkeit als Influencer Geld. Und damit kommt das Thema Steuern und das Finanzamt ins Spiel. Als Influencer kannst du

- bei der Einkommensteuer
- bei der Umsatzsteuer
- bei der Gewerbesteuer

steuerpflichtig sein und daher Steuern zahlen müssen.

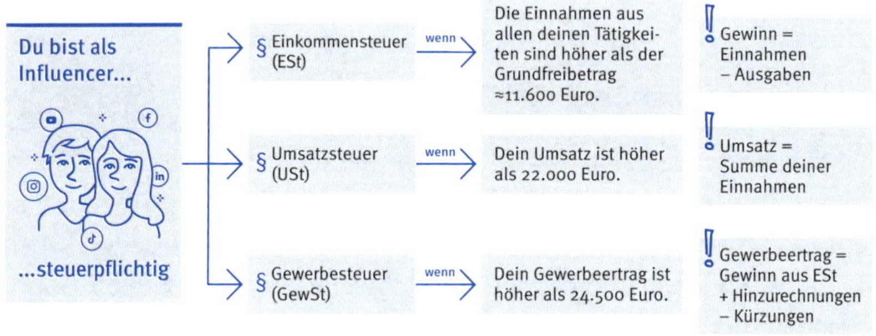

FAQs:

- Ab wann muss ich Steuern zahlen? → Kapitel 1.1
- Gibt es nicht einen Freibetrag? Und erst ab dem muss ich Steuern zahlen? → Kapitel 1.1
- Muss ich immer Einkommensteuer zahlen? → Kapitel 1.1.1 und Kapitel 3
- Muss ich auch Mehrwertsteuer zahlen? → Kapitel 1.1.2 und Kapitel 4

Als Influencer bist du selbstständig und hast meist einen Gewerbebetrieb

Egal, ob du die Influencertätigkeit zu deinem Beruf machst oder ob du zum Beispiel auch noch einen Job als Angestellter hast und nur nebenher als Influencer Geld verdienst. Für dich ist es wichtig zu wissen, dass du als Influencer oder Content Creator

- selbstständig bist und
- in den meisten Fällen ein Gewerbe hast.

Als selbstständiger Influencer bist du also ein Unternehmer mit einem »eigenen Betrieb« oder einem »eigenen Geschäft«, um das du dich kümmern musst und für das du verantwortlich bist. Damit sind aber auch einige Pflichten verbunden.

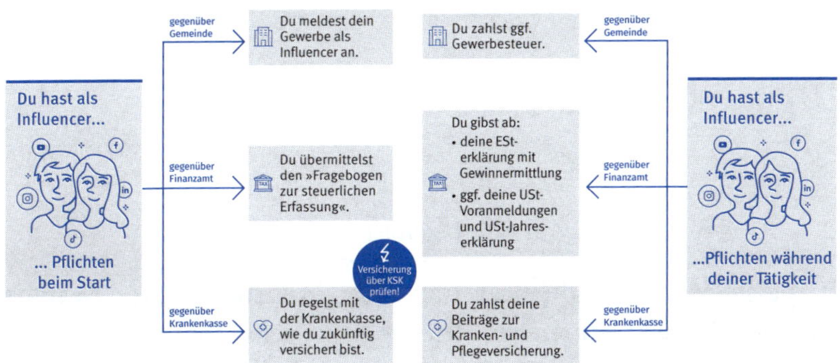

Du meldest ein Gewerbe an

In den meisten Fällen hast du als Influencer einen Gewerbebetrieb. Das bedeutet für dich, du musst deinen Betrieb **unmittelbar** nach der Eröffnung beim Gewerbeamt deiner Gemeinde anmelden. Unmittelbar bedeutet: Sobald du dich bei einem Partnerprogramm angemeldet hast oder eine Kooperation eingegangen bist, ist auch die Gewerbeanmeldung Pflicht. Das Gewerbeamt ist zuständig für die Gewerbesteuer. Und auch wenn du zu Beginn deiner Influencertätigkeit wahrscheinlich noch keine Gewerbesteuer zahlen musst, weil dein Gewinn noch zu gering ist: Die Anmeldung ist auf alle Fälle notwendig!

FAQs:

- Welche Angaben muss ich bei der Gewerbeanmeldung machen? → Kapitel 2.1.1
- Gibt es eine Grenze, ab der ich ein Gewerbe anmelden muss? → Kapitel 2.1
- Was muss ich als Influencer bei »Tätigkeit« reinschreiben? → Kapitel 2.2.2
- Kann ich ein Gewerbe anmelden, wenn ich noch nicht volljährig bin? → Kapitel 2.1.2
- Habe ich als Content Creator immer einen Gewerbebetrieb? → Kapitel 1.2.2
- Muss ich auch Gewerbesteuer zahlen? → Kapitel 7

Das Finanzamt will auch einiges von dir wissen

Als selbstständiger Influencer musst du **innerhalb eines Monats** nach Start deines »Influencerbetriebs« deine selbstständige Tätigkeit beim Finanzamt anmelden. Dazu übermittelst du den »**Fragebogen zur steuerlichen Erfassung**« elektronisch an das für dich zuständige Finanzamt.

FAQs:

- Wie fülle ich den Fragebogen zur steuerlichen Erfassung aus? → Kapitel 2.2.3
- Warum will das Finanzamt so viel von mir wissen? → Kapitel 2.2.2
- Woher bekomme ich meine Steuernummer? → Kapitel 2.2

- Wie kann ich den Fragebogen elektronisch übermitteln? → Kapitel 2.2.1
- Wie registriere ich mich bei »Mein ELSTER«? → Kapitel 2.2.1
- Woher bekomme ich die ganzen Angaben, die das Finanzamt zu meinem Unternehmen wissen will? → Kapitel 2.2.3
- Wieso bekomme ich als Influencer eine Steuernummer? Ich habe doch schon eine. → Kapitel 2.2
- Brauche ich ein Geschäftskonto? → Kapitel 2.2.3
- Kann ich ein Geschäftskonto eröffnen, wenn ich noch nicht 18 bin? → Kapitel 2.2.3
- Hat ein SEPA-Lastschriftmandat gegenüber dem Finanzamt für mich Vorteile? → Kapitel 2.2.3
- Im Fragebogen wird nach Soll- oder Istversteuerung gefragt. Was soll ich hier ankreuzen? → Kapitel 2.2.3

Du bist verpflichtet, eine Krankenversicherung zu haben!

Auch vor einem »Leben als Influencer« bist du natürlich krankenversichert. Verdienst du nun als Influencer Geld, ist für deine weitere Krankenversicherung auschlaggebend:

- Wie warst du vorher versichert: Familienversicherung über Eltern oder Partner, gesetzlich oder privat krankenversichert?
- Bist du im Nebenberuf oder im Hauptberuf Influencer?

Je nachdem kannst du als Influencer dann weiter familienversichert sein oder versicherst dich selbst in der gesetzlichen oder privaten Krankenversicherung.

Bist du hauptberuflich als Influencer tätig, solltest du unbedingt prüfen, ob du dich über die sogenannte **Künstlersozialversicherung** versichern kannst. Hierzu stellst du einen Antrag an die Künstlersozialkasse (KSK), die dann prüft, ob du die Voraussetzungen für eine Versicherung über die KSK erfüllst. Wenn ja, hat das für dich den

großen Vorteil, dass die KSK dann die Hälfte deines Beitrags zur Krankenversicherung übernimmt. Hier spielt es keine Rolle, ob du in der gesetzlichen oder in der privaten Krankenversicherung bist.

FAQs:

- Warum ändert sich bei der Krankenversicherung was, wenn ich als Influencer selbstständig bin? → Kapitel 2.3
- Kann ich weiter mit meinen Eltern versichert sein? → Kapitel 2.3.1
- Ich verdiene nur nebenbei Geld als Influencer. Ändert das trotzdem was bei meiner Krankenversicherung? → Kapitel 2.3.2
- Was hat die Künstlersozialkasse mit meiner Krankenversicherung zu tun? → Kapitel 2.3.4
- Gibt es für Influencer Möglichkeiten, sich günstiger krankenzuversichern? → Kapitel 2.3.4

Deine Einnahmen werden versteuert

Alle Einnahmen müssen versteuert werden – auch deine Einnahmen als Influencer. Hier geht es um die Einkommensteuer. Wirklich Einkommensteuer musst du aber erst dann zahlen, wenn du im Jahr mehr als rund 11.600 Euro »verdient« hast. Denn so hoch ist im Jahr 2024 der sogenannte Grundfreibetrag. Allerdings kommt es hier nicht nur auf deine Einnahmen als Influencer, sondern auf alle Einnahmen an. Hast du noch einen Job als Angestellter, musst du dein Gehalt und deine Einnahmen als Influencer zusammenzählen.

Da du als Influencer selbstständig bist, möchte das Finanzamt jedes Jahr von dir, dass du eine **Einkommensteuererklärung** abgibst. Zu der Einkommensteuererklärung eines Selbstständigen gehört auch eine sogenannte **Gewinnermittlung.** Für einen selbstständigen Influencer ist es Pflicht, eine Einkommensteuererklärung und somit auch eine Gewinnermittlung zu einem festgelegten Termin an das Finanzamt elektronisch zu übermitteln.

FAQs:

- Muss ich immer eine Einkommensteuererklärung abgeben? → Kapitel 3
- Welche Formulare muss ich für meine Einkommensteuererklärung abgeben? → Kapitel 3.1
- Wann muss ich meine Einkommensteuererklärung abgeben? → Kapitel 3.1.1
- Wie wirken sich andere Ausgaben für zum Beispiel meine Krankenversicherung oder Spenden in meiner Einkommensteuererklärung aus? → Kapitel 3.2.2

Wie berechne ich meinen Gewinn?

Für eine Gewinnermittlung brauchst du zunächst alle **Einnahmen,** die du mit deiner Tätigkeit als Influencer erhalten hast. Das sind deine Betriebseinnahmen. Von diesen Einnahmen ziehst du alle **Ausgaben** ab, die mit deiner Influencertätigkeit zusammenhängen.

Am einfachsten ermittelst du deinen Gewinn mit einer sogenannten **Einnahmen-Überschuss-Rechnung.** Dieser Begriff wird oft mit EÜR abgekürzt. Ein anderer Weg, um den Gewinn zu ermitteln, ist eine doppelte Buchführung und dann das Erstellen einer Bilanz. Auch wenn man diese Begriffe im Alltag viel häufiger hört, ist es der viel kompliziertere Weg, den du als Influencer in den meisten Fällen nicht gehen musst. In diesem Ratgeber erklären wir daher nur die Einnahmen-Überschuss-Rechnung.

Um deine Einnahmen-Überschuss-Rechnung zu erstellen, musst du einen von der Finanzverwaltung herausgegebenen Vordruck verwenden, die sogenannte Anlage EÜR. Dieses Formular ist elektronisch an das Finanzamt zu übermitteln. Um es auszufüllen und zu verschicken, kannst du dich entweder direkt bei »Mein ELSTER« anmelden oder dazu ein Steuerprogramm wie die SteuerSparErklärung von Wolters Kluwer Steuertipps verwenden. »Mein ELSTER« ist das Online-Finanzamt, über das du deine Steuerdaten abgibst.

Im Vordruck Anlage EÜR werden zunächst deine Einnahmen und anschließend deine Ausgaben abgefragt. Häufig werden unterschiedliche Positionen in einem Feld zusammengefasst. Am besten ist es also, wenn du deine Einnahmen und Ausgaben bereits während des Jahres nach diesen Zeilen sortierst. Dann fällt dir das Eintragen in die Anlage EÜR leichter.

FAQs:

- Auf was zahle ich eigentlich genau Steuern? → Kapitel 3.2.3
- Wie berechne ich meinen Gewinn? → Kapitel 3.3
- Wie soll ich meine Belege ordnen? → Kapitel Kapitel 3.3.4
- Was ist eine Einnahmen-Überschuss-Rechnung? → Kapitel 3.3.1
- Gibt es Formulare, die ich verwenden muss? → Kapitel 3.3.5

Was gehört zu meinen Einnahmen?

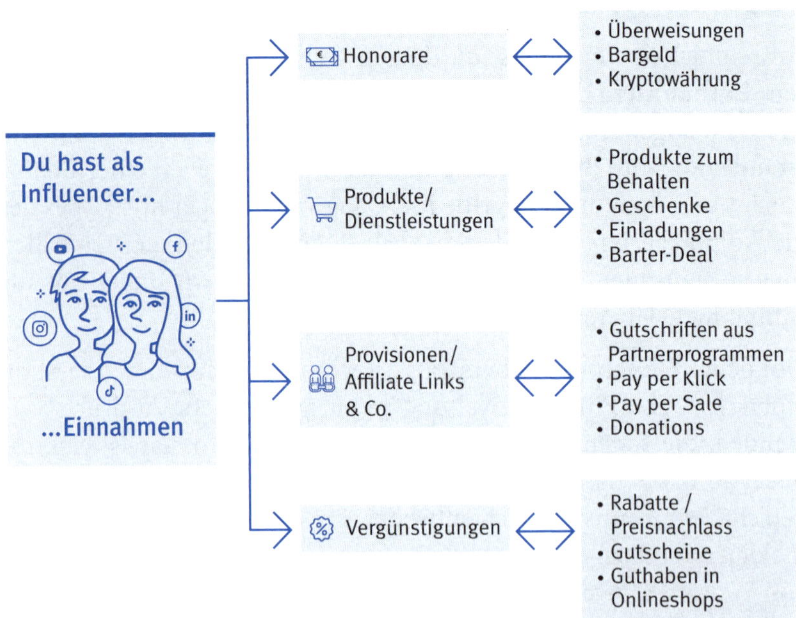

Einfach gesagt gehören **alle Geldzahlungen** und auch alle **anderen Vorteile** zu deinen Einnahmen, wenn du sie als Gegenleistung für irgendein Verhalten auf deinem Social-Media-Account erhältst. Somit gehören zum Beispiel auch kostenlose Produkte, Rabatte, Gutscheine oder Einladungen zu deinen Einnahmen. Die Einnahmen aus deinem Influencerbetrieb sind deine sogenannten Betriebseinnahmen.

Erhältst du als Vergütung ausschließlich **Geld,** setzt du den erhaltenen Betrag im Rahmen deiner Gewinnermittlung als Betriebseinnahme an. Dies gilt für einmalige und laufende Zahlungen, Provisionen, Donations etc.

Den Betrag bekommst du normalerweise »brutto« gezahlt. Bist du umsatzsteuerpflichtig, musst du aus dem Bruttobetrag die Umsatzsteuer in Höhe von 19 % herausrechnen und an das Finanzamt abführen. Du darfst also nur den Nettobetrag für dich behalten.

Praxis

Nico bewirbt auf seinem Instagram-Kanal regelmäßig die Kettensäge eines namhaften deutschen Herstellers. Hierfür bekommt er von dem Hersteller pro Jahr 4.200 Euro auf sein Konto überwiesen. Nico ist mit seiner Influencertätigkeit umsatzsteuerpflichtig. Bei dem Überweisungsbetrag handelt es sich um den Bruttobetrag. Darin ist Umsatzsteuer in Höhe von 19 % enthalten. Nico hat von dem Kettensägenhersteller also ein Netto-Honorar von 3.529,41 Euro und 670,59 Euro Umsatzsteuer überwiesen bekommen.

Diese Zahlen benötigt Nico für seine Gewinnermittlung, aber auch zur Erstellung einer korrekten Rechnung und für seine Umsatzsteuer-Voranmeldungen und Umsatzsteuererklärung. Denn die Umsatzsteuer in Höhe von 670,59 Euro muss Nico an sein Finanzamt abführen.

Bestehen deine Einnahmen in **anderen Vorteilen** als Geldzahlungen, musst du diese in einen Geldwert umrechnen. Steuerlich nennt man diesen Vorgang »bewerten«. So nimmst du bei Rabatten beispielsweise den Geldbetrag, den du durch den Rabatt gespart hast. Erhältst du ein Produkt oder eine Einladung zu einer Reise, setzt du den Preis an, den ein Dritter zum gleichen Zeitpunkt für dieses Produkt oder für die Leistung bezahlen müsste.

FAQs:

- Wie rechne ich aus meinem Brutto-Honorar die Umsatzsteuer raus? → Kapitel 4.2.1
- Gehört alles, was mir ein Kooperationspartner schickt, zu meinen Einnahmen? → Kapitel 5.3
- Mein Kooperationspartner befindet sich im Ausland? Muss ich deswegen was beachten? → Kapitel 5.5
- Ein Geschenk ist aber keine Einnahme, oder? → Kapitel 5.2.1
- Muss ich auch auf ein kostenloses Produkt Umsatzsteuer zahlen? → Kapitel 5.2.2
- Wie berechne ich die Umsatzsteuer bei einem Geschenk? → Kapitel 5.2.2
- Muss ich auch bei einem Barter-Deal Steuern zahlen? → Kapitel 5.2.2
- Ich werde für Affiliate Links mit einer Gutschrift bezahlt. Muss ich was beachten? → Kapitel 5.3
- Habe ich auch eine Einnahme, wenn ich ein Produkt günstiger bekomme? → Kapitel 5.4

Ist ein Geschenk immer eine Einnahme?

Manche Produkte oder Geschenke musst du aber nicht als Einnahme deines Influencerbetriebs berücksichtigen. Dies gilt vor allem immer dann, wenn dein Kooperationspartner bzw. Auftraggeber das Geschenk bereits **pauschal versteuert** hat. Bei der Pauschalversteuerung übernimmt dein Geschäftspartner sozusagen die Einkommensteuer, die eigentlich du auf diese Einnahmen bezahlen müsstest.

Die Information, dass dein Geschäftspartner das Geschenk pauschal versteuert hat, kannst du nur von ihm direkt bekommen. Denn er ist verpflichtet, dich über die Pauschalversteuerung zu informieren.

Ansonsten bleibt dir nur die Möglichkeit, das Produkt, nachdem du damit deinen Content erstellt hast, wieder zurückzuschicken.

FAQs:

- Woher weiß ich, dass ein Produkt pauschal versteuert ist? → Kapitel 5.2.3
- Mein Geschäftspartner hat mir kostenlos ein Produkt aus seinem Sortiment zugeschickt, das er pauschal versteuert hat. Wie berücksichtige ich dieses Geschenk bei meiner Gewinnermittlung? → Kapitel 5.2.3
- Ich mache Werbung für ein Hotel, dafür darf ich dort kostenlos übernachten. Dann habe ich keine Einnahmen, oder? → Kapitel 9.2
- Ich darf ein Produkt meines Geschäftspartners nur für eine gewisse Zeit benutzen und muss es dann wieder zurückschicken. Hab ich eine Einnahme? Und wenn ja, in welcher Höhe? → Kapitel 5.2.3
- Wie beweise ich, dass ich ein Produkt zurückgeschickt habe? → Kapitel 5.2.3
- Als Gegenleistung für eine Erwähnung in meinen Beiträgen durfte ich mir im Online-Shop meines Geschäftspartners Produkte bestellen. Wie hoch sind meine Einnahmen? → Kapitel 5.4.2
- Da ich so viele Produkte von meinen Kooperationspartnern bekomme, verlose ich diese oft oder verschenke sie. Macht das was? → Kapitel 9.1

Welche Ausgaben kann ich absetzen?

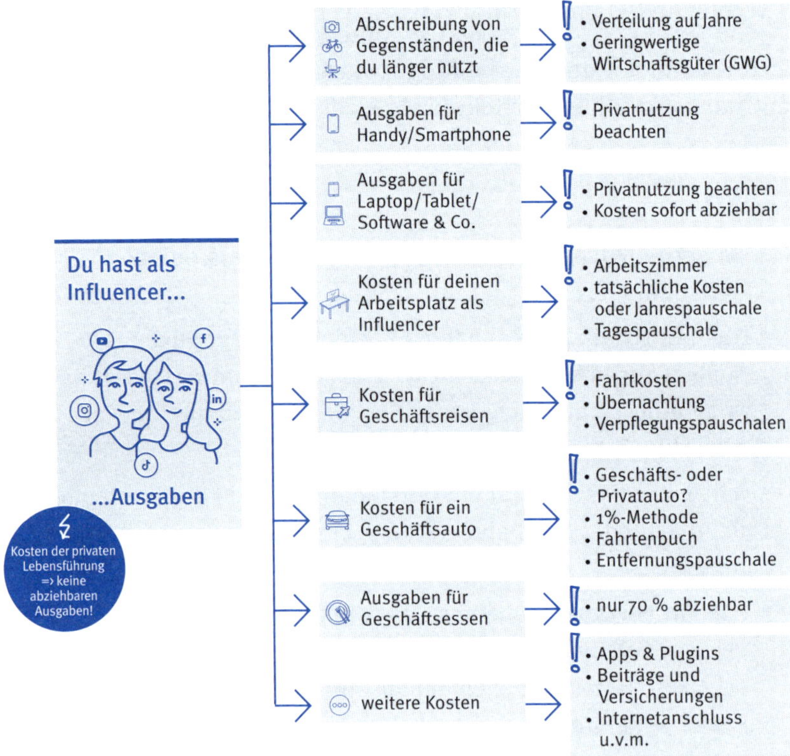

»Das kann ich absetzen« – das hört man im Alltag immer wieder. Häufig klingt »von der Steuer absetzen«, als ob man den vollen Betrag vom Finanzamt zurückbekommt und somit eigentlich nichts bezahlen muss. Aber so stimmt das leider nicht. Was bedeutet »absetzen« nun tatsächlich?

Einfach gesagt bedeutet es nur: Du kannst eine Ausgabe für deinen Influencerbetrieb steuerlich als sogenannte Betriebsausgabe berücksichtigen. Das heißt, du kannst die Kosten bei deiner Gewinnermittlung abziehen. Damit wird dein Gewinn kleiner und deine Steuer dadurch niedriger. Denn deine Einkommensteuer wird nach der

Höhe deines Gewinns berechnet. Für einen kleineren Gewinn fällt deswegen auch weniger Steuer an.

Welche Kosten du in deiner Gewinnermittlung als Betriebsausgaben ansetzen kannst, hängt stark davon ab, was du konkret auf deinen Social-Media-Kanälen machst. Denn ein Content Creator im Bereich Bauen nutzt andere Gegenstände für seine Beiträge als ein Fitness-Influencer oder ein Gamer. Einige Kosten fallen aber bei fast jedem an, der im Online-Marketing tätig ist. Beispielsweise:

- Kosten für deinen PC, dein Smartphone und/oder Tablet und Apps, die du als Influencer nutzt;
- Kosten für Kamera, Kopfhörer, Tastatur, Maus, Drucker und Scanner etc.;
- Kosten für deinen Arbeitsplatz als Influencer (Homeoffice).

Natürlich gibt es noch viele andere Ausgaben, die im Rahmen deiner Tätigkeit als Content Creator und Influencer anfallen und die du daher als Betriebsausgaben berücksichtigen kannst. Häufig gibt es bei diesen Kosten einige Besonderheiten zu beachten, denn nicht immer können einfach alle Kosten abgezogen werden. So hast du als Influencer oft auch:

- Kosten für Bahnfahrten, Flüge, Hotelübernachtungen und Verpflegung bei deinen Geschäftsreisen;
- Ausgaben für dein Auto, wenn du es auch für deine Influencertätigkeit nutzt;
- Kosten für die Erstellung und Pflege deiner Internetseite;
- Kosten für Restaurants, wenn du einen Geschäftspartner, wie zum Beispiel den für ein Shooting gebuchten Fotografen, zum Essen einlädst;
- Ausgaben, wenn du Dienstleistungen von anderen Unternehmern (Kameraleute, Cutter etc.) beziehst.

FAQs:

- Welche Ausgaben kann ich für meinen Influencerbetrieb absetzen? → Kapitel 6
- Welche Kosten kann ich abziehen, wenn ich mit meinem eigenen Auto zu einem Shooting fahre? → Kapitel 9
- Meine Wohnung ist zu klein für ein eigenes Büro. Daher erstelle ich meine Beiträge auf der Couch oder am Esstisch. Kann ich Ausgaben abziehen? → Kapitel 6.5.5
- Nehme ich bei meinen Ausgaben den Brutto- oder den Nettopreis? → Kapitel 6.1.3
- Kann ich die Ausgaben für meinen neuen Laptop als Betriebsausgaben abziehen? → Kapitel 6.4
- Ich fahre mit dem Auto auch zu geschäftlichen Terminen, deshalb möchte ich die Kosten dafür absetzen. Geht das? → Kapitel 6.9.1
- Kann ich als Influencer auch einen Restaurantbesuch absetzen? → Kapitel 6.7
- Welche Kosten darf ich für eine Geschäftsreise abziehen? → Kapitel 6.8
- Darf ich die Kosten für eine Blogger-Versicherung abziehen? → Kapitel 6.10.2

Aufgepasst bei privater Mitbenutzung

Viele dieser Kosten sind zwar durch deine Social-Media-Tätigkeit veranlasst, werden von dir aber auch für private Zwecke gebraucht. So nutzt du dein Smartphone, deinen PC oder dein Tablet häufig auch für private Dinge, die nichts mit deinem Influencerbetrieb zu tun haben. Oder vielleicht erstellst du auch im Urlaub Content für deinen Instagram- oder TikTok-Kanal? So kannst du bei deiner Reise Ausgaben haben, die teilweise durch deine Influencertätigkeit und teilweise durch dein Privatleben verursacht sind. Solche **gemischten Kosten** müssen dann aufgeteilt werden.

Für die verschiedenen Arten von Ausgaben gibt es unterschiedliche Regeln, wie du die Aufteilung vornehmen musst. Manchmal kommt man zu dem Ergebnis, dass die private Mitbenutzung überhaupt keine Folgen hat und du die Kosten trotzdem ganz abziehen darfst. Es kann aber auch sein, dass die teilweise private Veranlassung dazu führt, dass du eine Ausgabe gar nicht in deiner Gewinnermittlung abziehen darfst.

FAQs:

- Ich nutze mein Handy als Influencer und auch privat. Macht das was? Muss ich Kosten aufteilen? → Kapitel 6.3.2
- Kann ich die Kosten immer abziehen, sobald ich etwas für meine Influencertätigkeit benutze? → Kapitel 6.11
- Ich habe ein Auto. Ist es nicht egal, ob es mein Geschäftsauto oder mein Privatauto ist? → Kapitel 6.9.1
- Kann ich die Kosten für eine Urlaubsreise ansetzen, wenn ich in diesem Urlaub Content erstelle? → Kapitel 6.1.2 und Kapitel 8.9
- Stimmt es, dass ich, wenn ich mein Geschäftsauto für private Fahrten nutze, deswegen Steuern zahlen muss? → Kapitel 6.9.3

Manche Ausgaben werden auf mehrere Jahre verteilt

Kaufst du etwas für deinen Betrieb als Influencer, was du dann auch länger benutzen kannst, dann müssen die Kosten auf mehrere Jahre verteilt werden. Das nennt man **Abschreibung.** Der Zeitraum, über den du die Ausgaben verteilen musst, hängt vom angeschafften Gegenstand ab. Aber auch hier gibt es Ausnahmen. Denn unter bestimmten Voraussetzungen darfst du die Kosten für den gekauften Gegenstand auch auf einmal als Betriebsausgabe abziehen.

FAQs:

- Woher weiß ich, auf wie viele Jahre ich einen Gegenstand abschreiben muss, und wie berechnet sich eine solche Abschreibung? → Kapitel 6.2
- Kann ich als Sport-Influencer die Kosten für mein neu gekauftes Fahrrad als Betriebsausgaben abziehen? → Kapitel 6.2.2 und Kapitel 8.10
- Was mache ich, wenn meine Kamera, die ich für meine Influencertätigkeit gekauft habe, runterfällt und kaputt ist? → Kapitel 6.2.5

Viele typische Ausgaben von Influencern dürfen nicht abgezogen werden

Viele Influencer teilen auf ihren Social-Media-Accounts ihre Erfahrungen und Geschichten aus diesen Bereichen:

- Bekleidung
- Ernährung
- Haushalt
- Wohnen
- Familie

Und natürlich fallen für die Contenterstellung dann auch Ausgaben in diesen Bereichen an. So kaufst du beispielsweise als Fashion-Influencerin die passenden Schuhe zu einem Outfit oder als DIY-Influencer das notwendige Material für die Renovierung deines Kleiderschranks. Hast du aber solche Ausgaben, kannst du sie niemals als Betriebsausgaben abziehen. Denn die Bereiche werden der **privaten Lebensführung** zugeordnet und somit ist der Abzug ausgeschlossen.

FAQs:

- Kann ich Ausgaben für Kleidung, Lebensmittel oder Baumaterial, die ich bei der Contenterstellung verwende, als Betriebsausgaben abziehen? → Kapitel 6.1.1
- Kann ich als Fashion-Influencer die Ausgaben für ein neues Kleid absetzen? → Kapitel 8.4
- Ich bin Food-Influencer – welche Ausgaben kann ich steuerlich absetzen? → Kapitel 8.5

Die Mehrwertsteuer fällt auf deinen Umsatz an

Als Content Creator oder Influencer bist du **Unternehmer** und somit auch **umsatzsteuerpflichtig.**

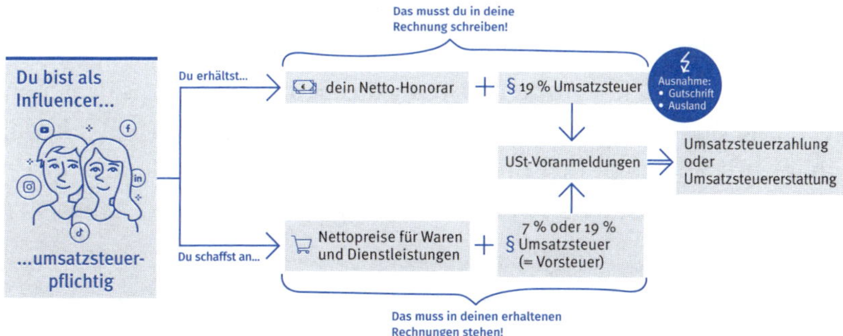

Damit wird auch auf deinen Umsatz, also auf die Summe der Einnahmen aus deiner Social Media-Tätigkeit, Steuer fällig. Umgangssprachlich spricht man hier häufig von der Mehrwertsteuer, fachlich richtig heißt es aber Umsatzsteuer. Denn die Höhe der Steuer hängt von deinem Umsatz ab.

Alle Vorgänge, die du bei deiner Gewinnermittlung als Einnahmen und Ausgaben berücksichtigst, haben somit auch Auswirkung auf die Umsatzsteuer. Ausnahme: Du bist **Kleinunternehmer.**

Daher musst du bei allen deinen Einnahmen überlegen, ob es sich um eine Betriebseinnahme handelt, für die du Umsatzsteuer abführen musst. Es spielt keine Rolle, ob du als Einnahme Geld bekommst oder ein Kleid behalten darfst.

Bei deinen Ausgaben entscheidest du zunächst, ob es sich um eine Betriebsausgabe handelt und ob du dir daher die sogenannte **Vorsteuer,** das heißt die Umsatzsteuer, die du an andere Unternehmer gezahlt hast, vom Finanzamt erstatten lassen darfst.

Als umsatzsteuerpflichtiger Influencer führst du dann aus deinen Einnahmen **Umsatzsteuer an das Finanzamt** ab. Und auf der anderen Seite bekommst du die Umsatzsteuer in deinen Ausgaben als **Vorsteuer erstattet.** Du kannst die Vorsteuer mit der von dir zu zahlenden Umsatzsteuer gegenrechnen, sodass du im Ergebnis nur die Differenz zwischen deiner Umsatzsteuer und der Vorsteuer ans Finanzamt überweisen musst.

Dazu erstellst du regelmäßig sogenannte **Umsatzsteuer-Voranmeldungen** und übermittelst sie an das Finanzamt. Umsatzsteuer-Voranmeldungen gibst du monatlich oder vierteljährlich an das Finanzamt ab. Auch bist du verpflichtet, eine Umsatzsteuer-Jahreserklärung – das ist deine Steuererklärung bei der Umsatzsteuer – zu erstellen.

FAQs:

- Bin ich als Influencer immer umsatzsteuerpflichtig? → Kapitel 4.1
- Wie berechne ich die Umsatzsteuer? → Kapitel 4.2.1
- Was bedeutet eigentlich »Vorsteuer ziehen«? → Kapitel 4.2.2
- Mein Geschäftspartner möchte, dass ich ihm meine Umsatzsteuernummer mitteile. Wo finde ich die? Hat es Konsequenzen, wenn ich sie mitteile? → Kapitel 4.3
- Wie fülle ich eine Umsatzsteuer-Voranmeldung aus? → Kapitel 4.4.4

- Ich bekomme für meine Storys Produkte, die ich behalten darf. Muss ich für die auch Umsatzsteuer bezahlen? → Kapitel 5.2.2
- Fällt auch Umsatzsteuer an, wenn ich von meinen Followern Geld bekomme? → Kapitel 4.3.7

Kleinunternehmer: ja oder nein?

Du brauchst aber keine Umsatzsteuer an das Finanzamt bezahlen, wenn deine gesamten Einnahmen unter 22.000 Euro im Jahr liegen. Denn dann bist du ein sogenannter **Kleinunternehmer.**

Als Kleinunternehmer musst du dich um die Umsatzsteuer in der Regel nicht weiter kümmern. Das heißt: Du brauchst keine Umsatzsteuer an das Finanzamt zahlen, bekommst aber auch die Umsatzsteuer, die du an andere Unternehmer gezahlt hast (»Vorsteuer«), nicht vom Finanzamt zurück. Diese sogenannte Kleinunternehmer-Regelung kann für dich vorteilhaft sein – muss aber nicht. Daher solltest du dir genau überlegen, ob du dann Kleinunternehmer sein möchtest oder nicht. Denn auf die Anwendung der Kleinunternehmer-Regelung kannst du auch verzichten. Auf jeden Fall ist es wichtig, dass du jedes Jahr prüfst, wie hoch dein Umsatz war. War dein Umsatz im Vorjahr höher als 22.000 Euro, hast du keine Wahl mehr, sondern musst Umsatzsteuer bezahlen.

FAQs:

- Ist es gut für mich, Kleinunternehmer zu sein? → Kapitel 4.5.3
- Kann ich darauf verzichten, dass die Kleinunternehmer-Regelung bei mir angewendet wird? Wann ist das für mich vorteilhaft? → Kapitel 4.5.2
- Ich habe Mitte des Jahres als Influencer gestartet. Wie viel darf ich dann verdienen, um Kleinunternehmer zu sein? → Kapitel 4.5.1
- Muss ich auf meinen Gewinn Einkommensteuer bezahlen, wenn ich Kleinunternehmer bin? → Kapitel 4.5

Als Unternehmer schreibst du Rechnungen

Als Unternehmer bist du dazu verpflichtet, deinen Kooperationspartnern **Rechnungen** auszustellen, zum Beispiel über ein von dir erstelltes Video. Denn dein Kooperationspartner braucht eine Rechnung, um sich die Umsatzsteuer, die du ihm in Rechnung gestellt hast, vom Finanzamt zurückzuholen. Damit das Finanzamt eine Rechnung auch anerkennt, müssen bestimmte Angaben dort enthalten sein.

Schreibst du als Kleinunternehmer Rechnungen, so sollte dort hervorgehen, dass du Kleinunternehmer bist.

FAQs:

- Ich muss eine Rechnung schreiben. Worauf muss ich achten? → Kapitel 4.3.1
- Mein Kooperationspartner ist im Ausland, in einem anderen EU-Land. Ist dann bei der Rechnung was anders? → Kapitel 4.3.5
- Und wenn der Kooperationspartner seinen Sitz außerhalb der EU hat? → Kapitel 4.3.6
- Was muss ich beachten, wenn die Abrechnung meiner Influencerleistungen über eine Gutschrift meines Kooperationspartners erfolgt? → Kapitel 4.3.4
- Wann schreibe ich auf meine Rechnung meine Umsatzsteuer-Identifikationsnummer? → Kapitel 4.3.5
- Was ist das Reverse-Charge-Verfahren? → Kapitel 4.3.5
- Wie fülle ich eine »Zusammenfassende Meldung« aus? → Kapitel 4.3.5
- Muss ich als Influencer E-Rechnungen erstellen? → Kapitel 4.3

Manchmal fällt auch Gewerbesteuer an

Als Influencer übst du in den meisten Fällen ein sogenanntes Gewerbe aus, denn du machst Werbung für deine Kooperationspartner und deren Produkte. Und auf den Gewinn eines solchen Gewerbebetriebs fällt Gewerbesteuer an. Es gibt hier aber einen Freibetrag von 24.500 Euro, das heißt, erst wenn dein Gewinn höher als dieser Freibetrag ist, musst du tatsächlich Gewerbesteuer zahlen.

FAQs:

- Wie berechne ich meinen Gewinn für die Gewerbesteuer? → Kapitel 7.1
- Kann es sein, dass ich als Influencer keinen Gewerbebetrieb habe? → Kapitel 1.2.2
- Ich zahle doch schon Einkommensteuer auf meinen Gewinn. Wie kann es sein, dass ich darauf auch noch Gewerbesteuer zahlen muss? → Kapitel 7.3

Jeder Influencer ist anders

Je nachdem, in welchem Bereich du deine Influencertätigkeit ausübst, gibt es Besonderheiten zu beachten. So sind viele Content Creator in »privaten Bereichen« unterwegs oder privat und beruflich vermischen sich. Oder du bekommst als Influencer so viel »geschenkt«, dass du diese »Geschenke« weiter verschenken oder verlosen möchtest. Daher lohnt es sich, einigen Influencern über die Schulter zu schauen, wie sie solche Situationen meistern.

FAQs:

- Welche Besonderheiten ergeben sich bei den verschiedenen Arten von Influencern? → Kapitel 8

- Ich zeige die Renovierung meines eigenen Hauses auf Social Media. Welche Ausgaben kann ich ansetzen? → Kapitel 9.4
- Was muss ich beachten, wenn ich Produkte verlose? → Kapitel 9.1
- Wie gehe ich vor, wenn es sich sozusagen um ein »Tauschgeschäft« handelt? Das heißt, für meinen Content bekomme ich beispielsweise eine Hotelübernachtung umsonst. → Kapitel 9.2

1 Auf einmal bin ich Influencer!

Einen Social-Media-Account bei einer der sozialen Plattformen wie Instagram, TikTok, YouTube, X, Snapchat, Facebook, Twitch usw. haben sehr viele Menschen. Und die meisten starten auf Social Media zunächst aus ganz privaten Gründen: Weil sie bekannten Persönlichkeiten folgen, gerne Tipps zu einem bestimmten Thema bekommen, Bilder von Urlaub und Hobby teilen möchten oder einfach, um mit Freunden, Bekannten oder der Familie in Kontakt zu bleiben. So ein privater Account spielt für deine Steuer keine Rolle und interessiert das Finanzamt nicht.

Und für viele bleiben die sozialen Medien auch einfach ein Hobby. Man teilt Fotos, Beiträge, Storys, Videos, Reels etc. mit anderen aus privaten Gründen oder weil es einfach Spaß macht – man verdient aber kein Geld dabei.

1.1 Ab wann geht es mit den Steuern los?

Über Steuern musst du dir aber dann Gedanken machen, wenn deine Follower- oder Abonnentenzahlen steigen. Denn dann erhältst du Anfragen von Firmen, die mit dir zusammenarbeiten möchten, oder du gehst auch selbst auf Firmen zu – es kommt also zu ersten Kooperationen.

Bei solchen Kooperationen sollst du zum Beispiel die Produkte deines Kooperationspartners auf deinen Social-Media-Kanälen zeigen oder über deine Erfahrungen mit den Produkten berichten. Als Gegenleistung darfst du die Produkte häufig behalten. In vielen Fällen wird zusätzlich noch ein Honorar vereinbart.

Praxis

Carmen bekommt als Beauty-Influencerin von ihrem Kooperationspartner »Wild Eyes« regelmäßig Eyeliner, Lidschatten und weiteres Augen-Make-up zugeschickt. Vereinbart ist, dass sie in ihren Videos jedes der Produkte zweimal zeigt. Dafür darf sie die Produkte behalten.

> Bau-Influencer Pit hat eine Kooperation mit einem Hersteller für Baumaterialien. Er darf die Baumaterialien behalten und bekommt für jedes Video, in dem er über seine Erfahrungen mit dem Produkt berichtet, ein Honorar von 500 Euro.

Vielleicht hast du aber auch die ersten Schritte als Influencer gemacht, indem du dich bei einem Partnerprogramm wie Google AdSense angemeldet hast, um auf diesem Weg Geld mit deiner Reichweite zu verdienen.

Egal wie, spätestens ab dem Zeitpunkt, ab dem du mit deiner Tätigkeit als Influencer Geld verdienst, solltest du wissen, ob das für dich steuerliche Folgen hat. Und welche?

Fakt:

Bei einer Tätigkeit als Influencer kann man bei drei verschieden Steuerarten steuerpflichtig werden:

- bei der Einkommensteuer
- bei der Umsatzsteuer
- bei der Gewerbesteuer

Bist du bei einer Steuerart steuerpflichtig, bedeutet das für dich, dass du hier voraussichtlich Steuern zahlen musst.

1.1.1 Deine Einnahmen werden versteuert!

Sobald es um deine Einnahmen geht, geht es um die Einkommensteuer. Alle Einnahmen müssen versteuert werden. Oder anders ausgedrückt: Mit deinen Einnahmen als Influencer bist du einkommensteuerpflichtig.

Unter die **Einkommensteuer,** häufig mit ESt abgekürzt, fällt jeder in Deutschland lebende Mensch. Einkommensteuer musst du aber erst dann zahlen, wenn du im Jahr mehr als den sogenannten Grundfreibetrag »verdient« hast – der liegt bei rund 11.600 Euro.

Fakt:

Der Grundfreibetrag wird von der Regierung festgelegt und gibt die Höhe des Existenzminimums an, also den Betrag, den eine alleinstehende Person zum Leben benötigt. Bei verheirateten Personen wird der Grundfreibetrag verdoppelt. Liegen die Einkünfte unter dem Grundfreibetrag, muss keine Einkommensteuer gezahlt werden. Der Grundfreibetrag wird jährlich angepasst. Für das Jahr 2024 liegt er bei 11.604 Euro.

Um zu überprüfen, ob du mit deinen **Einkünften** über dem Grundfreibetrag liegst, musst du **alle deine Einnahmen** eines Jahres zusammenzählen. Das heißt, neben deinen Einnahmen als Influencer werden auch die Einnahmen berücksichtigt, die du bekommst, weil du zum Beispiel noch einen Job als Angestellter hast oder wenn du Einnahmen aus der Vermietung einer Wohnung erhältst.

Von den Einnahmen aus deinen verschiedenen Einnahmequellen musst du dann noch deine jeweiligen Ausgaben abziehen. Liegst du dann über dem Grundfreibetrag, dann musst du Einkommensteuer an das Finanzamt bezahlen.

Bist du im Nebenjob Influencer und liegt dein Jahresgewinn unter 410 Euro, musst du auf diesen Gewinn keine Einkommensteuer zahlen → Kapitel 3.2.3.

Wie du von deinen Einnahmen zu deinen Einkünften kommst und was du dann genau versteuern musst, erfährst du im → Kapitel 3 »Was muss ich bei der Einkommensteuer machen?«.

1.1.2 Auch auf deinen Umsatz können Steuern anfallen

Dein Umsatz aus deiner Influencertätigkeit ist die **Summe deiner Einnahmen** als Influencer. Auch auf deinen Umsatz kann Steuer fällig sein, denn der Umsatz von Unternehmern wird in Deutschland versteuert. Umgangssprachlich spricht man hier häufig von der

Mehrwertsteuer, fachlich richtig heißt es aber **Umsatzsteuer.** Die Höhe der Steuer hängt also von deinem Umsatz ab. Das Gesetz, um das es hier geht, ist das Umsatzsteuergesetz (UStG).

Umsatzsteuerpflichtig bist du, wenn du als Influencer auch Unternehmer bist. Und Unternehmer im Sinne des Umsatzsteuergesetzes bist du, wenn du

- selbstständig und
- mit Wiederholungsabsicht

durch deine Influencertätigkeit Einnahmen bekommst. Das heißt, hast du nur einmal aus einer zufälligen Kooperation Geld für ein Video oder einen Beitrag bekommen, bist du noch kein Unternehmer und auch nicht umsatzsteuerpflichtig.

Bist du aber umsatzsteuerpflichtig, musst du zusätzlich zu deinen Preisen, die du deinen Kooperationspartnern für deine Posts, Videos oder Beiträge in Rechnung stellst, auch noch Umsatzsteuer in Rechnung stellen. Diese eingenommenen Umsatzsteuerbeträge sind dann von dir im Rahmen deiner Umsatzsteuer-Voranmeldungen an das Finanzamt abzuführen.

Allerdings brauchst du keine Umsatzsteuer an das Finanzamt bezahlen, wenn deine gesamten Einnahmen unter 22.000 Euro im Jahr liegen. Denn dann bist du ein sogenannter **Kleinunternehmer.** Das kann für dich von Vorteil sein, muss es aber nicht.

Wie das alles mit der Umsatzsteuer funktioniert und worauf du achten musst, steht im → Kapitel 4 »Wann muss ich mich um Dinge wie Mehrwertsteuer, Umsatzsteuer und Vorsteuer kümmern?«.

1.1.3 Viele Influencer sind gewerbesteuerpflichtig

In den meisten Fällen bist du als Influencer auch gewerbesteuerpflichtig, weil du ein sogenanntes Gewerbe ausübst. Und auf den **Gewinn** eines solchen Gewerbes fallen Steuern an, nämlich die **Gewerbesteuer.**

Allerdings musst du nur dann Gewerbsteuer zahlen, wenn dein Gewinn höher als der Freibetrag bei der Gewerbesteuer in Höhe von 24.500 Euro ist.

Was bei der Gewerbesteuer zu berücksichtigen ist, damit du weißt, ob du hier Steuern zahlen musst, erfährst du in → Kapitel 7 »Und bei der Gewerbesteuer muss ich auch noch was tun?«.

1.2 Was bedeutet es für mich, Influencer zu sein?

Es spielt keine Rolle, ob Influencer dein Hauptberuf ist oder ob du neben deinem Influencerjob auch noch einen Job als Angestellter hast.

Wenn du dich nebenberuflich als Influencer selbstständig machst, denke daran, deinen Arbeitgeber rechtzeitig zu informieren.

Für dich ist es wichtig zu wissen, dass du als Influencer oder Content Creator **selbstständig** bist. Du bist dein eigener Chef und arbeitest als Selbstständiger.

Fakt:

Nicht selbstständige Influencer sind sogenannte Corporate Influencer. Corporate Influencer sind Angestellte, die sich entweder um den Social-Media-Account des Arbeitgebers kümmern oder die auf ihrem privaten Social-Media-Account über ihren Arbeitsalltag und Ähnliches berichten.

1.2.1 Du bist selbstständig

Damit du auch aus steuerlicher Sicht eine selbstständige Tätigkeit als Influencer ausübst, müssen zwei Voraussetzungen erfüllt sein:

- Deine Influencertätigkeit ist **nachhaltig.** Das bedeutet, du arbeitest **auf Dauer** und nicht nur einmalig als Influencer.
- Du gehst deiner Influencertätigkeit mit einer sogenannten »**Gewinnerzielungsabsicht**« nach. Das bedeutet, dass du auch versuchst, damit Gewinn zu machen – indem du zum Beispiel neue Kooperationen eingehst oder neue Konzepte ausprobierst, um neue Kooperationspartner zu finden.

1.2.2 Du arbeitest gewerblich oder freiberuflich

Die meisten Influencer gehen einer gewerblichen Tätigkeit nach. Das liegt vor allem daran, dass Influencer damit Geld verdienen, dass sie in irgendeiner Form Werbung für etwas machen – für ein Produkt, ein Hotel, eine Region usw. Und Werbung ist immer als eine gewerbliche Tätigkeit einzustufen. Ein Influencer hat dann einen sogenannten **Gewerbebetrieb.** Das ist auch der Grund, weshalb du als Influencer meistens ein Gewerbe anmelden musst (→ Kapitel 2.1).

Gewerbe – ja oder nein? Sobald du als Influencer mit Werbung Geld verdienst, brauchst du dir diese Frage nicht mehr stellen. Denn dann hast du auf jeden Fall einen Gewerbebetrieb!

Gewerbebetrieb oder Freiberufler: Warum ist das wichtig?

Freiberufler haben eigentlich ein paar steuerliche Vorteile bei der Ermittlung des Gewinns und auch bei der Umsatzsteuer. Eigentlich, denn auch mit einem Gewerbebetrieb hast du diese Vorteile, solange dein Gewinn und dein Umsatz bestimmte Grenzen nicht übersteigen. Da diese Grenzen ziemlich hoch sind, gehen wir in diesem Ratgeber davon aus, dass du diese Grenzen nicht erreichst und deshalb diese steuerlichen Vorteile auch als Influencer mit Gewerbebetrieb hast.

Einen Vorteil gibt es für Freiberufler aber immer: Sie müssen auf keinen Fall Gewerbesteuer zahlen.

Wann kann meine Tätigkeit als Influencer freiberuflich sein?

Als Influencer kannst du dann als Freiberufler eingeordnet werden, wenn du im Rahmen deiner Influencertätigkeit

- eine künstlerische Tätigkeit
- eine unterrichtende Tätigkeit
- eine wissenschaftliche Tätigkeit oder
- eine journalistische oder schriftstellerische Tätigkeit

ausübst. Es ist meistens nicht einfach zu sagen, ob jemand die Voraussetzungen für eine künstlerische, journalistische oder unterrichtende Tätigkeit erfüllt. Denn es kommt **immer auf den Einzelfall** an – es gibt keine allgemeingültigen Regeln. Daher hier nur eine kleine Orientierungshilfe.

Influencer mit einer künstlerischen Tätigkeit

Bei einer künstlerischen Tätigkeit geht es um die **eigenschöpferische Leistung.** Die künstlerische Arbeit wird selbst ausgeführt und es gibt keinen Kooperationspartner als Auftraggeber, der Anweisungen gibt, wie zu fotografieren, zu malen oder zu schauspielern ist. Dafür ist es auch wichtig, dass eine bestimmte Technik beherrscht wird. Auch muss ein bestimmtes Maß an Gestaltung erreicht sein. Das bedeutet zum Beispiel, ein »normales« Foto kann keine Kunst sein.

Praxis

Lorenz malt mit Leidenschaft und mit seiner ganz speziellen Technik Bilder von Alltagssituationen seiner Heimatstadt. Auf Instagram hat er sich mit diesen Gemälden schon eine große

Fangemeinde aufgebaut. Das Stadtmarketing ist von seinen Bildern begeistert und erwirbt die Rechte, diese für eine Kampagne »Die Stadt mit Nähe« zu verwenden.

Auch wenn das Stadtmarketing Lorenz Bilder als Werbung nutzt, hat er sie unabhängig davon erschaffen und ist als Künstler, der freiberuflich tätig ist, einzustufen.

Achtung

Ob du eine künstlerische Tätigkeit ausübst und deswegen Freiberufler bist, hat überhaupt nichts damit zu tun, ob du bei der Künstlersozialkasse mit deiner Influencertätigkeit als Künstler eingestuft wirst → Kapitel 2.3.4.

Influencer mit einer unterrichtenden Tätigkeit

Auf den Social-Media-Kanälen gibt es viele Influencer, die ihren Followern etwas zeigen und vorführen, um ihnen auf diese Weise etwas beizubringen. So gibt es zahlreiche Tutorials auf Instagram, TikTok oder YouTube, die zeigen, wie richtig trainiert wird, wie die Wand richtig gestrichen wird oder wie die Augen richtig geschminkt werden. Auch irgendwie eine Art von Unterricht.

Damit du aber aus steuerlicher Sicht als Influencer eine unterrichtende Tätigkeit ausübst und damit als Freiberufler behandelt wirst, muss der Unterricht eine **organisierte Form** haben und er muss sozusagen nach einer Art Lehrplan erfolgen. Das heißt, in den Tutorials wird so unterrichtet, wie es für den jeweiligen »Unterrichtsstoff« üblich ist. Um als Unterricht zu gelten, ist es außerdem wichtig, dass dabei **direkt** mit den Menschen, die unterrichtet werden, **kommuniziert** wird.

Praxis

Tanja veröffentlicht auf ihrem YouTube-Kanal Erklärvideos, in denen sie die Abituraufgaben in Mathematik der letzten Jahre vorrechnet und die Lösungswege aufzeigt. Dabei sieht man auf dem Screen ihres Tablets, wie sie die Aufgaben rechnet. Sie selbst sieht man dabei nicht. Da Tanja mit ihren Abonnenten nicht kommuniziert und sich nicht austauscht, gilt ihre Tätigkeit nicht als unterrichtende Tätigkeit. Sie geht als Influencerin einer gewerblichen Tätigkeit nach, wenn sie mit ihrem Kanal Einnahmen erzielt.

Influencer mit einer wissenschaftlichen Tätigkeit

Bei einer wissenschaftlichen Tätigkeit muss es wirklich um Wissenschaft gehen – es geht also um besonders qualifizierte Arbeiten, die sozusagen »**Hochschul-Anspruch**« erfüllen.

Praxis

Arne und Klaus sind Physiker, die in ihrem Podcast »Physik im echten Leben« über physikalische Phänomene, die einem im Alltag begegnen, berichten. Dabei erklären sie die wissenschaftlichen Zusammenhänge. Ihre Hörer können die beiden durch Spenden unterstützen. Für Arne und Klaus sind diese Spenden Einnahmen als Freiberufler.

Influencer mit einer journalistischen oder schriftstellerischen Tätigkeit

Viele Influencer schreiben für ihre Beiträge selbst Texte mit ihren Gedanken zu einem Thema oder veröffentlichen auf ihren Social-Media-Kanälen Fotos und Videos, die sie selbst erstellt haben.

Eine journalistische oder schriftstellerische Tätigkeit übst du als Influencer aber nur dann aus, wenn dein Ziel die Veröffentlichung deiner Texte und Berichte ist, um damit einen Teil der **Öffentlichkeit** zu diesem Thema **zu erreichen** und an deinen Gedanken dazu teilhaben zu lassen. Steht für dich im Vordergrund, dass du mit deinen Texten oder Bildern Werbung für irgendetwas machst, ist es keine journalistische oder schriftstellerische Tätigkeit. Das bedeutet, du hast ein Gewerbe.

Praxis

Pia setzt sich für die Umwelt ein und lehnt unnötiges Fliegen komplett ab. Auf ihrem Instagramkanal möchte sie Jugendliche erreichen und sie überzeugen, dass es für einen tollen Urlaub nicht notwendig ist, ins Flugzeug zu steigen. Sie postet Texte, in denen sie beschreibt, wie es ihr an bestimmten Orten ergangen ist und was sie auf dem Weg dorthin gefühlt hat. Für ihr Umweltengagement erhält sie Spenden, Kooperationsangebote von Tourismusanbietern lehnt sie ab – denn diese haben auch Flugreisen im Programm.

Pia ist als Influencerin auch Freiberuflerin und übt eine journalistische Tätigkeit aus.

Betreibt Pia ihren Instagramkanal mit den gleichen Inhalten und Texten, aber mit dem Ziel, als Kooperationspartner Tourismusregionen zu gewinnen, die auch ohne Flugzeug erreichbar sind, sieht die Sache gleich anders aus. Es steht die Werbung im Vordergrund und somit ist es eine gewerbliche Tätigkeit.

2 Habe ich jetzt Pflichten? Muss ich was tun?

Deine Social-Media-Aktivitäten sind mehr als eine Freizeitbeschäftigung. Da du als Influencer in den meisten Fällen eine gewerbliche Tätigkeit ausübst (→ Kapitel 1.2), musst du deine Tätigkeit sowohl beim Gewerbeamt deiner Gemeinde als auch beim Finanzamt anmelden.

Übst du als Influencer eine freiberufliche Tätigkeit aus, entfällt die Gewerbeanmeldung bei der Gemeinde.

In der folgenden Checkliste erhältst du einen ersten Überblick, welche Aufgaben auf dich zukommen.

Die in der Checkliste aufgeführten Punkte haben wir in diesem Kapitel näher erläutert. Informationen zu einer »ordnungsgemäßen Rechnung« findest du im → Kapitel 4.3 zur Umsatzsteuer. Im → Kapitel 3.3.4 zu den Geschäftsunterlagen erfährst du, welche du aufbewahren musst und wie du sie am besten ordnest.

Fakt:

Im Bereich des E-Sports ist es auch denkbar, dass ein Influencer als Arbeitnehmer anzusehen bist. In diesem Fall ist dieser nicht selbstständig tätig und muss sich weder bei der Gemeinde noch beim Finanzamt anmelden. Um die Abgaben kümmert sich dann der Arbeitgeber. Er behält Lohnsteuer und Sozialversicherungsbeiträge vom Gehalt ein und führt diese Beträge an den Staat ab.

Checkliste: Wenn ich als Influencer Geld verdiene...

- [ ] **...melde ich auf dem Gewerbeamt mein Gewerbe als Influencer an.**
  ↳ Ich bekomme einen Gewerbeschein.
  Ausnahme: Meine Tätigkeit als Influencer ist freiberuflich.

  ! Wenn ich noch nicht volljährig bin:

  - [ ] **...stelle ich gemeinsam mit meinen Eltern einen Antrag beim Familiengericht, ein Gewerbe anmelden zu dürfen.**
    ↳ Erst mit der Genehmigung kann ich aufs Gewerbeamt und dann auch ein Geschäftskonto eröffnen.

- [ ] **...übermittle ich ans Finanzamt den »Fragebogen zur steuerlichen Erfassung«.**
  ↳ Ich bekomme eine Steuernummer.

- [ ] **...eröffne ich ein Geschäftskonto.**
  ↳ Denn die getrennte Abwicklung hat für mich viele Vorteile.

- [ ] **...regle ich, wie ich als selbstständiger Influencer krankenversichert bin.**

  ! Prüfen: Ist eine Versicherung über die Künstlersozialkasse für mich möglich?

- [ ] **...erstelle ich mir eine Vorlage für meine Rechnungen.**
  ↳ Denn ordnungsgemäße Rechnungen sind für mich und meine Kooperationspartner von großer Bedeutung.

- [ ] **...lege ich mir einen Ordner für meine Belege an.**
  ↳ Denn als Gewerbetreibender habe ich Aufbewahrungspflichten.

  ! Auch rein digitale Geschäftsunterlagen zählen zu diesen Belegen.

2.1 Auf dem Gewerbeamt meldest du dich an

Sobald du vorhast, mit deiner Tätigkeit als selbstständiger Content Creator oder Influencer regelmäßig Einnahmen zu erzielen, musst du deine Influencertätigkeit **sofort** beim Gewerbeamt deiner Gemeinde anmelden. Gibst du deine Gewerbeanmeldung verspätet ab, kann die Gemeinde ein Bußgeld gegen dich festsetzen.

Die Gewerbeanmeldung hat nichts damit zu tun, ob du für deinen Influencerbetrieb Gewerbesteuer bezahlen musst. Denn auch Gewerbebetriebe, für die wegen des Freibetrags von 24.500 Euro keine Gewerbesteuer anfällt (→ Kapitel 7), müssen bei der Gemeinde angemeldet werden.

Am besten erledigst du die Anmeldung bereits, bevor du deine ersten Einnahmen erhältst oder zumindest kurz danach.

Online oder persönlich?

Für die Anmeldung deines Gewerbes gibt es einen Vordruck, den du ausfüllen musst. Diesen Vordruck findest du häufig auf der Internetseite deiner Gemeinde zum Download.

Das ausgefüllte Formular reichst du dann entweder persönlich oder per Post beim Gewerbeamt ein. Bei manchen Kommunen kannst du die Gewerbeanmeldung auch direkt online ausfüllen und übermitteln. Meist musst du noch eine Kopie deines Personalausweises beifügen.

In manchen Gemeinden ist das Ordnungsamt für die Gewerbeanmeldung zuständig.

2.1.1 Diese Angaben möchte das Gewerbeamt von dir haben

Im Vordruck werden zunächst einige persönliche Angaben zu deiner Person, deine Anschrift und Kontaktmöglichkeiten abgefragt. Hier solltest du mindestens eine Telefon- oder Handynummer und eine E-Mail-Adresse angeben, damit die Mitarbeiter des Gewerbeamts dich bei Rückfragen schnell erreichen können.

Gewerbe - Anmeldung
nach §14 oder §55c der Gewerbeordnung

Bitte die nachfolgenden Felder vollständig und gut lesbar ausfüllen sowie die zutreffenden Kästchen ankreuzen

Angaben zum Betriebsinhaber

Bei Personengesellschaften (z.B. OHG) ist für jeden geschäftsführenden Gesellschafter ein eigener Vordruck auszufüllen. Bei juristischen Personen sind in den Feldern 4 bis 11, 30 und 31 die Angaben zum gesetzlichen Vertreter einzutragen (bei inländischer AG wird auf diese Angaben verzichtet). Bei weiteren gesetzlichen Vertretern sind die Angaben auf Beiblättern zu machen.

1 Im Handels-, Genossenschafts- oder Vereinsregister, ggf. im Stiftungsverzeichnis eingetragener Name mit Rechtsform (bei GbR: Angabe der weiteren Gesellschafter)

2 Ort und Nummer des Eintrages im Handels-, Genossenschafts- oder Vereinsregister, ggf. Nummer im Stiftungsverzeichnis

3 Name des Geschäfts, wenn er vom eingetragenen Namen in Feld 1 abweicht (Geschäftsbez eichnung; z.B. Gaststätte zum grünen Baum, Friseur Haargenau)
Online-Marketing

Angaben zur Person

4 Name
Muster

5 Vornamen
Maren

6 Geschlecht (Angabe ist entsprechend der Eintragung in der Geburtsurkunde zu machen)
männlich ☐ weiblich ☑ divers ☐ ohne Angabe ☐

7 Geburtsname (nur bei Abweichung vom Namen)

8 Geburtsdatum
18.8.1999

9 Geburtsort und -land
Musterstadt

10 Staatsangehörigkeit(en)
deutsch ☑ andere:

11 Anschrift der Wohnung (Straße, Hausnummer, Postleitzahl, Ort)
Musterweg 12, 12345 Musterstadt

Mobil-, Telefonnummer
Telefaxnummer
E-Mail-Adresse
Internetadresse

Die Angaben zu deinem Influencerbetrieb

In der Regel startest du deine Social-Media-Tätigkeit als Einzelunternehmer. Daher kannst du sämtliche Felder, in denen nach Registereintragungen, der Anzahl der Gesellschafter und nach vertretungsberechtigten Personen gefragt wird, ignorieren. Denn diese Bereiche sind nur für Personen- und Kapitalgesellschaften (OHG, KG, GmbH oder AG) gedacht.

Ausfüllen solltest du allerdings das Feld **Betriebsstätte.** Als Influencer übst du deine Tätigkeit hauptsächlich in deiner Wohnung aus. Deshalb trägst du hier auch deine Wohnanschrift ein.

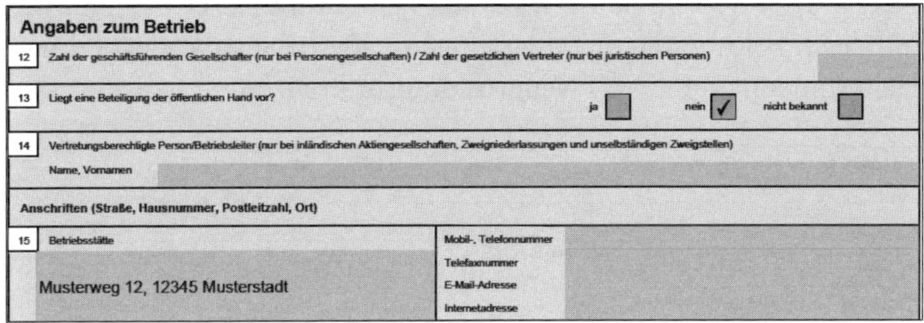
Angaben zum Betrieb

12 Zahl der geschäftsführenden Gesellschafter (nur bei Personengesellschaften) / Zahl der gesetzlichen Vertreter (nur bei juristischen Personen)

13 Liegt eine Beteiligung der öffentlichen Hand vor? ja ☐ nein ☑ nicht bekannt ☐

14 Vertretungsberechtigte Person/Betriebsleiter (nur bei inländischen Aktiengesellschaften, Zweigniederlassungen und unselbständigen Zweigstellen)
Name, Vornamen

Anschriften (Straße, Hausnummer, Postleitzahl, Ort)

15 Betriebsstätte
Musterweg 12, 12345 Musterstadt

Mobil-, Telefonnummer
Telefaxnummer
E-Mail-Adresse
Internetadresse

Ein weiteres wichtiges Feld ist die Beschreibung der **angemeldeten Tätigkeit.** Hier solltest du deine Tätigkeit in ein paar Worten beschreiben. Als Influencer bzw. Content Creator kannst du hier als Beschreibung »Online-Marketing« einfügen. Diese kannst du jederzeit durch weitere Begriffe wie »Influencer«, »Content Creator« oder andere Beschreibungen ergänzen.

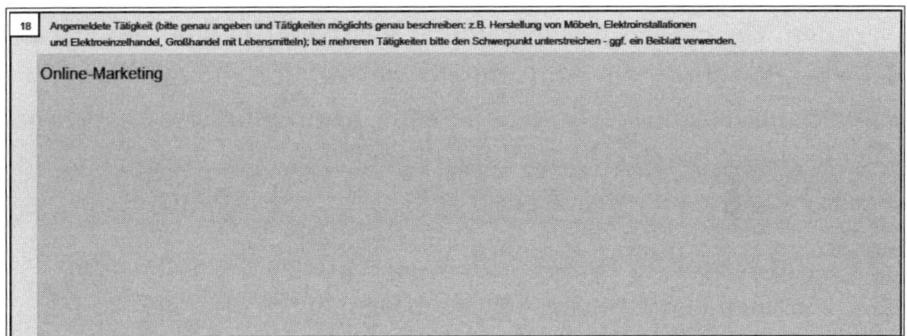
18 Angemeldete Tätigkeit (bitte genau angeben und Tätigkeiten möglichts genau beschreiben: z.B. Herstellung von Möbeln, Elektroinstallationen und Elektroeinzelhandel, Großhandel mit Lebensmitteln); bei mehreren Tätigkeiten bitte den Schwerpunkt unterstreichen - ggf. ein Beiblatt verwenden.

Online-Marketing

Im Anschluss musst du das genaue **Datum des Beginns** angeben, und ob du die angemeldete Tätigkeit im **Nebenerwerb** ausübst. Hast du also beispielsweise noch einen anderen Job, kreuzt du hier »ja« an. Bist du hauptberuflich Influencer, gibst du dagegen »nein« an.

Bei der **Art des angemeldeten Betriebs** kreuzt du als Influencer »Sonstiges« an.

Schließlich wird abgefragt, wie viele **Mitarbeiter** du beschäftigst und ob die Anmeldung für eine **Haupt- oder Zweigniederlassung** bzw. was der **Grund für die Anmeldung** ist. Zu Beginn deiner Tätigkeit wirst du sehr wahrscheinlich keine Mitarbeiter beschäftigen und auch keine Zweigniederlassungen haben. Daher kannst du hier Hauptniederlassung und Neugründung ankreuzen.

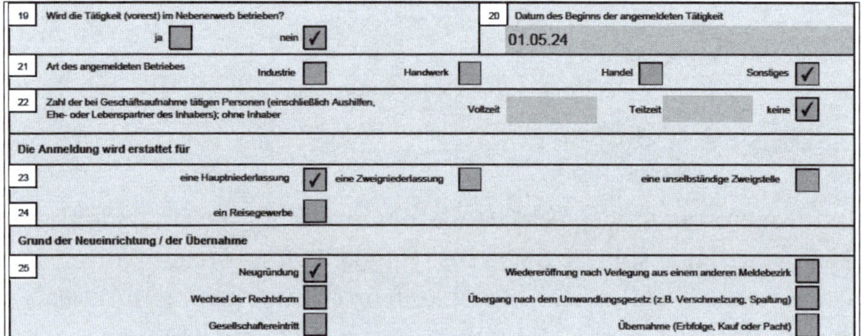

19 Wird die Tätigkeit (vorerst) im Nebenerwerb betrieben? ja ☐ nein ☑

20 Datum des Beginns der angemeldeten Tätigkeit: 01.05.24

21 Art des angemeldeten Betriebes: Industrie ☐ Handwerk ☐ Handel ☐ Sonstiges ☑

22 Zahl der bei Geschäftsaufnahme tätigen Personen (einschließlich Aushilfen, Ehe- oder Lebenspartner des Inhabers); ohne Inhaber: Vollzeit ☐ Teilzeit ☐ keine ☑

Die Anmeldung wird erstattet für

23 eine Hauptniederlassung ☑ eine Zweigniederlassung ☐ eine unselbständige Zweigstelle ☐

24 ein Reisegewerbe ☐

Grund der Neueinrichtung / der Übernahme

25 Neugründung ☑ Wiedereröffnung nach Verlegung aus einem anderen Meldebezirk ☐
Wechsel der Rechtsform ☐ Übergang nach dem Umwandlungsgesetz (z.B. Verschmelzung, Spaltung) ☐
Gesellschaftereintritt ☐ Übernahme (Erbfolge, Kauf oder Pacht) ☐

Du bekommst einen Gewerbeschein

Nachdem deine Gewerbeanmeldung bearbeitet wurde, erhältst du deinen Gewerbeschein und musst eine Gebühr für die Gewerbeanmeldung bezahlen. Diese ist je nach Kommune und manchmal auch nach der Art der Anmeldung (online, per Post, persönlich) unterschiedlich hoch. Meist liegt sie im Bereich von 15 Euro bis 60 Euro.

Die Kosten für die Anmeldung deines Gewerbes gehören zu deinen Betriebsausgaben, auch wenn du zu diesem Zeitpunkt vielleicht noch gar keine Einnahmen als Influencer erzielt hast. Betriebsausgaben sind aber nicht nur die eigentliche Gebühr, sondern auch eventuelle Fahrtkosten zum Gewerbeamt. Bewahre die entsprechenden Belege also gut für deine Gewinnermittlung auf!

2.1.2 Wenn du noch nicht volljährig bist

Bist du noch keine 18 Jahre alt, also noch nicht volljährig, bist du damit in Deutschland nur beschränkt geschäftsfähig. Daher kannst du nur dann ein Gewerbe anmelden, wenn deine Eltern oder deine gesetzlichen Vertreter damit einverstanden sind. Allerdings reicht hier aber ein einfaches »Ja, sind wir« noch nicht!

Antrag beim Familiengericht

Sind deine Eltern mit deinem Wunsch, dich als Influencer selbstständig zu machen, einverstanden, müsst ihr zusammen das für euch zuständige Familiengericht kontaktieren. Dort stellen deine Eltern für dich dann einen **formlosen Antrag,** dass du dich selbstständig machen möchtest. Denn die Zustimmung deiner Eltern muss vom Gericht genehmigt werden.

In diesem Antrag sollten als Angaben enthalten sein:

Antragsteller:

Das heißt: dein Name, dein Geburtsdatum und die Namen deiner Eltern

Was deine Eltern und du beantragen:

Ihr beantragt, dass du als Minderjähriger ein Gewerbe als Influencer anmelden darfst.

Worum es geht:

Hier beschreibt ihr kurz deine Geschäftsidee als Influencer.

Weitere Infos zu dir:

Ein paar Sätze, dass du die Fähigkeiten und Kenntnisse besitzt, um dich im Rahmen deiner selbstständigen Tätigkeit als Influencer wie ein Volljähriger zu verhalten, und auch die Zusagen, dass du dich so verhalten wirst.

Unterschrift:

Der Antrag wird von dir und deinen Eltern unterschrieben.

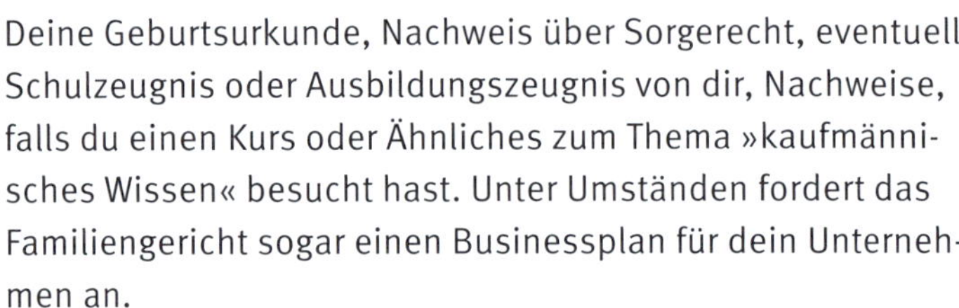

Am besten legt ihr dem Antrag gleich auch diese Unterlagen bei:

Deine Geburtsurkunde, Nachweis über Sorgerecht, eventuell Schulzeugnis oder Ausbildungszeugnis von dir, Nachweise, falls du einen Kurs oder Ähnliches zum Thema »kaufmännisches Wissen« besucht hast. Unter Umständen fordert das Familiengericht sogar einen Businessplan für dein Unternehmen an.

Diese Unterlagen sind zwar nicht vorgeschrieben, können aber vom Familiengericht angefordert werden. Daher kann es hilfreich sein, sie gleich mitzuliefern.

Es folgt eine Anhörung

Im Rahmen einer Anhörung, zu der das Familiengericht dich und deine Eltern einbestellt, prüft der für euch zuständige Rechtspfleger in einem Gespräch, ob du in der Lage bist, die volle Verantwortung für die zukünftigen Rechtsgeschäfte und Entscheidungen als Influencer zu übernehmen. Hier gibt es keinen Leitfaden, mit welchen Fragen ihr rechnen könnt.

Erst wenn dir die Genehmigung durch das Familiengericht vorliegt, kannst du dein Gewerbe als Influencer anmelden.

Fakt:

Auch ein Geschäftskonto bei der Bank kann von einem Minderjährigen erst eröffnet werden, wenn die Genehmigung durch das Familiengericht vorliegt → Kapitel 2.2.3.

Über die Suche nach »Gründen unter 18« oder »Gewerbe anmelden als Minderjähriger« findet ihr im Internet zahlreiche Informationen zu diesem Thema von verschiedenen Gründerplattformen oder auch von der IHK.

2.2 Für das Finanzamt füllst du einen Fragebogen aus

Nachdem du dein Gewerbe bei der Gemeinde- oder Stadtverwaltung angemeldet hast, dauert es meistens nicht lange, bis du Post von deinem Finanzamt bekommst. Denn die Kommune leitet die Gewerbeanmeldungen an das Finanzamt und an andere Stellen (z.B. an die IHK) weiter. Das Finanzamt möchte mehr über dein neu gegründetes Unternehmen als Influencer erfahren und wird dich daher auffordern, den **Fragebogen zur steuerlichen Erfassung** auszufüllen. Damit möchten die Beamten feststellen, welche Steuererklärungen du wegen deiner neu angemeldeten Tätigkeit zukünftig abgeben musst. Außerdem wird dir nach Abschluss der Prüfung dieses Fragebogens vom Finanzamt eine **Steuernummer** mitgeteilt. Diese benötigst du, um Rechnungen an deine Auftraggeber schreiben zu können.

Fakt:

Nicht verwechseln: Steuernummer und Steuer-Identifikationsnummer!

Die **Steuer-Identifikationsnummer** oder **steuerliche Identifikationsnummer** (kurz: Steuer-ID oder IdNr.) erhält jeder Bürger in Deutschland bereits bei der Geburt und sie ist ein Leben lang gültig.

Die **Steuernummer** erhält man erst mit der Abgabe der ersten Steuererklärung oder durch die Abgabe des Fragebogens zur steuerlichen Erfassung für die Anmeldung einer gewerblichen oder freiberuflichen Tätigkeit. Sie kann sich ändern, beispielsweise bei einem Umzug oder durch die Aufnahme einer selbstständigen Tätigkeit.

Ich habe bereits eine Steuernummer. Muss ich den Fragebogen trotzdem abgeben?

Der Fragebogen zur steuerlichen Erfassung nach der Aufnahme deiner selbstständigen Tätigkeit ist **zwingend** abzugeben. Selbst wenn du bereits eine Steuernummer hast, beispielsweise weil du schon freiwillig Steuererklärungen als Arbeitnehmer abgegeben hast, besteht das Finanzamt darauf. Denn unter Umständen ändert sich für dich wegen deiner Tätigkeit als Content Creator die Zuständigkeit innerhalb des Finanzamts und du bekommst somit eine neue Steuernummer, unter der dann auch deine betriebliche Tätigkeit als Influencer vermerkt ist.

2.2.1 Du brauchst ein ELSTER-Zertifikat für die elektronische Übermittlung

Der Fragebogen muss **elektronisch** an das Finanzamt übermittelt werden. Die Finanzverwaltung ermöglicht dir die Übermittlung des Formulars über die Internetseite www.elster.de. Unter der Rubrik »Mein ELSTER« kannst du sowohl den Fragebogen zur steuerlichen Erfassung als auch nahezu alle Steuererklärungen an das Finanzamt übermitteln.

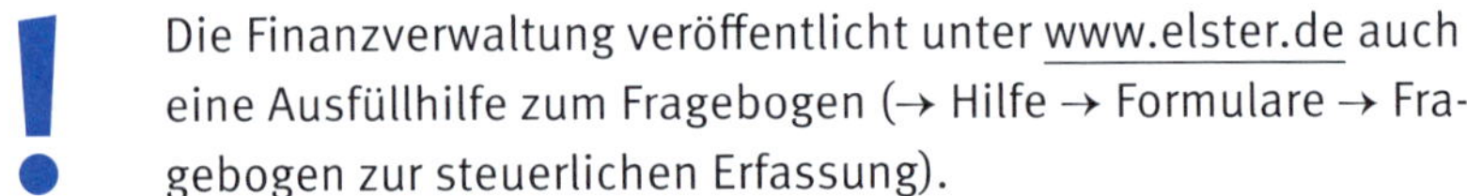

! Die Finanzverwaltung veröffentlicht unter www.elster.de auch eine Ausfüllhilfe zum Fragebogen (→ Hilfe → Formulare → Fragebogen zur steuerlichen Erfassung).

Um den Fragebogen zur steuerlichen Erfassung über »Mein ELSTER« zu erstellen und abzusenden, benötigst du ein ELSTER-Zertifikat.

! Wenn du vor Beginn deiner Tätigkeit als Content Creator bereits Steuererklärungen elektronisch an das Finanzamt übermittelt hast, kann es sein, dass du bereits über ein solches Zertifikat verfügst. Es handelt sich dabei um eine pfx-Datei.

Hast du bereits ein solches Zertifikat, kannst du es auch für die Übermittlung des Fragebogens zur steuerlichen Erfassung und aller in Zukunft anfallenden Steuererklärungen verwenden.

Falls du noch kein Zertifikat hast, musst du dich zunächst auf www.elster.de **registrieren.** Hierzu klickst du auf den Menüpunkt »Benutzerkonto erstellen«. Dort gibt es verschiedene Registrierungsverfahren.

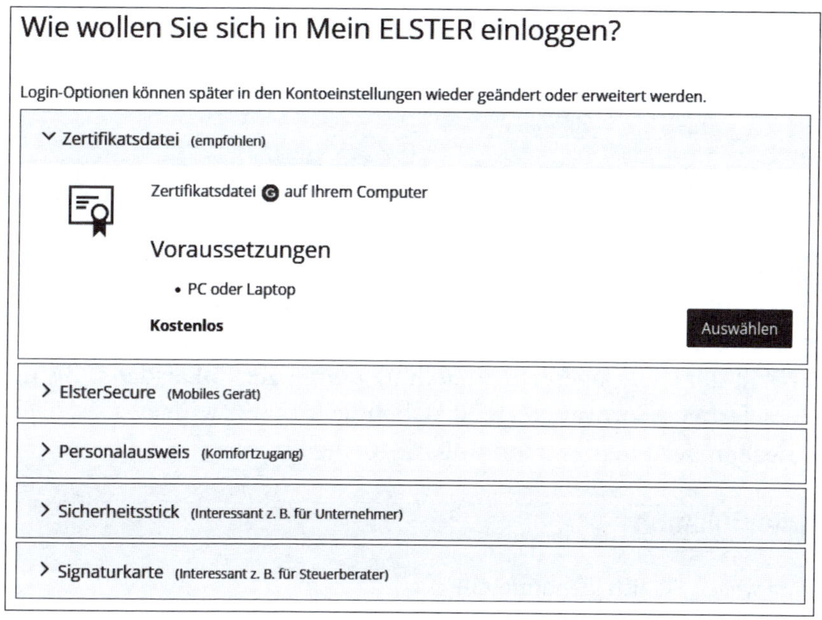

Übermittlung mit Zertifikatsdatei

Wir empfehlen dir die **kostenlose Registrierung mittels Zertifikatsdatei,** weil du damit sowohl Steuererklärungen über »Mein ELSTER« als auch über jedes andere Steuerprogramm übermitteln kannst. Da du in der Regel als Influencer selbstständiger Einzelunternehmer sein wirst, benötigst du ein persönliches Zertifikat, das heißt, du wählst »Für mich«.

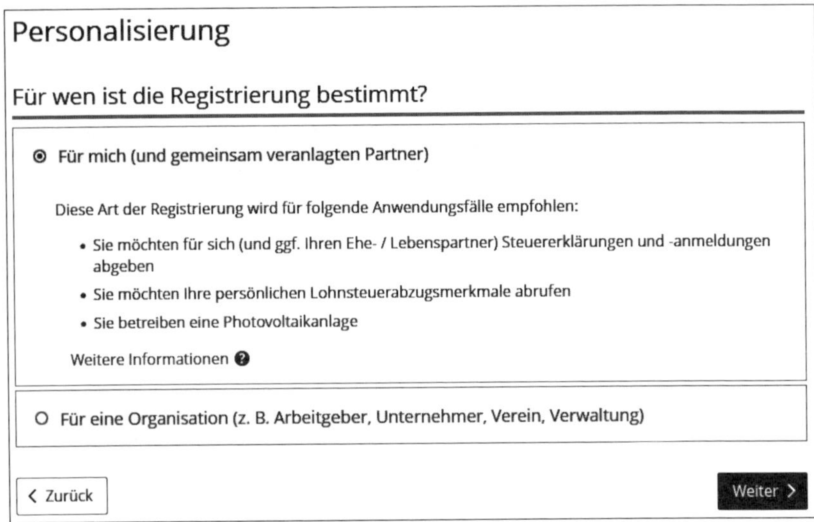

Um die Registrierung anzustoßen, benötigst du deine **Steuer-Identifikationsnummer** (steuerliche Identifikationsnummer) zur Identifizierung. Im Anschluss schickt dir dein Finanzamt per Post und E-Mail die Unterlagen zur Erstellung deiner Zertifikatsdatei. Bis du dein fertiges Software-Zertifikat benutzen kannst, dauert es nach Angaben der Finanzverwaltung ca. 10 Tage.

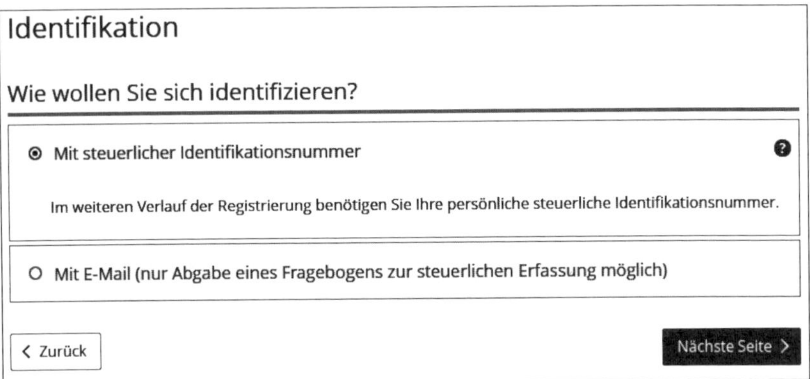

Wo finde ich meine steuerliche Identifikationsnummer?

Deine steuerliche Identifikationsnummer findest du auf jedem Schreiben deines Finanzamts. Es handelt sich dabei um eine aus elf Ziffern bestehende Nummer. Solltest du kein Schreiben des Finanzamts zur Hand haben und auch die Information über die erstmalige Zuteilung der IdNr. nicht mehr finden, kannst du dir die Steuer-ID vom Bundeszentralamt für Steuern (BZSt) erneut mitteilen lassen. Die entsprechende Anfrage kannst du online über die Internetseite des BZSt (www.bzst.de) stellen.

Übermittlung des Fragebogens ohne Software-Zertifikat

Wenn du kein eigenes ELSTER-Zertifikat hast oder die Registrierung für das Zertifikat, beispielsweise wegen fehlender Steuer-ID, nicht anstoßen kannst, gibt es trotzdem eine Möglichkeit den Fragebogen zur steuerlichen Erfassung an dein Finanzamt zu übermitteln.

Für die einmalige Übermittlung des Fragebogens ist eine Registrierung ohne Identifikationsnummer, also nur mit deiner E-Mail-Adresse möglich. Steuererklärungen können mit dieser Art der Anmeldung allerdings nicht übermittelt werden.

Um dich auf diesem Weg anzumelden, startest du die Registrierung wie oben beschrieben. Anstelle der Identifikation mithilfe deiner Steuer-ID wählst du hier die Anmeldung mit deiner E-Mail-Adresse aus.

Du kannst dein Benutzerkonto auch später noch durch Ergänzung deiner Identifikationsnummer für die Übermittlung von Steuererklärungen freischalten.

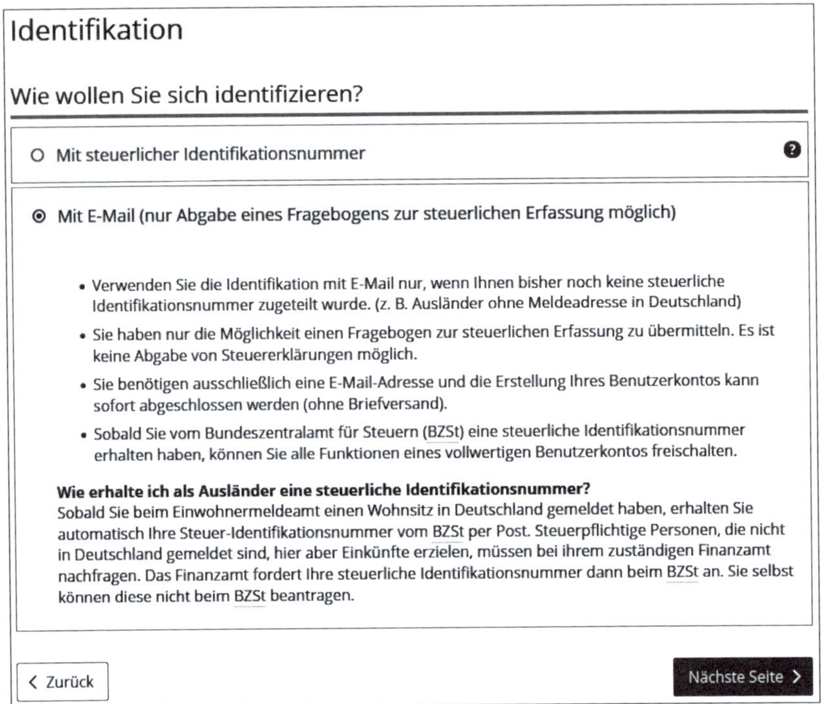

Identifikation

Wie wollen Sie sich identifizieren?

○ Mit steuerlicher Identifikationsnummer

◉ Mit E-Mail (nur Abgabe eines Fragebogens zur steuerlichen Erfassung möglich)

- Verwenden Sie die Identifikation mit E-Mail nur, wenn Ihnen bisher noch keine steuerliche Identifikationsnummer zugeteilt wurde. (z. B. Ausländer ohne Meldeadresse in Deutschland)
- Sie haben nur die Möglichkeit einen Fragebogen zur steuerlichen Erfassung zu übermitteln. Es ist keine Abgabe von Steuererklärungen möglich.
- Sie benötigen ausschließlich eine E-Mail-Adresse und die Erstellung Ihres Benutzerkontos kann sofort abgeschlossen werden (ohne Briefversand).
- Sobald Sie vom Bundeszentralamt für Steuern (BZSt) eine steuerliche Identifikationsnummer erhalten haben, können Sie alle Funktionen eines vollwertigen Benutzerkontos freischalten.

Wie erhalte ich als Ausländer eine steuerliche Identifikationsnummer?
Sobald Sie beim Einwohnermeldeamt einen Wohnsitz in Deutschland gemeldet haben, erhalten Sie automatisch Ihre Steuer-Identifikationsnummer vom BZSt per Post. Steuerpflichtige Personen, die nicht in Deutschland gemeldet sind, hier aber Einkünfte erzielen, müssen bei ihrem zuständigen Finanzamt nachfragen. Das Finanzamt fordert Ihre steuerliche Identifikationsnummer dann beim BZSt an. Sie selbst können diese nicht beim BZSt beantragen.

‹ Zurück

Nächste Seite ›

2.2.2 Das will dein Finanzamt durch den Fragebogen von dir erfahren

Das für dich örtlich zuständige Finanzamt teilt dir wegen deiner neu angemeldeten Tätigkeit eine Steuernummer zu. Hierbei muss es zunächst deine persönlichen Daten kennen und außerdem einiges über deinen Betrieb wissen, damit es in deinen Grunddaten die richtigen Abgabe- und Zahlungsverpflichtungen hinterlegen kann.

Im Fragebogen zur steuerlichen Erfassung musst du daher zunächst viele Angaben zu deiner persönlichen und steuerlichen Situation machen. Übermittelst du den Fragebogen über »Mein ELSTER« (www.elster.de), wirst du automatisch durch die verschiedenen Abschnitte des Formulars geführt. Einige Bereiche haben für dich als

Influencer allerdings keine oder nur sehr geringe Bedeutung. Wir stellen dir daher im nächsten Kapitel die Teile des Fragebogens vor, die für dich wichtig sein können, und erläutern dir, welche Konsequenzen die jeweiligen Eintragungen haben.

2.2.3 Schritt für Schritt: Wie du den Fragebogen ausfüllst

Startseite des Formulars

Bevor du mit den eigentlichen Angaben beginnen kannst, wirst du aufgefordert, deine Steuernummer anzugeben. Diese findest du auf deinem letzten Einkommensteuerbescheid. Die Anzahl der Ziffern und das Format unterscheiden sich in den verschiedenen Bundesländern.

Achtung

Es handelt sich dabei **nicht** um die steuerliche Identifikationsnummer.

Bevor du deine Steuernummer eingeben kannst, musst du dein Bundesland auswählen.

Wenn du **keine Steuernummer** hast, weil du beispielsweise noch nie eine Steuererklärung abgegeben hast, beantragst du mit der Abgabe des Fragebogens zur steuerlichen Erfassung deine Steuernummer, indem du hier »Neue Steuernummer beantragen« anklickst. Hierzu wählst du dann ebenfalls dein Bundesland und auch das für dich zuständige Finanzamt aus. Falls du dein zuständiges Finanzamt nicht kennst, wird dir im Formular ein Link zur Verfügung gestellt, der dich auf die Internetseite des Bundeszentralamts für Steuern weiterleitet. Dort kannst du durch Eingabe deines Wohnorts das zuständige Finanzamt herausfinden.

Außerdem kannst du auf der Startseite die Daten, die du bei der Registrierung deines ELSTER-Zertifikats bereits erfasst hast, in den Fragebogen zur steuerlichen Erfassung übernehmen. Hierzu musst du unter der Überschrift »Datenübernahme aus einem Profil« auf »Aus ›Mein Profil‹« klicken. Damit sparst du dir auf den späteren Teilseiten einige Eintragungen.

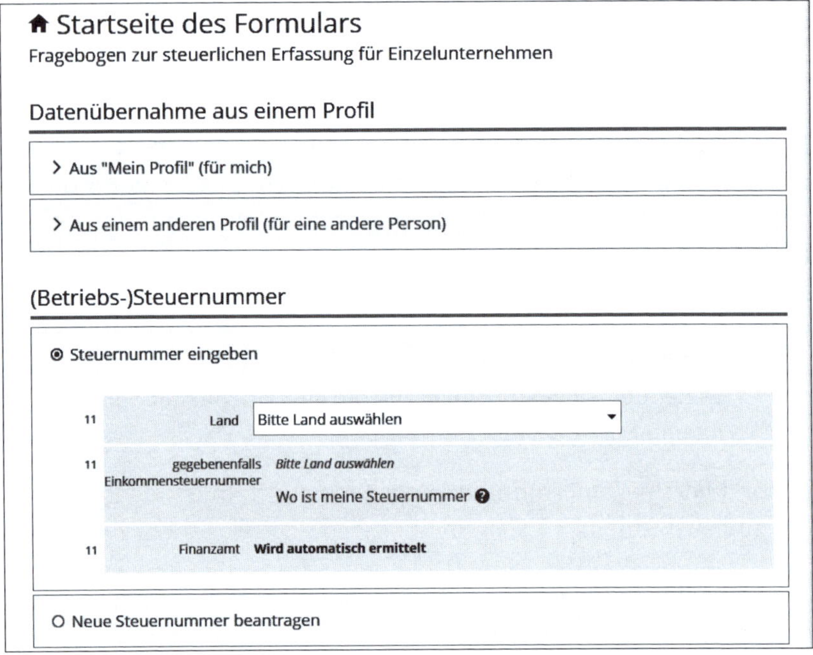

Diese Teilseiten hat der Fragebogen zur steuerlichen Erfassung

Die nachfolgende Übersicht zeigt dir, in welche Abschnitte der Fragebogen zur steuerlichen Erfassung unterteilt ist. Die einzelnen Abschnitte werden hier Teilseiten genannt. Im Anschluss zeigen wir dir bei den für dich relevanten Teilseiten, welche Eintragungen du vornehmen musst und welche Konsequenzen sich daraus ergeben.

Zu den Teilseiten

- 1 - Allgemeine Angaben
- 2 - Ehegatte / Ehegattin / eingetragene(r) Lebenspartner(in)
- 3 - Bankverbindung(en) für Steuererstattungen / SEPA-Lastschriftverfahren
- 4 - Steuerliche Beratung
- 5 - Empfangsbevollmächtigte(r) für alle Steuerarten
- 6 - Bisherige persönliche Verhältnisse
- 7 - Angaben zum Unternehmen
- 8 - Abweichender Ort der Geschäftsleitung
- 9 - Betriebstätten
- 10 - Handelsregistereintragung
- 11 - Gründungsform
- 12 - Bisherige betriebliche Verhältnisse
- 13 - Konzernzugehörigkeit
- 14 - Angaben zur Festsetzung der Vorauszahlungen (Einkommensteuer, Gewerbesteuer)
- 15 - Angaben zur Gewinnermittlung
- 16 - Freistellungsbescheinigung gemäß § 48b EStG (Bauabzugssteuer)
- 17 - Angaben zur Anmeldung und Abführung der Lohnsteuer
- 18 - Angaben zur Anmeldung und Abführung der Umsatzsteuer
- 19 - Umsatzsteuerliche Organschaft (§ 2 Absatz 2 Nummer 2 UStG)
- 20 - Besonderes Besteuerungsverfahren "One-stop-shop"
- 21 - Umsätze im Bereich des Handels mit Waren über das Internet
- 22 - Gesondert übermittelte Unterlagen
- 23 - Anhänge

Angaben zur Person und zum Ehegatten – Teilseiten 1 und 2

In diesen beiden Abschnitten musst du deine persönlichen Angaben wie Namen, Geburtsdatum, Adresse, Familienstand und Kontaktdaten für dich und ggf. deinen Ehepartner eintragen. Diese Angaben benötigt das Finanzamt, um deine Grunddaten zur Steuernummer zu speichern.

Am Ende der Teilseite 1 wirst du noch mal nach der **Art der Tätigkeit** gefragt. Hier kannst du die Angaben aus deiner Gewerbeanmeldung übernehmen, also Online-Marketing, eventuell ergänzt durch Begriffe wie »Influencer« oder »Content Creator«.

Bankverbindung(en) – Teilseite 3

Die Eintragungen auf dieser Teilseite sind freiwillig. Das heißt, du musst keine Bankverbindung angeben. Wenn du aber davon ausgehst, dass sich aus deiner Tätigkeit als Influencer Zahlungen an das Finanzamt bzw. vom Finanzamt an dich ergeben werden, ist es sinnvoll, deine Bankverbindung anzugeben. Insbesondere wenn du zukünftig umsatzsteuerpflichtig bist (→ Kapitel 4.1) bist, solltest du hier deine IBAN eintragen, damit dass Finanzamt dir eventuelle Umsatzsteuererstattungen direkt auf dein Konto überweisen kann.

Trägst du hier eine Bankverbindung ein, kannst du auswählen, ob das Finanzamt auf das Konto nur die Betriebssteuern (Umsatzsteuer, Lohnsteuer) oder nur die Personensteuern (Einkommensteuer) oder alle Steuerarten erstatten soll.

Du kannst hier auch mehrere Bankverbindungen angeben, also beispielsweise dein privates Konto für die Erstattung der Einkommensteuer und dein Geschäftskonto für die Zahlung der Betriebssteuern.

Brauche ich ein eigenes Geschäftskonto?

Eins vorab: Du bist nicht verpflichtet, ein eigenes Geschäftskonto zu haben. Es gibt aber gute Gründe, die dafür sprechen, für deine selbstständige Influencertätigkeit ein separates Konto zu eröffnen.

- Manche Banken unterscheiden ganz streng zwischen privaten Konten und geschäftlichen Konten. Auf Privatkonten dürfen dann auch wirklich nur private Einnahmen wie beispielsweise Lohn, Rente, Mieteinnahmen oder Lohnersatzleistungen wie zum Beispiel das Elterngeld eingehen. Lässt du dir dorthin auch betriebliche Einnahmen von deinen Kooperationspartnern überweisen, riskierst du unter Umständen die Kündigung des Kontos durch deine Bank.
- Selbst wenn es deine Bank erlaubt, dass du dir auf deinem privaten Girokonto auch deine Einnahmen aus der Influencertätigkeit gutschreiben lässt, gibt es gute Gründe dafür, ein

eigenes Konto zu eröffnen. Einerseits hast du einen besseren Überblick über die Einnahmen und Ausgaben aus deinem Betrieb, wenn du sie auf einem eigenen Konto abwickelst. Andererseits ist es für dich einfacher deine Umsatzsteuer-Voranmeldungen und deine Gewinnermittlung zu erstellen, wenn über das Konto nur betriebliche Vorgänge abgewickelt werden, als wenn du andauernd überlegen musst, ob diese oder jene Buchung etwas mit deinem Betrieb zu tun hat oder nicht.

Durch ein separates Geschäftskonto entstehen dir sehr wahrscheinlich Kosten. Die Vorteile der getrennten Abwicklung sollten es dir aber wert sein. Zudem kannst du die Kontoführungsgebühren deines Geschäftskontos in voller Höhe als Betriebsausgaben ansetzen.

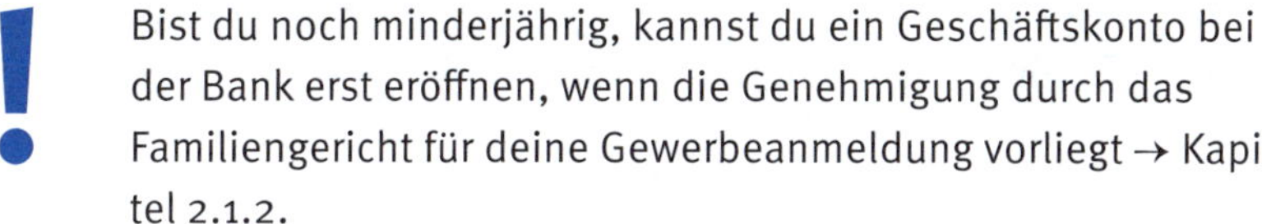

Bist du noch minderjährig, kannst du ein Geschäftskonto bei der Bank erst eröffnen, wenn die Genehmigung durch das Familiengericht für deine Gewerbeanmeldung vorliegt → Kapitel 2.1.2.

Welche Vorteile hat für dich ein SEPA-Lastschriftmandat?

Steuerzahlungen, die du an das Finanzamt leisten musst, kannst du entweder per Überweisung oder SEPA-Lastschriftmandat begleichen. Insbesondere, wenn du umsatzsteuerpflichtig bist, musst du quartalsweise oder sogar monatlich Umsatzsteuer-Voranmeldungen abgeben und in diesem Turnus auch deine Umsatzsteuer-Vorauszahlungen an das Finanzamt leisten. Diese Zahlungen werden gleichzeitig mit der Abgabe der jeweiligen Voranmeldung am 10. Tag nach Ablauf des entsprechenden Quartals/Monats fällig. Überweist du diese Vorauszahlungen, musst du dich also selbst darum kümmern, dass das Geld pünktlich auf dem Konto der Finanzverwaltung eingeht. Denn bei verspäteter Zahlung drohen dir **Säumniszuschläge** von **1 %** des verspätet gezahlten Betrags **pro Monat.**

Mit der Erteilung eines SEPA-Lastschriftmandats bucht das Finanzamt deine fälligen Steuern am letzten Tag der Zahlungsfrist automatisch ab. Du sorgst auf diese Weise also für eine pünktliche Zahlung deiner Steuern, ohne dass du jedes Quartal bzw. jeden Monat daran denken musst, und vermeidest dadurch auch Säumniszuschläge.

Den Vordruck zur Erteilung des SEPA-Lastschriftmandats erhältst du bei deinem Finanzamt. Häufig kannst du das Formular auch auf der Internetseite deines Finanzamts herunterladen. Im Fragebogen zur steuerlichen Erfassung gibt es keine Möglichkeit, ein SEPA-Lastschriftmandat zu erteilen.

Steuerliche Beratung und Empfangsvollmacht – Teilseiten 4 und 5

Auf der Teilseite 4 musst du nur dann etwas eintragen, wenn du einen Steuerberater hast. Du gibst hier seinen Namen und seine Anschrift an. Soll er auch alle Schreiben des Finanzamts an dich erhalten, kannst du dies auf der Teilseite 5 vermerken.

Teilst du dem Finanzamt hier mit, dass du einen Steuerberater hast, **verlängern** sich automatisch die **Abgabefristen** für deine jährlichen Steuererklärungen. Ohne Steuerberater musst du diese bis 31. Juli des Folgejahrs ans Finanzamt elektronisch übermitteln. Mit Steuerberater hast du Zeit bis zum 28. Februar des übernächsten Jahres.

Für die Steuererklärungen des Jahres 2023 gibt es verlängerte Abgabefristen. Ohne Steuerberater hast du bis 2.9.2024 und mit Steuerberater bis 2.6.2025 Zeit, deine Erklärungen abzugeben.

Angaben zum Unternehmen – Teilseite 7

Auf dieser Teilseite werden einige allgemeine Angaben zu deinem Influencerunternehmen verlangt. Unter der **Bezeichnung** (Zeile 60) kannst du den Namen deines Accounts angeben. Da du in der Regel keine separaten Räumlichkeiten zur Ausübung deiner Social-Media-Tätigkeit haben wirst, sondern in deiner Wohnung arbeitest, kannst du in Zeile 61 ein Häkchen setzen. Damit ersparst du dir die Eintragung in den folgenden Zeilen.

Am Ende dieser Teilseite kannst du noch Angaben zu einer E-Mail oder Internetadresse machen und musst das Datum angeben, an dem du mit der neu angemeldeten Tätigkeit als Influencer begonnen hast. Anhand dieses Datums legt das Finanzamt fest, ab welchem Jahr du zur Abgabe von Einkommensteuer- und ggf. Umsatzsteuererklärungen verpflichtet bist.

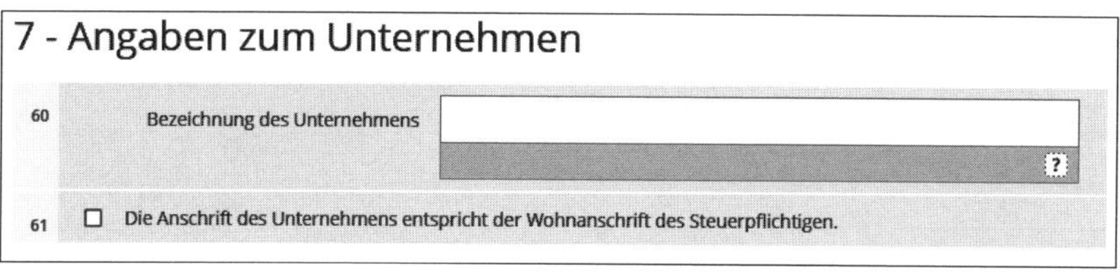

7 - Angaben zum Unternehmen

60 Bezeichnung des Unternehmens

61 ☐ Die Anschrift des Unternehmens entspricht der Wohnanschrift des Steuerpflichtigen.

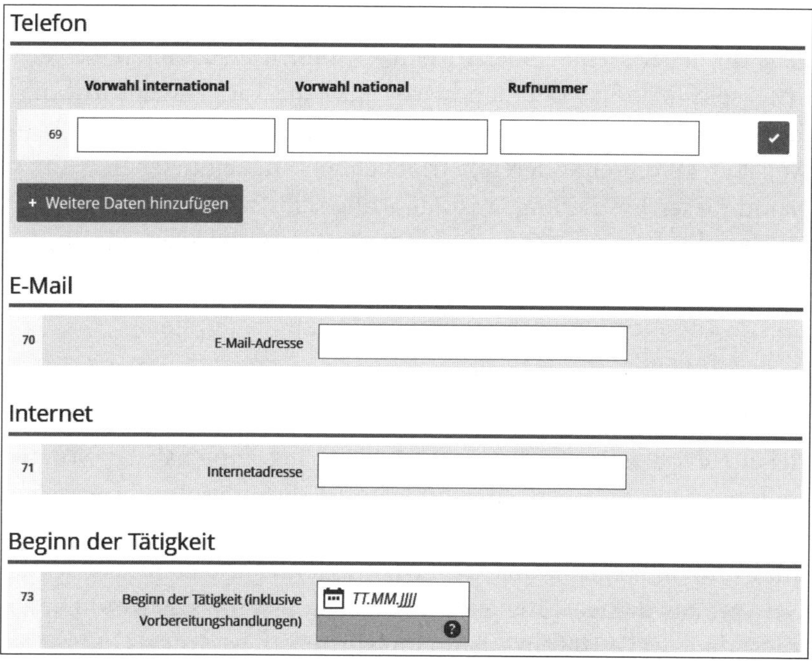

Telefon

	Vorwahl international	Vorwahl national	Rufnummer
69			

\+ Weitere Daten hinzufügen

E-Mail

70 E-Mail-Adresse

Internet

71 Internetadresse

Beginn der Tätigkeit

73 Beginn der Tätigkeit (inklusive Vorbereitungshandlungen) TT.MM.JJJJ

Gründungsform – Teilseite 11

Tätigkeiten als Influencer bzw. Content Creator entstehen in der Regel aus einem privaten Account, das heißt, du hast auf deinem privaten Account mit Social Media gestartet und nun nutzt du den Account als Influencer. Daher gibst du auf dieser Teilseite bei der Gründungsform an, dass es sich um eine **Neugründung** handelt. Etwas anderes würde nur dann gelten, wenn du einen fremden Account aufgekauft hättest und diesen fortführst. Als Gründungsdatum übernimmst du das Datum aus deiner Gewerbeanmeldung bzw. das Datum aus Teilseite 7 beim Beginn der Tätigkeit.

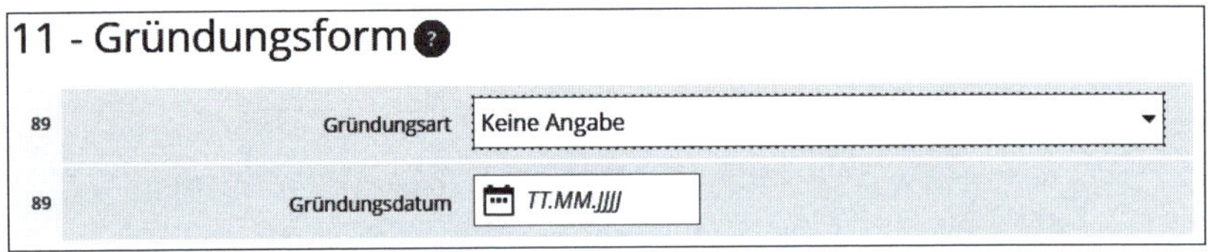

Bisherige betriebliche Verhältnisse – Teilseite 12

Falls du neben deiner Social-Media-Tätigkeit eine weitere gewerbliche, selbstständige oder landwirtschaftliche Tätigkeit ausübst oder dies in den letzten 5 Jahren getan hast, musst du auf dieser Teilseite Angaben zu dieser anderen betrieblichen Tätigkeit machen. Hintergrund dieser Eintragungen ist, dass alle selbstständigen Tätigkeiten für Zwecke der Umsatzsteuer zusammengefasst werden müssen.

Angaben zur Festsetzung der Vorauszahlungen – Teilseite 14

Mit den Angaben in diesem Abschnitt möchte das Finanzamt feststellen, ob du bereits während des Jahres Einkommensteuer-Vorauszahlungen leisten musst. In den Zeilen 107 bis 115 sollst du Angaben zu deinen voraussichtlichen Einkünften im Jahr der Betriebseröffnung und im Folgejahr machen. Du musst hier also einerseits deinen Gewinn aus deiner Tätigkeit als Content Creator schätzen. Diesen trägst du in Zeile 108 ein – denn im Normalfall hast du als Influencer ja ein Gewerbe → Kapitel 1.2.2. Andererseits musst du hier auch alle anderen Einnahmequellen (z.B. als Arbeitnehmer) angeben, damit das Finanzamt ausrechnen kann, ob du für deine selbstständige Tätigkeit als Influencer laufend Vorauszahlungen leisten musst.

Fakt:

Einkommensteuer-Vorauszahlungen sind immer zum 10. März, 10. Juni, 10. September und 10. Dezember eines Jahres zu bezahlen. Das Finanzamt teilt die Höhe der Vorauszahlungen im Steuerbescheid mit.

---

14 - Angaben zur Festsetzung der Vorauszahlungen (Einkommensteuer, Gewerbesteuer) ?

Voraussichtliche Einkünfte aus

	Steuerpflichtige(r) im Jahr der Betriebseröffnung *(Euro)*	Ehegatte(in)/Lebenspartner(in) im Jahr der Betriebseröffnung *(Euro)*	Steuerpflichtige(r) im Folgejahr *(Euro)*	Ehegatte(in)/Lebenspartner(in) im Folgejahr *(Euro)*
107	Land- und Forstwirtschaft			
	Euro	Euro	Euro	Euro
108	Gewerbebetrieb			
	Euro	Euro	Euro	Euro
109	Selbständiger Arbeit			
	Euro	Euro	Euro	Euro
110	Nichtselbständiger Arbeit			
	Euro	Euro	Euro	Euro
111	Kapitalvermögen			
	Euro	Euro	Euro	Euro
112	Vermietung und Verpachtung			
	Euro	Euro	Euro	Euro
113	Sonstigen Einkünften (zum Beispiel Renten)			
	Euro	Euro	Euro	Euro

Angaben zur Gewinnermittlung – Teilseite 15

Da du zu Beginn deiner Tätigkeit als Content Creator in der Regel nicht buchführungspflichtig sein wirst, kannst du deinen Gewinn mit der Einnahmen-Überschuss-Rechnung ermitteln (→ Kapitel 3.3). In diesem Ratgeber gehen wir davon aus, dass du dich für diese Art der Gewinnermittlung entschieden hast. Wähle das in Zeile 116 aus. Weitere Eintragungen sind auf dieser Seite für dich nicht nötig.

15 - Angaben zur Gewinnermittlung

Die Eröffnungsbilanz ist gemäß § 5b Absatz 1 Satz 4 EStG nach amtlich vorgeschriebenen Datensatz durch Datenfernübertragung zu übermitteln.

116	Gewinnermittlungsart	Einnahmenüberschussrechnung
117	Erläuterung der sonstigen Gewinnermittlungsart (zum Beispiel § 5a EStG)	
118	Liegt ein abweichendes Wirtschaftsjahr vor?	Keine Angabe
118	Ja, Beginn	TT.MM.JJJJ

Angaben zur Anmeldung und Abführung der Lohnsteuer – Teilseite 17

Auf dieser Seite des Fragebogens zur steuerlichen Erfassung musst du nur dann Angaben machen, wenn du bereits zu Beginn deiner Tätigkeit eigene Mitarbeiter beschäftigst. Da dies bei dir wahrscheinlich nicht der Fall ist, kannst du die Seite überspringen.

Angaben zur Anmeldung und Abführung der Umsatzsteuer – Teilseite 18

Als Influencer bzw. Content Creator bist du auf jeden Fall Unternehmer im Sinne des Umsatzsteuergesetzes. Mit den Angaben auf dieser Teilseite legst du fest, welche Besteuerungsform für dich bei der Umsatzsteuer gilt.

Bist du wegen einer anderen Tätigkeit bereits Unternehmer und wirst deswegen bei einem Finanzamt umsatzsteuerlich geführt, musst du in Zeile 129 das zuständige Finanzamt und die entsprechende Steuernummer angeben. Die Umsätze aus der Social-Media-Tätigkeit werden dann gemeinsam mit deiner anderen unternehmerischen Tätigkeit in **einer** Umsatzsteuererklärung zusammengefasst.

Übst du keine andere unternehmerische Tätigkeit aus, wählst du bei der Frage »Ich werde aktuell bei einem anderen Finanzamt umsatzsteuerlich geführt« in Zeile 129 »Nein«.

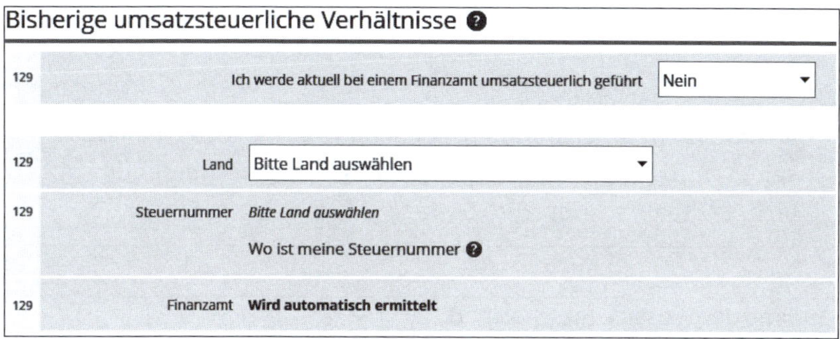

Auf der Teilseite 18 wird du aber auch gefragt, ob du, wenn du die Voraussetzungen als **Kleinunternehmer** erfüllst, die Kleinunternehmer-Regelung auch anwenden möchtest.

Kleinunternehmer-Regelung und Regelbesteuerung

Hier nur ganz kurz: Die Kleinunternehmer-Regelung ist eine Vereinfachung bei der Umsatzsteuer. Unternehmer, deren gesamte Umsätze im Vorjahr nicht mehr als 22.000 Euro betragen haben und die im laufenden Jahr voraussichtlich nicht mehr als 50.000 Euro Umsatz haben, müssen keine Umsatzsteuer an das Finanzamt bezahlen. Im Gegenzug erstattet das Finanzamt einem Kleinunternehmer die an andere Unternehmer gezahlte Umsatzsteuer (sog. Vorsteuer) nicht. Die Kleinunternehmer-Regelung kann für dich Vor- und Nachteile haben → Kapitel 4.5.

Wenn du bislang nur als Arbeitnehmer tätig bist oder außer deiner Tätigkeit als Influencer keine weitere Tätigkeit ausübst, ist dein Online-Business deine einzige unternehmerische Tätigkeit. Dann kommt es entscheidend auf deine Angaben in den Zeilen 130 bis 132 an.

In Zeile 130 wirst du gebeten deinen Umsatz für das Jahr der **Betriebseröffnung und für das Folgejahr** anzugeben. Hier solltest du eine realistische Schätzung anstellen, mit welchen Einnahmen du in diesen beiden Jahren rechnest. Dem Finanzamt ist hierbei bewusst, dass du diese Werte selbst nicht kennst und nur schätzen kannst.

Fakt:

Im Jahr der Betriebseröffnung kann man nur Kleinunternehmer sein, wenn der (ggf. auf ein ganzes Jahr hochgerechnete) Umsatz nicht mehr als 22.000 Euro beträgt.

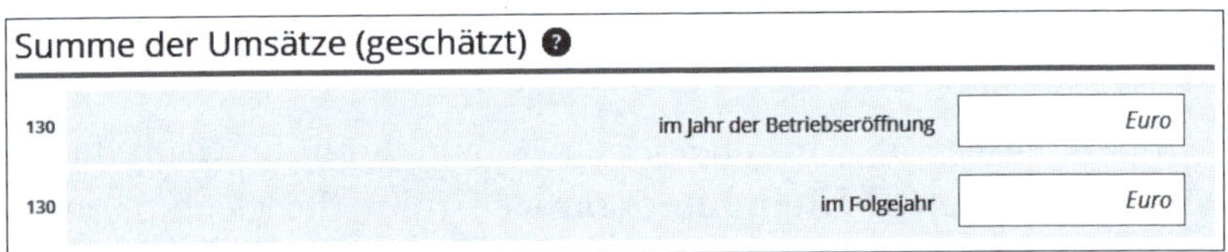
Summe der Umsätze (geschätzt)

130	im Jahr der Betriebseröffnung	Euro
130	im Folgejahr	Euro

Die von dir geschätzten Umsätze haben nur Bedeutung für die Frage, ob du Kleinunternehmer sein kannst. Im Jahr der Betriebseröffnung sind die geschätzten Umsätze auf ein ganzes Jahr hochzurechnen.

Praxis

Fitnessinfluencer Jan geht am 20.3.2024 zum ersten Mal eine Kooperation mit einem Hersteller von speziellen Nahrungsergänzungsmitteln ein. Er meldet sein Gewerbe daher zu diesem Zeitpunkt an. Er rechnet im Jahr 2024 mit Einnahmen in Höhe von 14.000 Euro. Um festzustellen, ob Jan die Kleinunternehmer-Regelung anwenden kann, muss der geschätzte Umsatz für den

Zeitraum März bis Dezember 2024 auf ein ganzes Jahr hochgerechnet werden.

Berechnung: 14.000 Euro ÷ 10 Monate × 12 Monate = 16.800 Euro

Da der hochgerechnete Umsatz von Jan unter der Grenze von 22.000 Euro liegt, ist er im Jahr 2024 Kleinunternehmer.

Liegt der (ggf. hochgerechnete) Umsatz im Jahr der Betriebseröffnung unter 22.000 Euro, bist du aus umsatzsteuerlicher Sicht Kleinunternehmer. In den Zeilen 131 und 132 des Fragebogens zur steuerlichen Erfassung entscheidest du dich aber dann, ob du die Kleinunternehmer-Regelung auch tatsächlich anwenden oder ob du darauf verzichten möchtest und damit dann der Regelbesteuerung unterliegst → Kapitel 4.5.

Kleinunternehmer-Regelung

131	☐	Der auf das Kalenderjahr hochgerechnete Gesamtumsatz (§ 19 Absatz 3 UStG) wird die Grenze des § 19 Absatz 1 UStG voraussichtlich nicht überschreiten. Es wird die Kleinunternehmer-Regelung in Anspruch genommen. In Rechnungen wird keine Umsatzsteuer gesondert ausgewiesen und es kann kein Vorsteuerabzug geltend gemacht werden. Hinweis: Angaben zur Soll-/Istversteuerung der Entgelte sind nicht erforderlich.
132	☐	Der auf das Kalenderjahr hochgerechnete Gesamtumsatz (§ 19 Absatz 3 UStG) wird die Grenze des § 19 Absatz 1 UStG voraussichtlich nicht überschreiten. Es wird auf die Anwendung der Kleinunternehmer-Regelung verzichtet. Die Besteuerung erfolgt nach den allgemeinen Vorschriften des Umsatzsteuergesetzes für mindestens fünf Kalenderjahre (§ 19 Absatz 2 UStG); Umsatzsteuer-Voranmeldungen sind in elektronischer Form authentifiziert zu übermitteln.

Praxis

Beauty-Influencerin Jana hat eine Kooperation mit einem Make-up-Hersteller. Sie erhält eine Vergütung von 5.000 Euro. Zum Schneiden ihrer Videos erwirbt sie einen Laptop für 1.299 Euro inkl. 207,40 Euro Umsatzsteuer.

Als **Kleinunternehmerin** unterliegen die Einnahmen von Jana nicht der Umsatzsteuer und die in der Rechnung für den Laptop enthaltene Umsatzsteuer kann sie nicht als Vorsteuer abziehen. Jana bleiben also im Ergebnis aus der Kooperation 3.701 Euro (5.000 Euro – 1.299 Euro).

Verzichtet Jana auf die Kleinunternehmerregel, kann sie dem Make-up-Hersteller eine Rechnung über 5.000 Euro netto zuzüglich 950 Euro Umsatzsteuer stellen. Die in diesem Betrag enthaltene Umsatzsteuer muss sie an das Finanzamt abführen. Hierbei darf Jana aber die Vorsteuer aus dem Kauf des Laptops in voller Höhe abziehen. Jana überweist dem Finanzamt somit 742,60 Euro (950 Euro – 207,40 Euro). Im Ergebnis bleiben ihr bei der **Regelbesteuerung** 3.908,40 Euro (5.950 Euro – 1.299 Euro – 742,60 Euro).

Überwiegen für dich die Vorteile der Kleinunternehmer-Regelung, setzt du in Zeile 131 ein Häkchen. Weitere Angaben auf der Teilseite 18 sind dann nicht mehr erforderlich.

Die Bundesregierung plant eine größere Reform der Kleinunternehmer-Regelung. Hierbei sollen ab dem Jahr 2025 die Umsatzgrenzen auf 25.000 Euro bzw. 100.000 Euro erhöht werden. Sobald die Änderungen für dich relevant sind, findest du weitere Infos dazu auf www.steuertipps.de.

Falls du bereits ab dem Beginn deiner Tätigkeit Regelbesteuerer und damit umsatzsteuerpflichtig sein möchtest, setzt du das Häkchen in Zeile 132. In diesem Fall musst du auch die weiteren Bereiche der Teilseite 18 ausfüllen.

Wann sind weitere Eintragungen auf Teilseite 18 notwendig?

Weitere Eintragungen auf der Teilseite 18 musst du machen, wenn

- du dich für den Verzicht auf die Kleinunternehmer-Regelung entschieden hast, oder
- deine (ggf. hochgerechneten) Umsätze im Jahr der Betriebseröffnung die Grenze von 22.000 Euro überschreiten.

Denn in diesen Fällen musst du zukünftig Umsatzsteuer-Voranmeldungen beim Finanzamt einreichen. Das sind Steuererklärungen, in denen du die abzuführende Umsatzsteuer selbst berechnest → Kapitel 4.4.

Soll- oder Istversteuerung?

Normalerweise musst du einen Umsatz in der Voranmeldung eines Quartals (oder Monats) angeben, in dem du deine Leistung als Influencer **ausgeführt** hast (sog. Sollversteuerung oder Besteuerung nach vereinbarten Entgelten). Ob du das Geld für deine Influencerleistung schon bekommen hast, spielt hierbei keine Rolle. Es kann also sein, dass du die Umsatzsteuer schon an das Finanzamt bezahlen musst, bevor dein Kooperationspartner dich bezahlt hat.

Hier gibt es aber eine Vereinfachung, die du unbedingt wahrnehmen solltest! Durch deine Eintragungen in den Zeilen 149 und 153 des Fragebogens zur steuerlichen Erfassung kannst du die Istversteuerung (sog. Besteuerung nach vereinnahmten Entgelten) beantragen. Dein Vorteil: Du musst die Umsatzsteuer erst dann an das Finanzamt abführen, wenn du selbst das Geld von deinen Kooperationspartnern bekommen hast.

Beantrage hier unbedingt die Istversteuerung, denn diese bringt dir einen erheblichen Liquiditätsvorteil. Denn du überweist die Umsatzsteuer erst dann an das Finanzamt, wenn du das Geld selbst bekommen hast.

Um den Antrag zu stellen, setzt du einfach in der Zeile 151 ein Häkchen. Das Finanzamt wird deinem Antrag stattgeben, da deine Umsätze zu Beginn deiner Tätigkeit als Content Creator in der Regel niedriger als 800.000 Euro sein werden. Wir gehen daher in diesem Ratgeber davon aus, dass du Istversteuerer bist.

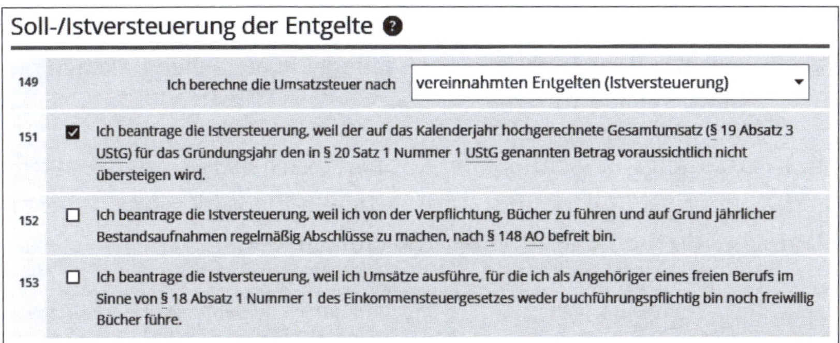

Soll-/Istversteuerung der Entgelte

149		Ich berechne die Umsatzsteuer nach: vereinnahmten Entgelten (Istversteuerung)
151	☑	Ich beantrage die Istversteuerung, weil der auf das Kalenderjahr hochgerechnete Gesamtumsatz (§ 19 Absatz 3 UStG) für das Gründungsjahr den in § 20 Satz 1 Nummer 1 UStG genannten Betrag voraussichtlich nicht übersteigen wird.
152	☐	Ich beantrage die Istversteuerung, weil ich von der Verpflichtung, Bücher zu führen und auf Grund jährlicher Bestandsaufnahmen regelmäßig Abschlüsse zu machen, nach § 148 AO befreit bin.
153	☐	Ich beantrage die Istversteuerung, weil ich Umsätze ausführe, für die ich als Angehöriger eines freien Berufs im Sinne von § 18 Absatz 1 Nummer 1 des Einkommensteuergesetzes weder buchführungspflichtig bin noch freiwillig Bücher führe.

Benötigst du eine Umsatzsteuer-Identifikationsnummer?

Die Umsatzsteuer-Identifikationsnummer (kurz: USt-ID) benötigst du als Influencer immer dann, wenn du Kooperationspartner im **europäischen Ausland** hast. Wenn du also eine Kooperation mit einem Unternehmen eingehen möchtest, das nicht in Deutschland, sondern beispielsweise in Frankreich oder Österreich ansässig ist, wirst du nach deiner Umsatzsteuer-Identifikationsnummer gefragt werden. Durch die Angabe deiner USt-ID gibst du in diesen Fällen zu erkennen, dass du Unternehmer und damit in Deutschland umsatzsteuerpflichtig bist → Kapitel 4.3.5.

Umsatzsteuer-Identifikationsnummer

Bei Vorliegen einer Organschaft ist die Umsatzsteuer-Identifikationsnummer der Organgesellschaft vom Organträger zu beantragen.

154	☑ Ich benötige eine Umsatzsteuer-Identifikationsnummer für die Teilnahme am innergemeinschaftlichen Waren- und Dienstleistungsverkehr und/oder den Handel mit Waren über das Internet über eine/mehrere elektronische Schnittstelle(n) im Sinne des § 25e Absatz 5 UStG.
156	Umsatzsteuer-Identifikationsnummer
156	Vergabedatum TT.MM.JJJJ

Setzt du in Zeile 154 ein Häkchen, wird dir vom Bundeszentralamt für Steuern (BZSt) eine USt-ID zugeteilt und per Post zugeschickt, was einige Wochen dauern kann.

Gerade durch die Partnerschaftsprogramme von Google oder Amazon hast du es als Influencer schnell mit Kooperationspartnern zu tun, die ihren Sitz in einem anderen Land in der EU haben. Daher kann es für dich sinnvoll sein, gleich zu Beginn deiner Influencertätigkeit hier mit einem einfachen Häkchen die Umsatzsteuer-ID zu beantragen.

Hast du anfangs ausschließlich Kooperationspartner aus Deutschland, benötigst du keine Umsatzsteuer-Identifikationsnummer. Dann lässt du die Zeilen 154 bis 156 einfach leer.

Fakt:

Die USt-ID kann auch jederzeit im Nachhinein beantragt werden. Hierzu gibt es ein Online-Formular auf der Internetseite des BZSt (www.bzst.de).

Zum Schluss noch die Plausibilitätsprüfung und Übermittlung des Fragebogens

Nachdem du die oben genannten Teilseiten des Vordrucks ausgefüllt hast, kannst du deine Angaben auf Vollständigkeit und Plausibilität prüfen. Sofern keine Fehler vorhanden sind, kannst du den Fragebogen zur steuerlichen Erfassung nun an das Finanzamt übermitteln. Eine Zusammenfassung deiner Angaben wird dir im letzten Schritt vor der Übermittlung angezeigt.

Speichere dir die Zusammenfassung ab, damit du bei Rückfragen des Finanzamts noch weißt, welche Angaben du gemacht hast.

2.3 Die Krankenversicherung nicht vergessen

Als selbstständiger Influencer musst du dich auch um das Thema Krankenversicherung kümmern – und in diesem Zug auch gleich um die Pflegeversicherung.

Fakt:

In Deutschland muss jeder eine Kranken- und Pflegeversicherung haben. Wer versucht, dieser Pflicht zu entkommen, muss später mit hohen Beitragsnachzahlungen rechnen.

Für dich als Influencer gibt es dabei verschiedene Möglichkeiten, die von deiner momentanen Lebenssituation abhängen.

2.3.1 Als Influencer frisch in das Berufsleben gestartet

Deine Situation: Du bist bisher über deine Eltern oder deinen Ehe-/Lebenspartner versichert und steigst gerade als Influencer ein.

Dein Hobby wird gerade zum Beruf und du steigst als selbstständiger Influencer ein? Dann bist du häufig über deine Eltern oder deinen Partner in der sogenannten **Familienversicherung** mitversichert. Oder du bist als Kind mit deinen Eltern oder einem Elternteil in einer privaten Krankenversicherung versichert.

Fakt:

In der gesetzlichen Krankenversicherung können Kinder und Ehegatten/Lebenspartner, die selbst kein oder nur sehr wenig Geld verdienen, mitversichert werden. Für diese **Familienversicherung** fällt kein zusätzlicher Beitrag an.

Dein monatliches Einkommen liegt unter der Einkommensgrenze für die Familienversicherung

Voraussetzung für die Familienversicherung ist, dass dein Einkommen auf den Monat umgerechnet nicht über der sogenannten Einkommensgrenze für die Familienversicherung liegt. Diese Grenze wird jedes Jahr neu festgelegt. Für das Jahr 2024 gilt eine Grenze von 505 Euro pro Monat.

Warst du bisher in der Familienversicherung versichert, kannst du auch als selbstständiger Influencer hier weiter versichert bleiben, solange dein Gewinn (→ Kapitel 3.3) nicht über dieser Grenze von 505 Euro liegt.

Praxis

Pavel ist 22 Jahre alt, Mathematikstudent und auch als Influencer aktiv. Auf YouTube lädt er Videos hoch, wo er Matheaufgaben vorrechnet und erklärt. Sein Followerkreis wächst stetig und er hat die ersten Kooperationsangebote. Sein Gewinn bewegt sich im Monat zwischen 300 Euro und 500 Euro. Pavel ist froh, dass er erst mal noch über seinen Vater, der als Angestellter in der gesetzlichen Krankenversicherung ist, beitragsfrei in der Familienversicherung mitversichert ist.

Antonella ist vierfache Mutter und teilt mit ihren Followern auf Instagram, wie sie ihren Alltag bewältigt. Ihr Ehemann ist bei einer Baufirma angestellt und gesetzlich versichert. Solange ihr Gewinn monatlich unter der Grenze von 505 Euro liegt, kann sie weiterhin über ihren Mann in der Familienversicherung bleiben.

! Gerade zu Beginn deiner Influencertätigkeit solltest du diese Grenze genau im Auge behalten. Wenn deine Einnahmen noch gering sind, kann es sinnvoll sein, deine Einnahmen und Ausgaben ein wenig zu steuern, um die Grenze einzuhalten. Denn durch die beitragsfreie Familienversicherung kommst du kostenlos an eine Krankenversicherung.

Sobald du die Grenze überschreitest, fallen sofort hohe Kosten für die Krankenversicherung an.

! Als Kind kannst du bis zur **Vollendung deines 18. Lebensjahres** kostenfrei über deine Eltern mitversichert sein. Je nachdem, was du machst, auch noch länger. Dabei musst du immer die **Einkommensgrenze** beachten!

Du kannst über das 18. Lebensjahr hinaus bei deinen Eltern mitversichert sein, wenn du

- Schüler oder Studierender und noch nicht 25 Jahre alt bist oder
- Schüler oder Studierender und über 25 Jahre alt bist,

wenn du bereits einen freiwilligen Wehrdienst, einen Freiwilligendienst nach dem Bundesfreiwilligendienstgesetz, dem Jugendfreiwilligendienstgesetz oder einen vergleichbaren anerkannten Freiwilligendienst oder eine Tätigkeit als Entwicklungshelfer abgeleistet hast.

In diesen Fällen verlängert sich die Zeit der Familienversicherung noch um höchstens 12 Monate.

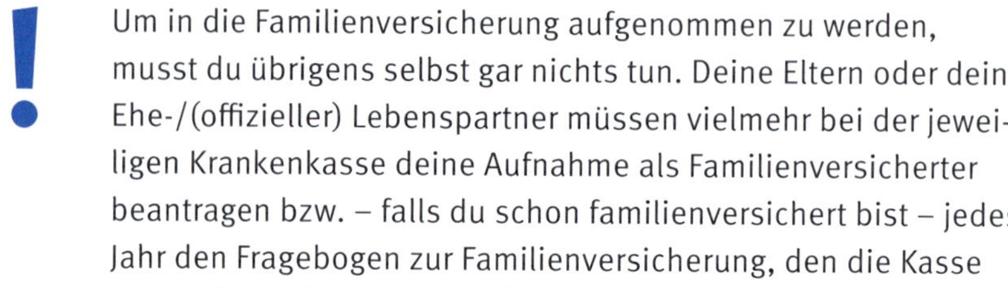

Um in die Familienversicherung aufgenommen zu werden, musst du übrigens selbst gar nichts tun. Deine Eltern oder dein Ehe-/(offizieller) Lebenspartner müssen vielmehr bei der jeweiligen Krankenkasse deine Aufnahme als Familienversicherter beantragen bzw. – falls du schon familienversichert bist – jedes Jahr den Fragebogen zur Familienversicherung, den die Kasse zuschickt, aufs Neue ausfüllen.

Dein monatliches Einkommen ist gering und du bist mit deinen Eltern privat versichert

In der privaten Krankenversicherung gibt es keine beitragsfreie Mitversicherung bzw. Familienversicherung. Aber der Beitrag für ein Kind ist deutlich niedriger als für Erwachsene und gilt, abhängig von dem Versicherungsanbieter, bis zur Vollendung des 20. oder 21. Lebensjahres. Diese beitragspflichtige Mitversicherung in der privaten Krankenversicherung ändert sich aber durch Berufsausbildung, Studium oder Erwerbstätigkeit.

Verdienst du also nun als Influencer Geld, ist ab einer bestimmten Höhe deines Einkommens eine Mitversicherung nicht mehr möglich. Dann fällt ein höherer Tarif für dich an. Am besten erkundigst du dich bei deiner Krankenversicherung, wie viel du selbst verdienen darfst, um weiterhin mitversichert bleiben zu können. Das ist von Versicherung zu Versicherung unterschiedlich.

Von Beginn an ein »stattliches« Einkommen

Geht es mit deiner Influencerkarriere von Beginn an richtig los und du verdienst als Influencer monatlich mehr als die Einkommensgrenze für die Familienversicherung (2024: 505 Euro)? Dann bist du selbstständig und übst, wenn du keinen anderen Job hast, deine

Influencertätigkeit im Hauptberuf aus. Das gilt auch ab einem bestimmten Einkommen für die private Krankenversicherung. Das bedeutet, du musst dich selbst krankenversichern (→ Kapitel 2.3.3).

2.3.2 Influencer im Nebenjob

Deine Situation: Du bist angestellt und im Rahmen deines Angestelltenverhältnisses gesetzlich krankenversichert und startest deine Influencertätigkeit im Nebenjob.

Du beginnst deine Influencer-Laufbahn nebenberuflich? Neben deinem sozialversicherungspflichtigen Job?

In Sachen Krankenversicherung kann das für dich eine gute Lösung sein. Denn meistens fallen für dich dann nur Beiträge zur Krankenversicherung auf dein Einkommen aus deinem Job als Angestellter an. Wie gesagt: Meistens. Das gilt nämlich nur so lange, wie die Arbeitnehmertätigkeit im Vordergrund steht und deine Influencertätigkeit als nebenberuflich gilt.

Nebenjob oder Hauptberuf?

Du fragst dich nun, wie lange deine Influencertätigkeit als nebenberuflich gilt? Grob gesagt: Das ist so lange der Fall, wie deine Beschäftigung im Rahmen deines Angestelltenverhältnisses von der wirtschaftlichen Bedeutung und dem zeitlichen Aufwand her im Vergleich zu deiner Influencertätigkeit überwiegt. So lange bleibst du dann im Nebenberuf Influencer. Die gesetzlichen Krankenversicherungen setzen die zeitliche Grenze bei 20 Wochenstunden an.

Das heißt: Du wirst im Regelfall **weiterhin als Arbeitnehmer** und nicht als hauptberuflicher Influencer eingestuft, wenn

- du mehr als 20 Stunden wöchentlich deinem Job als Angestellter nachgehst **und**
- dein Lohn oder dein Gehalt als Angestellter im Monat höher ist als die Hälfte der sogenannten monatlichen Bezugsgröße (2024: 1.767,50 Euro).

In folgenden Fällen geht deine Krankenkasse dagegen normalerweise davon aus, dass bei dir die **Selbstständigkeit dominiert**. Dies ist der Fall, wenn du deine selbstständige Tätigkeit als Influencer

- an mehr als 30 Wochenstunden oder
- an mehr als 20, jedoch weniger als 30 Wochenstunden ausübst und gleichzeitig
  - das Einkommen aus dieser selbstständigen Tätigkeit die Haupteinnahmequelle ist und
  - mehr als die Hälfte der monatlichen Bezugsgröße (2024: 1.767,50 Euro) beträgt.

Hierbei handelt es sich nur um grobe Anhaltspunkte, die entsprechenden Grenzen sind nicht in Stein gemeißelt. Falls du nach den genannten Kriterien eher nicht als Arbeitnehmer eingestuft wirst, steht es dir frei, das Gegenteil plausibel zu machen.

Praxis

Clara ist alleinerziehende Mutter von 3 Kindern und hat eine sozialversicherungspflichtige Beschäftigung mit 15 Wochenstunden. Nebenher verdient sie als Influencerin Geld mit ihrem Social-Media-Kanal zu Kindererziehungsthemen. Auch wenn Clara nicht die genannten 20 Stunden wöchentlich als Angestellte tätig ist, dürfte sie im Regelfall als Arbeitnehmerin gelten. Ihr Zeitbudget lässt einfach keine abhängige Beschäftigung mit mehr als 15 Stunden zu.

Vereinbare ruhig ein Beratungsgespräch mit deiner Krankenkasse zur Abklärung deines sozialversicherungsrechtlichen Status.

Stuft sie dich beispielsweise als hauptberuflich selbstständig ein, so kannst du umgehend in eine private Krankenversicherung wechseln. Für dich kann es unter Umständen ausgesprochen vorteilhaft sein, wenn bei dir (nach Einschätzung der Krankenkasse) die selbstständige Tätigkeit dominiert. Denn dann kommt gegebenenfalls eine Versicherung über die Künstlersozialkasse für dich infrage → Kapitel 2.3.4.

Fakt:

Die Regierung legt jedes Jahr die **Bezugsgröße** fest. Sie orientiert sich dabei an der Entwicklung der Einkommen in Deutschland. Im Jahr 2024 liegt sie bei 3.535 Euro im Monat. Die Hälfte davon sind 1.767,50 Euro.

Praxis

Lennox ist als Automechaniker in einer großen Werkstatt angestellt. Hier hat er eine 4-Tage-Woche und verdient monatlich 2.800 Euro brutto. Da er handwerklich sehr begabt ist, hat er sich ein altes Haus gekauft, das er nun Schritt für Schritt renoviert. Auf seinen Social-Media-Kanälen teilt er seine Fortschritte in Beiträgen und Videos. Aufgrund seiner praktischen Art hat er schnell eine beachtliche Zahl an Followern und einige Kooperationsangebote von Herstellern verschiedener Baumaterialien. So verdient er mit seiner Influencertätigkeit im Schnitt 3.000 Euro im Monat.

Da er mehr als 20 Stunden in der Woche in der Werkstatt arbeitet und sein Lohn höher als die Hälfte der Bezugsgröße ist, ist er trotz seiner beachtlichen Einnahmen als Influencer weiterhin »nur« nebenberuflicher Influencer. Lennox muss deshalb nur auf seinen Lohn als Automechaniker Beiträge an die Krankenversicherung zahlen. Beträgt der Prozentsatz seiner Krankenversicherung einschließlich des Zusatzbeitrags 16 %, zahlt er somit im Monat 2.800 Euro × 16 % = 448 Euro, davon trägt sein Arbeitgeber die Hälfte.

Wenn deine Influencertätigkeit dominiert

Dominiert aber deine Tätigkeit als Influencer, weil du weniger als 20 Stunden deinem Job als Angestellter nachgehst oder weil dein Lohn oder dein Gehalt als Angestellter im Monat niedriger als die Hälfte der monatlichen Bezugsgröße ist, bedeutet das im Regelfall:

Deine selbstständige Tätigkeit als Influencer ist dein Hauptberuf und damit wird es für dich bei der Krankenversicherung gleich ordentlich teuer. Denn dann musst du sowohl auf dein Einkommen als Angestellter als auch auf dein Einkommen als Influencer Beiträge an deine gesetzliche Krankenkasse zahlen.

Praxis

Da er als Influencer so erfolgreich ist, reduziert Lennox seine Arbeitszeit in der Werkstatt auf 20 Stunden. Dann steht seine Tätigkeit als Influencer im Vordergrund und er fällt aus der gesetzlichen Pflichtversicherung heraus. Folge: Er muss sich entweder freiwillig gesetzlich oder privat krankenversichern. In der gesetzlichen Versicherung würde sein Monatsbeitrag stark steigen. Denn er muss dann sowohl auf sein Einkommen als Automechaniker als auch auf seinen Gewinn aus seiner Influencertätigkeit Beiträge zahlen. In einem solchen Fall sollte sich Lennox dringend über die Künstlersozialversicherung informieren. Denn diese bietet hier eine vorteilhafte Lösung an → Kapitel 2.3.4.

Wenn es bei dir gerade auf der Kippe steht, welche Tätigkeit dominiert, kann es sich für dich lohnen, entweder deine Influencertätigkeit zeitweise zu reduzieren, deine betrieblichen Ausgaben vorzuziehen oder das Schreiben von Rechnungen an Kooperationspartner in das nächste Jahr zu verschieben. So sparst du dir zumindest noch ein Jahr hohe Beiträge zur Krankenkasse.

Startest du aber als Influencer richtig gut durch, dann kannst du auch die höheren Krankenversicherungskosten verkraften.

Sobald deine Influencertätigkeit dominiert, kannst du dich auch gegen die gesetzliche Krankenversicherung entscheiden und dich privat versichern. Denn du bist nun im Hauptberuf selbstständiger Influencer und somit nicht mehr verpflichtet, dich gesetzlich krankenzuversichern.

Dominiert deine Influencertätigkeit, solltest du prüfen, ob für dich eine Versicherung über die Künstlersozialkasse möglich ist (→ Kapitel 2.3.4).

> **Deine Situation:** Du bist angestellt und im Rahmen deines Angestelltenverhältnisses privat krankenversichert und startest deine Influencertätigkeit im Nebenjob.

Dann ändert sich für dich als Influencer zunächst nichts. Du bleibst privat krankenversichert. Da du den Influencer-Job neben einer abhängigen Beschäftigung ausübst, wird für dich die Frage wichtig, welche von beiden Tätigkeiten dominant ist. Steht deine Tätigkeit als Influencer im Vordergrund, so kommt für dich die Künstlersozialkasse (KSK) infrage. In diesem Fall bist du gesetzlich krankenversicherungspflichtig, kannst dich aber von dieser Pflicht befreien lassen und weiter privat versichert bleiben. In beiden Fällen kann die KSK die Hälfte des Versicherungsbeitrags übernehmen.

2.3.3 Im Hauptberuf Influencer

Im Hauptberuf Influencer, das heißt, du bist selbstständig und übst deine Influencertätigkeit hauptberuflich aus.

> **Deine Situation:** Du machst dich nach dem Ende einer Familienversicherung oder nach einer Beschäftigung als Arbeitnehmer als Influencer selbstständig.

Da du bisher gesetzlich versichert warst, hast du die Wahl, ob du dich in der gesetzlichen oder in der privaten Krankenversicherung versichern möchtest.

In jungen Jahren ist die private Krankenversicherung zumindest finanziell gesehen günstiger. Doch Achtung: Mit den Jahren wird sie immer teurer und ein Wechsel in die gesetzliche Krankenversicherung ist häufig nur schwer möglich.

Bei deiner Entscheidung private oder gesetzliche Krankenversicherung solltest du auch immer deine Zukunftsplanung miteinbeziehen. Denn die gesetzliche Krankenversicherung bietet viele Familienleistungen – vom Kinderkrankengeld bis zur beitragsfreien Familienversicherung der Kinder.

Deine Situation: Du bist bisher privat krankenversichert und machst dich als Influencer selbstständig.

Du startest deine Selbstständigkeit als Influencer und bist bisher privat krankenversichert?

Dann bist du zunächst einmal als Selbstständiger weiterhin privat krankenversichert. Da du aber umgehend einen Antrag auf Versicherung in der Künstlersozialkasse stellen solltest, kann sich das ändern. Akzeptiert die KSK deinen Antrag, bist du ab dann gesetzlich versichert. Du kannst dir somit eine Krankenkasse aussuchen. Oder: Du kannst dich von der gesetzlichen Krankenversicherungspflicht befreien lassen und weiter privat versichert bleiben.

Prüfe unbedingt, ob du dich über die Künstlersozialkasse (KSK) versichern kannst → Kapitel 2.3.4.

2.3.4 Vorteil Künstlersozialkasse: Prüfe, ob du dich hier versichern kannst!

Es ist vielleicht ein wenig verwirrend, dass nun beim Thema »Krankenversicherung« auf einmal die sogenannte Künstlersozialkasse auftaucht. Denn was ist das überhaupt?

Vorab: Künstlersozialkasse? Was hat das jetzt mit meiner Krankenversicherung zu tun?

Bei der Krankenversicherung und auch den anderen Sozialversicherungen wie Renten- und Arbeitslosenversicherung ist es so: Bist du angestellt, dann teilst du dir die Beiträge zu diesen Versicherungen mit deinem Arbeitgeber. Das heißt, die eine Hälfte deines Beitrags zur Krankenversicherung und den anderen Sozialversicherungen zahlst du, die andere Hälfte dein Arbeitgeber. Bist du aber selbstständig, musst du die Beiträge zur Krankenversicherung alleine tragen, was eine enorme finanzielle Belastung bedeutet.

Da Künstler und Publizisten als besonders »schutzwürdig« eingestuft werden, hat der Gesetzgeber in Deutschland die Künstlersozialkasse (KSK) beauftragt, bei der Sozialversicherung und damit auch bei der Krankenversicherung sozusagen die Arbeitgeberrolle zu übernehmen. Das bedeutet: Wirst du im Sinne der Künstlersozialkasse als Künstler oder Publizist eingestuft, musst du nur den halben Beitrag zur Krankenversicherung zahlen, obwohl du selbstständig bist. Im »Beamtendeutsch« sagt man, dass du dann die Voraussetzungen für die Versicherungspflicht in der Künstlersozialkasse erfüllst.

Die KSK ist aber **keine eigene** Krankenversicherung. Kannst du dich über die Künstlersozialkasse versichern, bleibst du daher weiterhin in der von dir gewählten gesetzlichen (z.B. AOK, Techniker etc.) oder privaten Krankenkasse. Die KSK zieht also deine Hälfte des Beitrags zur Krankenversicherung ein und zahlt den kompletten Beitrag an deine Krankenkasse.

Für dich als Influencer bringt es somit **nur Vorteile**, wenn du dich über die KSK versichern kannst, denn das spart dir den halben Beitrag zu deiner Krankenversicherung!

Nicht verwechseln: Krankenversicherung über die KSK und Abgabe an die KSK

Das Thema »Künstlersozialkasse« hat noch eine andere Seite, die aber mit einer Krankenversicherung über die KSK überhaupt nichts zu tun hat!

Vergibt ein Unternehmen einen Auftrag an einen selbstständigen Künstler oder Publizisten, zum Beispiel einen Fotografen oder Journalisten, dann muss das Unternehmen auf das gezahlte Honorar die Künstlersozialabgabe an die KSK zahlen. Die Künstlersozialabgabe fällt nicht an, wenn die Honorare an selbstständige Künstler und Publizisten insgesamt unter 450 Euro im Jahr liegen.

Beauftragst du als Influencer also beispielsweise einen selbstständigen Fotografen für dein Fotoshooting, dann musst du auch die Künstlersozialabgabe an die KSK abführen. Für dich ist das dann eine Betriebsausgabe deines Influencerbetriebs → Kapitel 6.10.6.

Natürlich kann es sein, dass dein Auftraggeber bzw. Kooperationspartner auch für einen Auftrag, den er an dich als Influencer vergibt, die Künstlersozialabgabe abführen muss. Darum musst du dich aber **nicht** kümmern. Dein Auftraggeber darf dich dafür auch nicht zur Kasse bitten. Es ist allein Aufgabe deines Auftraggebers mit der Künstlersozialkasse zu klären, ob er für deine Leistungen die Künstlersozialabgabe abführen muss oder nicht. Für dich spielt das keine Rolle. Auch in deinen Rechnungen brauchst du deswegen keine speziellen Angaben machen.

Als hauptberuflicher Influencer in der KSK

Wenn du deine Influencertätigkeit hauptberuflich ausübst, solltest du auf jeden Fall prüfen, ob dir eine Versicherung über die Künstlersozialkasse (KSK) offensteht.

Es spielt dabei keine Rolle, ob du gesetzlich oder privat krankenversichert bist!

Fakt:

Die KSK spielt für diejenigen, die über die KSK versichert sind, in Sachen Krankenversicherung sozusagen die Arbeitgeberrolle. Das bedeutet: Sie übernimmt wie ein Arbeitgeber die Hälfte der Krankenversicherungsbeiträge. Mehr noch: Sie übernimmt die Hälfte aller Sozialversicherungsbeiträge – also die Beiträge zur Kranken-, Pflege- und Rentenversicherung. Ausgenommen sind nur die Beiträge zur Arbeitslosenversicherung.

Somit ist es für dich ein **enormer Vorteil,** wenn du dich über die KSK versichern kannst, denn dann musst du nur die Hälfte der Beiträge zur Krankenversicherung und zu den anderen Sozialversicherungen aus eigener Tasche tragen.

Fakt:

Die KSK übernimmt in der Regel die Hälfte des Krankenversicherungsbeitrags – auch bei einer privaten Krankenversicherung. Allerdings übernimmt sie niemals mehr, als sie im entsprechenden Fall bei einer gesetzlichen Versicherung übernehmen würde.

Wer kann sich in der KSK versichern?

Die KSK ist zuständig für **Künstler und Publizisten.** Auch Influencer zählen in der Regel zu den Personen, die eine künstlerische oder publizistische Tätigkeit ausüben und sich deshalb in der KSK versichern können.

Für die Versicherung über die KSK müssen bei dir diese Voraussetzungen erfüllt sein:

- Du übst eine künstlerische oder publizistische Tätigkeit **auf Dauer** und nicht nur vorübergehend als Beruf aus und
- dein jährliches **Mindesteinkommen** liegt **über 3.900** Euro.

Übst du noch eine andere selbstständige Tätigkeit oder eine Tätigkeit als Arbeitnehmer aus, ist eine Versicherung über die KSK nur möglich, wenn deine **Influencertätigkeit überwiegt** → Kapitel 2.3.2.

Dass du als Influencer bei der KSK in den meisten Fällen als Künstler oder Publizist zählst, hat überhaupt nichts mit der Frage zu tun, ob du aus steuerlicher Sicht eine künstlerische oder journalistische/schriftstellerische Tätigkeit ausübst und deswegen Freiberufler bist → Kapitel 1.2. Das bedeutet: Auch wenn du als Influencer einen Gewerbebetrieb hast, kannst du dich über die KSK versichern.

Wie du dich in der KSK versicherst

Die Unterlagen für deine Anmeldung bei der Künstlersozialkasse findest du auf deren Homepage www.kuenstlersozialkasse.de in der Rubrik »Service und Medien« im »Mediencenter Künstler und Publizisten«. Du musst dir den **»Fragebogen zur Prüfung der Versicherungspflicht«** herunterladen, ausfüllen und dann ausdrucken. Dort ist auch angegeben, welche weiteren Unterlagen du zusammen mit dem von dir unterschriebenen Fragebogen bei der Anmeldung einreichen musst, wie beispielsweise die Kopie deines Personalausweises oder Reisepasses. Die gesamten Anmeldeunterlagen kannst du dann nur **auf dem Postweg** bei der KSK einreichen:

Künstlersozialkasse
Gökerstraße 14
26384 Wilhelmshaven

Auf der Homepage der Künstlersozialkasse findest du auch ausführliche Ausfüllhinweise, die dich beim Füllen der Felder des Fragebogens unterstützen!

Stuft die Künstlersozialkasse deine Influencertätigkeit als eine künstlerische oder publizistische Tätigkeit ein, stellt sie dann »deine Versicherungspflicht nach dem Künstlersozialversicherungsgesetz« fest. Versicherungspflicht bedeutet für dich hier, dass du über die KSK versichert bist. Sobald also deinem Antrag stattgegeben ist, bist du damit versicherungspflichtig in der gesetzlichen Kranken-, Pflege- und Rentenversicherung.

Du kannst dich aber von der Versicherungspflicht bei der gesetzlichen Krankenversicherung befreien lassen, dann übernimmt die KSK in der Regel die Hälfte des Beitrags zur privaten Versicherung.

Sowohl für das Ausfüllen des Fragebogens als auch in den Folgejahren, wenn du über die KSK versichert bist, musst du jedes Jahr dein zu erwartendes jährliches Einkommen schätzen und der KSK mitteilen. Ab dem zweiten Jahr orientierst du dich dabei sinnvollerweise nach dem Vorjahreseinkommen. Entwickelt sich dein Einkommen deutlich besser oder schlechter als angenommen, kannst du jederzeit eine Korrekturmeldung abgeben. Diese gilt dann allerdings nicht rückwirkend, sondern nur für die Zukunft.

Mit dem Arbeitseinkommen, wie es im Fragebogen heißt, ist dein Gewinn gemeint, den du als Influencer in einem Jahr erzielt hast und den du wie bei der Einkommensteuer ermittelst. Es geht also um deine Einnahmen minus deiner Ausgaben → Kapitel 3.3. Und bei deiner Prognose musst du natürlich sämtliche Einnahmen als Influencer gedanklich berücksichtigen, egal, ob du sie im Rahmen von Partnerprogrammen über Affiliate Links, in Form von Waren oder Geschenken oder einfach als Honorar erhalten hast.

Praxis

Influencerin Merle schätzt, dass sie mit ihren Kooperationen jährlich einen Gewinn in Höhe von 24.000 Euro erzielen wird, das sind auf den Monat umgerechnet 2.000 Euro. Auf dieser Basis errechnet die Künstlersozialkasse Merles monatliche Versicherungsbeiträge. Dabei fallen für sie folgende Beiträge an:

Rentenversicherung 186 Euro

Krankenversicherung 163 Euro

Pflegeversicherung 34 Euro

Die Künstlersozialkasse zieht den Beitragsanteil von Merle von deren Konto ein, steuert jeweils Beiträge in gleicher Höhe hinzu und überweist den Gesamtbetrag an die jeweilige Kasse.

Wichtig dabei: Du bleibst weiterhin in deiner bisherigen Krankenkasse versichert, die Künstlersozialkasse leitet die von ihr eingezogenen Beiträge an die Krankenkasse und auch an die Deutsche Rentenversicherung, die für die Rentenversicherung zuständig ist, weiter.

Du kannst den Antrag bei der KSK auch noch stellen, wenn du bereits jahrelang als Influencer tätig bist.

Akzeptiert die KSK deinen Antrag, so bist du ab Antragstellung versicherungspflichtig und bist über die KSK versichert.

2.3.5 Recap: Krankenversicherung

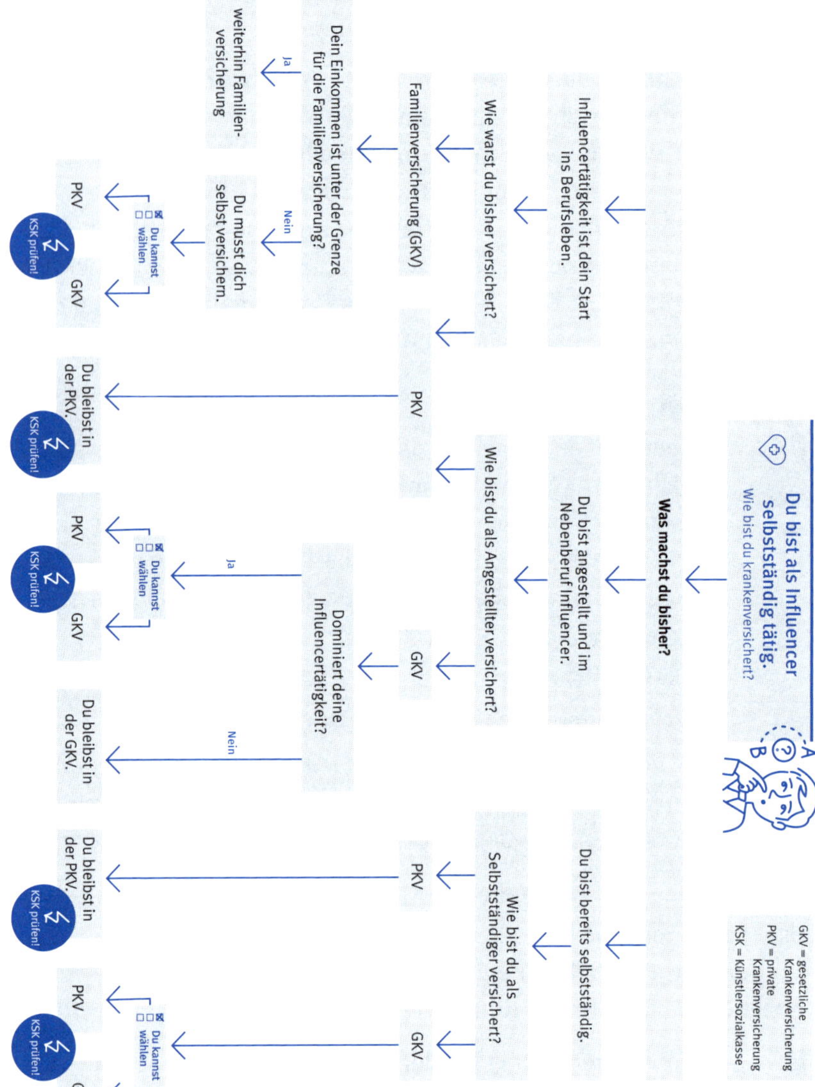

3 Was muss ich bei der Einkommensteuer machen?

Als Influencer bist du selbstständig. Und von jedem Selbstständigen verlangt das Finanzamt jedes Jahr die Abgabe einer **Einkommensteuererklärung.** Eine Einkommensteuererklärung besteht aus verschiedenen Teilen und für Selbstständige gelten bestimmte Regeln.

Fakt:

Ein selbstständiger Influencer muss seine Einkommensteuererklärung

- zu einem festgelegten Termin
- elektronisch

an das Finanzamt übermitteln.

3.1 Was alles zu deiner Einkommensteuererklärung gehört

Für eine Einkommensteuererklärung müssen verschiedene Formulare ausgefüllt werden. Welche Formulare das konkret sind, kommt auf deine jeweilige Lebenssituation an.

3.1.1 Welche Formulare muss ich abgeben?

Da du selbstständig bist, ist die **elektronische Abgabe** deiner Einkommensteuererklärung vorgeschrieben. Viele Selbstständige nutzen daher von vornherein ein Steuerprogramm, welches dabei unterstützt, die richtigen Daten einzutragen und somit auch die richtigen Formulare auszufüllen. Und natürlich nutzen viele auch die Unterstützung durch einen Steuerberater.

Trotzdem ist es sinnvoll, zumindest einen Überblick zu haben, welche Informationen das Finanzamt durch die ausgefüllten Formulare von dir haben möchte. Denn es geht um dein Geld!

Wie gesagt, es kommt immer auf deine Lebenssituation an: Hast du neben deiner Influencertätigkeit noch einen anderen Job als Angestellter? Hast du Kinder? Hast du auch Einnahmen aus Vermietung? Und so weiter. Je nach deiner Lebenssituation kommen weitere Formulare zur Einkommensteuererklärung dazu. An dieser Stelle wollen wir aber nur aufführen, welche Formulare bei einem selbstständigen Influencer in der Regel zur Einkommensteuererklärung gehören.

Hauptvordruck oder Mantelbogen: Mit diesem Formular werden deine allgemeinen persönlichen Daten abgefragt, also zum Beispiel Name, Geburtsdatum, deine Kontoverbindung und deine Religionszugehörigkeit.

Anlage Sonderausgaben: Dieses Formular ist kein »Muss-Formular«, gehört aber bei vielen dazu, da hier zum Beispiel die gezahlte Kirchensteuer und auch Spenden eingetragen werden.

Anlage Vorsorgeaufwand: In der Anlage Vorsorgeaufwand gibst du alle Versicherungsbeiträge für die Altersvorsorge an, die somit als Sonderausgaben berücksichtigt werden. Neben den Beiträgen zur gesetzlichen Renten-, Arbeitslosen-, Kranken- und Pflegeversicherung trägst du hier auch Beiträge zu privaten Kranken- und Pflegeversicherungen, Erwerbs- und Berufsunfähigkeitsversicherungen sowie Unfall- und Haftpflichtversicherungen ein.

Anlage EÜR: Dieses Formular muss jeder Selbstständige abgeben, der seinen Gewinn mit einer sogenannten Einnahmen-Überschuss-Rechnung (kurz: EÜR) ermittelt. In diesem Ratgeber gehen wir davon aus, dass du dich für diese Methode der Gewinnermittlung entschieden hast (→ Kapitel 2.3). Im Formular Anlage EÜR trägst du alle notwendigen Daten ein, um daraus dann deinen Gewinn als Influencer zu ermitteln.

Anlage G oder **Anlage S:** In den meisten Fällen gehört zur Einkommensteuererklärung eines Influencers die Anlage G. Denn diese müssen diejenigen ausfüllen, die Einnahmen aus einem Gewerbebetrieb haben, was bei dem Großteil der Influencer der Fall ist. Die Anlage S verwendest du stattdessen, wenn du als Influencer freiberuflich bist → Kapitel 1.2.2. In beiden Anlagen wird aber der Gewinn oder Verlust eingetragen, der über die Einnahmen-Überschuss-Rechnung und somit über die Anlage EÜR ermittelt wurde.

Diese Formulare und eventuell auch noch weitere übermittelst du zusammen elektronisch an dein Finanzamt.

3.1.2 Wann muss ich meine Einkommensteuererklärung abgeben?

Da du als selbstständiger Influencer nicht frei entscheiden kannst, ob du eine Einkommensteuererklärung abgibst oder nicht, sondern zur Abgabe verpflichtet bist, gilt für dich auch die im Gesetz festgelegte Abgabefrist.

Fakt:

Die Abgabefrist für die Einkommensteuererklärung eines Jahres endet immer am 31. Juli des darauffolgenden Jahres. Bei der Abgabe über einen Steuerberater ist die Frist deutlich länger.

Praxis

Die Abgabefrist für die Einkommensteuererklärung des Jahres 2024 endet am 31.7.2025.

Gibst du deine Steuererklärung zu spät ab und hast bei deinem Finanzamt keine Fristverlängerung beantragt, kann das Finanzamt von dir einen Verspätungszuschlag verlangen.

Wegen der Corona-Pandemie endet die Abgabefrist für die Einkommensteuererklärung 2023 erst am 2.9.2024.

3.1.3 Will das Finanzamt von mir Einkommensteuer-Vorauszahlungen?

Ist jemand angestellt, führt der Arbeitgeber jeden Monat bereits Einkommensteuer, in diesem Fall ist es dann die Lohnsteuer, an das Finanzamt ab. Als Arbeitnehmer bekommt man somit den Lohn oder das Gehalt nicht »brutto« sondern »netto« aufs Konto überwiesen.

Solche Steuervorauszahlungen auf das Einkommen möchte das Finanzamt auch von Selbstständigen, also auch von dir als selbstständiger Influencer. Diese Vorauszahlungen musst du vierteljährlich zum 10. März, 10. Juni, 10. September und 10. Dezember eines Jahres ans Finanzamt zahlen. Die Höhe deiner Vorauszahlungen legt das Finanzamt auf Basis der Einkommensteuer, die du im vorangegangenen Jahr gezahlt hast, fest.

Hast du mit deiner Selbstständigkeit als Influencer frisch gestartet, kommt es auf deine Angaben im Fragebogen zur steuerlichen Erfassung an. Hier richtet sich das Finanzamt anfangs nach deinen Angaben zum geschätzten Gewinn, die du auf Teilseite 14 des Fragebogens gemacht hast → Kapitel 2.2.3. Später werden die Vorauszahlungen anhand der Einkommensteuer berechnet, die du für das Vorjahr zahlen musstest.

3.2 Was muss ich als Influencer eigentlich genau versteuern?

Welcher Betrag wird eigentlich genau genommen, um darauf deinen persönlichen Steuersatz anzuwenden und so zu berechnen, wie viel Einkommensteuer du an das Finanzamt bezahlen musst?

Die Höhe der Einkommensteuer wird auf Basis des sogenannten **»zu versteuernden Einkommens«** berechnet. Um von deinen Einnahmen zum »zu versteuernden Einkommen« zu gelangen, sind aber ein paar Zwischenschritte notwendig.

3.2.1 Die Höhe der Steuer hängt von deinem Gewinn ab

Wenn du als Influencer Geld verdienst, hast du Einnahmen. Deine Einnahmen minus deiner Ausgaben für deine Influencertätigkeit ergeben deinen **Gewinn.**

Aus steuerlicher Sicht gibt es verschiedene »Einkunftsarten«, mit denen du Geld verdienen kannst. So hat beispielsweise ein Angestellter Einkünfte aus nichtselbstständiger Arbeit und jemand, der ein Haus vermietet, hat Einkünfte aus Vermietung und Verpachtung.

Fakt:

Ein selbstständiger Influencer hat Einkünfte aus einem Gewerbebetrieb. Als Einkünfte wird der Gewinn aus der Influencertätigkeit angesetzt.

Leider etwas verwirrend, denn kannst du deine Tätigkeit als Influencer als freiberufliche Tätigkeit einordnen (→ Kapitel 1.2.2), dann hast du Einkünfte aus selbstständiger Arbeit. Auch diese entsprechen der Höhe nach deinem Gewinn aus der Influencertätigkeit. Eine nicht ganz glückliche Bezeichnung, denn natürlich bist du auch, wenn du einen Gewerbebetrieb hast, selbstständig.

Die Zusammenhänge mal ganz einfach!

Hier ganz einfach und anschaulich dargestellt, wie Einnahmen, Ausgaben, Gewinn und Steuern bezogen auf deine Influencertätigkeit zusammenhängen:

- Je höher deine Einnahmen, desto höher ist dein Gewinn.
- Je höher deine Ausgaben, desto niedriger ist dein Gewinn.
- Je höher dein Gewinn, desto höher ist deine zu zahlende Einkommensteuer.
- Je höher deine Ausgaben sind, desto weniger Steuern musst du zahlen.

3.2.2 Darauf wird deine Einkommensteuer berechnet

Wie kommst du nun aber **ganz vereinfacht** zu deinem zu versteuernden Einkommen?

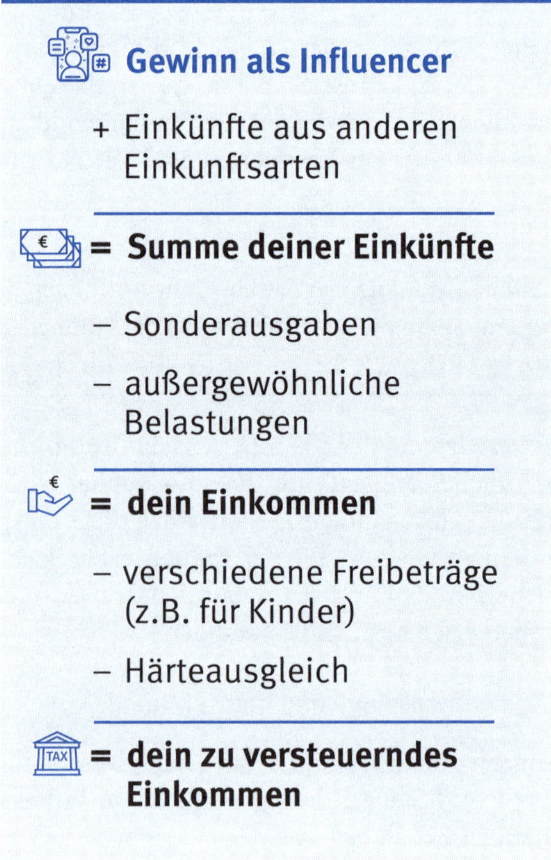

Auf dein zu versteuerndes Einkommen wird dann der für dich relevante Steuersatz angewendet und somit ergibt sich die Einkommensteuer, die du zahlen musst.

Fakt:

Sonderausgaben: Zu den Sonderausgaben, die bei vielen anfallen, gehören: Beiträge zur Kranken-, Pflege-, Unfall- und Haftpflichtversicherung, zur gesetzlichen Rentenversicherung, Beiträge zu Versicherungen auf den Lebens- oder Todesfall, gezahlte Kirchensteuer und Spenden.

Werden keine Sonderausgaben nachgewiesen, wird der Sonderausgaben-Pauschbetrag von 36 Euro abgezogen.

Außergewöhnliche Belastungen: Außergewöhnliche Belastungen sind private Kosten, die unvermeidbar sind. Hierzu zählen Krankheitskosten, Kosten für eine Brille, Kosten für Heimunterbringungen, Pflegekosten, Beerdigungskosten. Allerdings werden bestimmte außergewöhnliche Belastungen wie zum Beispiel die Krankheitskosten nur dann abgezogen, wenn sie die individuelle zumutbare Belastung übersteigen. Und diese hängt wiederum von Einkommen, Familienstand und Anzahl der Kinder ab.

Härteausgleich: Geringfügige Nebeneinkünfte von Arbeitnehmern sollen nicht besteuert werden. Die Einzelheiten erfährst du im folgenden → Kapitel 3.2.3.

Es gibt übrigens nicht einen **Steuersatz** oder Steuertarif, der für alle gilt. Je höher dein zu versteuerndes Einkommen ist, desto höher ist auch der Steuersatz, der bei dir angewendet wird. Bis 11.604 Euro (sog. Grundfreibetrag 2024) fällt hingegen überhaupt keine Einkommensteuer an → Kapitel 1.1.1. In Deutschland beginnt der Steuersatz bei 14 % und steigt bis zu einem Spitzensteuersatz von 45 %.

Praxis

Peter ist nicht verheiratet. Sein zu versteuerndes Einkommen beträgt im Jahr 2023 42.000 Euro. Er muss dafür ca. 8.500 Euro an Einkommensteuer zahlen. Peter zahlt also rund 20 % Steuer auf sein zu versteuerndes Einkommen.

3.2.3 Wenn du als Influencer nur Nebeneinkünfte unter 410 Euro hast

Beginnst du deine Influencertätigkeit zunächst im Nebenjob – also neben einer Tätigkeit als Arbeitnehmer – dann solltest du im Auge haben, ob dein Gewinn über 410 Euro liegt. Diese 410 Euro beziehen sich auf deinen Gewinn im ganzen Jahr. Denn hast du **höchstens 410 Euro** als Influencer dazuverdient, bedeutet das für dich:

- Obwohl du im Nebenjob selbstständiger Influencer bist, bist du nicht verpflichtet, eine Einkommensteuererklärung abzugeben.
- Dieser Gewinn wird nicht versteuert. Auch wenn du freiwillig eine Einkommensteuererklärung abgibst, musst du auf diesen Gewinn bis 410 Euro keine Einkommensteuer zahlen.

Fakt:

In die 410-Euro-Grenze werden alle Nebeneinkünfte eingerechnet, die im Jahr erzielt worden sind. Also nicht nur der Gewinn als Influencer, sondern auch Einnahmen aus Vermietung oder sonstigen selbstständigen Tätigkeiten.

Praxis

Catharina ist bei einer kleinen Tageszeitung in der Anzeigenabteilung angestellt. Ihre große Leidenschaft ist das Töpfern. Auf Instagram veröffentlicht sie alles rund um ihre Töpferwerkstatt. Eine Firma, die auch hochwertigen Ton für wetterbeständige Töpfereien herstellt, geht mit Catharina im Jahr 2023 ihre erste Kooperation ein. Sie vereinbaren, dass Catharina in den Monaten April bis Juli jeweils 2 Beiträge mit Fotos oder Videos veröffentlicht, in denen sie ihre Arbeitsprozesse und ihre getöpferten Dekogegenstände für den Garten, die sie mit dem Ton des Herstellers getöpfert hat, zeigt. Dabei soll der Firmenname des Herstellers gezeigt und die Vorteile des Tons beschrieben werden. Dafür erhält sie ein Honorar von 400 Euro. Ausgaben sind ihr in diesem Zusammenhang nicht entstanden.

Für das Jahr 2024 hat Catharina bereits weitere Kooperationen vereinbart.

Als Angestellte bei der Tageszeitung bekommt Catharina ihr Gehalt aus nichtselbstständiger Arbeit. Die Nebeneinkünfte von 400 Euro aus der Tätigkeit als Influencer werden nicht versteuert, weil sie unter 410 Euro liegen.

Sobald aber dein Gewinn die Grenze von 410 Euro überschreitet, bedeutet das für dich:

- Du bist verpflichtet, eine Einkommensteuererklärung abzugeben.
- Liegt dein Gewinn als Influencer zwar über 410 Euro, aber noch unter 820 Euro, dann musst du diesen Gewinn zwar versteuern, aber nur einen Teil davon. Dieses Vorgehen nennt man Härteausgleich.

Praxis

Da die Kooperation mit Catharina für den Hersteller des Töpfertons ziemlich erfolgreich war, vereinbart er mit ihr auch im Jahr 2024 eine Kooperation – dieses Mal für die Monate Oktober bis Dezember. Wieder soll Catharina in jedem Monat zwei Beiträge veröffentlichen, in denen sie zeigt, wie sie Weihnachtsgeschenke aus Ton anfertigt und dafür Materialien ihres Kooperationspartners verwendet. Dieses Mal beträgt das Honorar 600 Euro. Catharina hat auch in diesem Jahr keine Ausgaben für ihre Influencertätigkeit, daher beträgt ihr Gewinn 600 Euro.

Aufgrund des Härteausgleichs muss sie so rechnen:

820 Euro – 600 Euro = 220 Euro

Diesen Betrag kann sie von ihrem Gewinn abziehen und muss dann das Ergebnis versteuern:

600 Euro – 220 Euro = 380 Euro

Auf diese 380 Euro muss Catharina Einkommensteuer zahlen.

3.3 Wie ermittle ich meinen Gewinn?

Wenn du als Influencer Geld verdienst, also Einnahmen durch deine Influencertätigkeit bekommst, musst du deinen Gewinn (oder auch deinen Verlust) ermitteln.

3.3.1 Der einfache Weg zu deinem Gewinn

Es gibt zwei Wege, auf denen der Gewinn ermittelt werden kann: durch eine **Bilanz** oder durch eine **Einnahmen-Überschuss-Rechnung (EÜR).**

Die Einnahmen-Überschuss-Rechnung ist dabei die einfachere Methode. Sie ist viel weniger aufwendig als eine Bilanz und du kannst sie auch selbst machen, am besten mit der Unterstützung durch eine Steuer-Software. Dadurch ist sie auch kostengünstiger.

Darfst du immer die EÜR wählen?

Fakt:

Ein Influencer, der Freiberufler ist (→ Kapitel 1.2.2), darf immer die EÜR als Gewinnermittlungsmethode wählen – egal, wie hoch der Gewinn oder der Umsatz ist.

Die meisten Influencer haben einen Gewerbebetrieb. Auch hier darf die EÜR gewählt werden. Sobald aber diese Grenzen überschritten werden, muss der Gewinn mit einer Bilanz ermittelt werden:

- der Jahresgewinn liegt über 80.000 Euro (bis 2023: 60.000 Euro) **oder**
- der jährliche Umsatz beträgt mehr als 800.000 Euro (bis 2023: 600.000 Euro).

In diesem Ratgeber gehen wir davon aus, dass du unter diesen Grenzen liegst und daher deinen Gewinn über die EÜR ermittelst.

3.3.2 Einnahmen minus Ausgaben

Ganz einfach gesagt: Deinen Gewinn, den du in einem Jahr mit deinem Influencerbetrieb erzielt hast, erhältst du bei der Einnahmen-Überschuss-Rechnung, wenn du in einem Jahr von allen deinen Einnahmen als Influencer alle deine Ausgaben als Influencer abziehst. Da es immer um die Einnahmen und Ausgaben geht, die dir **in Zusammenhang mit deinem Influencerbetrieb** entstehen, spricht man von Betriebseinnahmen und Betriebsausgaben.

Betriebseinnahmen – Betriebsausgaben = Gewinn

Für dich ist es vor allem wichtig zu wissen, welche Betriebsausgaben du deinem Influencerbetrieb zuordnen kannst. Denn je höher die Betriebsausgaben, desto niedriger ist dein Gewinn und desto weniger Steuern musst du zahlen. Fehlendes Wissen kann dich also eine Menge Geld kosten!

Praxis

Content Creator Maggie hat sich für ihre Influencertätigkeit einen kleinen Raum in ihrer Wohnung als Büro eingerichtet. Sie sitzt viel am Schreibtisch, daher kauft sie sich einen neuen Bürostuhl für 600 Euro. Da sie schon Kosten für ihr Arbeitszimmer als Betriebsausgaben berücksichtigt, denkt sie nicht, dass sie auch die Kosten für den Bürostuhl als Betriebsausgaben ansetzen darf. Sie zieht sie bei ihrer Gewinnermittlung daher nicht ab. Damit ist ihr Gewinn um 600 Euro höher, als er eigentlich sein müsste. Und auf diese 600 Euro muss Maggie Steuern zahlen. Hat sie beispielsweise einen Steuersatz von 30 %, zahlt sie, weil sie den Bürostuhl nicht ansetzt, 180 Euro mehr Steuern, als sie eigentlich müsste.

3.3.3 Schreibe deine Einnahmen und Ausgaben auf!

Bei einer Einnahmen-Überschuss-Rechnung musst du keine richtige Buchführung machen und deine Einnahmen und Ausgaben verbuchen.

Es ist aber wichtig, dass du über das Jahr hinweg deine Betriebseinnahmen und -ausgaben genau aufzeichnest. Wie du diese Aufzeichnung machst, bleibt dir überlassen. Natürlich werden dafür Programme angeboten. Hast du aber nur wenige Einnahmen und Ausgaben, reicht dir vielleicht schon eine einfache Tabelle, beispielsweise in Excel oder einem anderen Tabellenkalkulationsprogramm.

3.3.4 Geschäftsunterlagen: Ordnen und aufbewahren!

Auch wenn du als Influencer meist deinen Gewinn über die Einnahmen-Überschuss-Rechnung ermitteln wirst, gilt für dich: Du musst die Belege, die deinen Einnahmen und Ausgaben zugrunde liegen, aufbewahren. Zu diesen Belegen gehören:

- Alle **Rechnungen,** die du erstellt hast.
- Alle **Rechnungen,** die andere im Rahmen deiner Influencertätigkeit an dich gestellt haben.
- Deine **Steuererklärungen** und **Gewinnermittlungen.**
- **»Geschäftsbriefe«.**

Du musst also auch deine sogenannten **»Geschäftsbriefe«** archivieren. Hierunter fallen nicht nur echte Briefe, sondern jede Kommunikation (auch per E-Mail, Instagram, TikTok, Sprachnachricht, SMS etc.), die zu deiner Influencertätigkeit gehört. Das heißt, du bist verpflichtet, deine Kooperationsanfragen, deine Angebote, Reklamationen oder Mahnungen aufzubewahren, egal auf welchem Weg du sie versandt oder erhalten hast.

In welcher Form bewahrst du deine Unterlagen auf?

Die Finanzverwaltung verlangt, dass du elektronisch erhaltene Unterlagen auch elektronisch aufbewahrst. Was bedeutet das? Deine E-Mails, deine Instagram- oder WhatsApp-Nachrichten müssen so gesichert werden, dass du sie im Fall einer späteren Prüfung durch das Finanzamt auch noch zeigen kannst. Papierbelege darfst du auch weiterhin in Papierform aufheben. Es ist aber sinnvoll, auch Papierbelege zu scannen oder zu fotografieren und somit elektronisch aufzubewahren. Wichtig dabei ist immer: Es darf nicht möglich sein, die elektronischen Daten **nachträglich zu verändern.**

Praxis

Joshua ist Bau-Influencer und bekommt eine Kooperationsanfrage als Nachricht auf Instagram. Er soll ein Werkzeug zum Spachteln von Decken und Wänden für die Firma »Easy« bewerben. Das Honorar und die Anzahl der Videos mit dem Gerät werden mit wenigen Nachrichten vereinbart. Auch diese Kommunikation findet über Instagram statt. Joshua speichert alle Nachrichten im Zusammenhang mit dieser Kooperation in seinem Einnahmen-Ordner. In seinem Profil auf Instagram kann er bei den »Einstellungen« in der »Kontenübersicht« in der Rubrik »Deine Informationen und Berechtigungen« alles Notwendige dazu herunterladen und entsprechend abspeichern.

Am besten legst du für deine Influencertätigkeit auf deinem Laptop pro Jahr jeweils einen Ordner für deine Einnahmen und für deine Ausgaben an. Hier speicherst du chronologisch die Belege ab. Erstelle parallel dazu jeweils noch eine Liste, zum Beispiel in Excel, für deine Einnahmen und Ausgaben. Hier trägst du Datum, Art der Zahlung, Nettobetrag und Umsatzsteuer ein. Dann hast du von Anfang an Ordnung in deinen Unterlagen.

Möchtest du deine Belege noch mehr strukturieren, kannst du deine Kosten in **Kategorien** abspeichern. So macht es Sinn, abhängig davon, welche Ausgaben bei dir häufig anfallen, Fahrzeugkosten, Reisekosten etc. von Beginn an in separaten Ordnern abzuspeichern.

Wie lange musst du die Unterlagen aufheben?

Für deine Steuererklärungen, Gewinnermittlungen sowie deine Ein- und Ausgangsrechnungen gilt eine Aufbewahrungsfrist von **10 Jahren.** Die Geschäftsbriefe musst du für einen Zeitraum von **6 Jahren** aufheben.

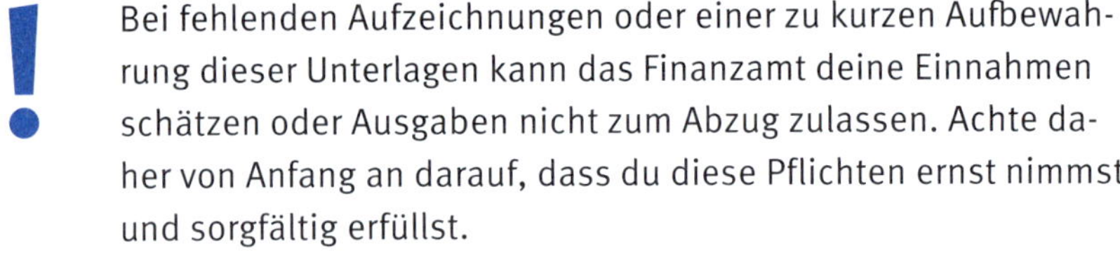

Bei fehlenden Aufzeichnungen oder einer zu kurzen Aufbewahrung dieser Unterlagen kann das Finanzamt deine Einnahmen schätzen oder Ausgaben nicht zum Abzug zulassen. Achte daher von Anfang an darauf, dass du diese Pflichten ernst nimmst und sorgfältig erfüllst.

3.3.5 Das Formular ist vorgeschrieben

Nach Ablauf eines Jahres kannst du dann deinen Gewinn, den du als Influencer tatsächlich erwirtschaftet hast, ermitteln.

Es ist vorgeschrieben, dass du hierfür einen von der Finanzverwaltung für jedes Jahr neu herausgegeben Vordruck verwendest, die sogenannte **Anlage EÜR.** Diese Anlage EÜR gehört zu deiner Einkommensteuererklärung (→ Kapitel 3.1) und daher musst du auch dieses Formular elektronisch an dein Finanzamt übermitteln.

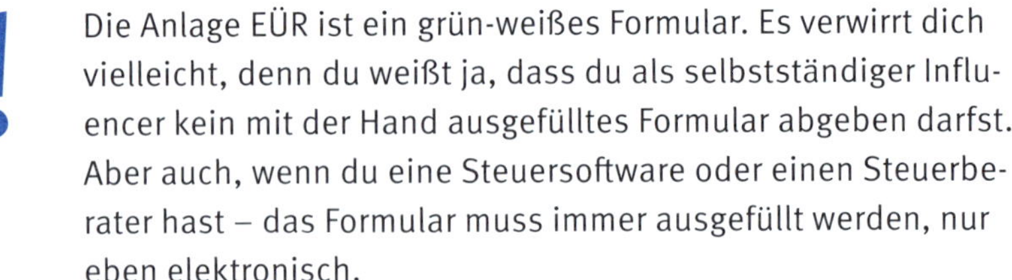

Die Anlage EÜR ist ein grün-weißes Formular. Es verwirrt dich vielleicht, denn du weißt ja, dass du als selbstständiger Influencer kein mit der Hand ausgefülltes Formular abgeben darfst. Aber auch, wenn du eine Steuersoftware oder einen Steuerberater hast – das Formular muss immer ausgefüllt werden, nur eben elektronisch.

Die Anlage EÜR gibt einfach ausgedrückt das Schema vor, wie du bei deiner Gewinnermittlung vorgehen musst. Dem Finanzamt reicht es also nicht, von dir nur eine Zahl als Ergebnis deiner Gewinnermittlung zu bekommen. Mit der Anlage EÜR möchte es die eingetragenen Werte von verschiedenen Positionen prüfen können. Da die Positionen fest vorgegeben sind, kann ein Finanzbeamter dein Ergebnis leichter und schneller nachvollziehen.

Neben dem Hauptvordruck »Anlage EÜR« gehören auch noch das Formular **»Anlage AVEÜR«** zu deiner Einnahmen-Überschuss-Rechnung. Mit der Anlage AVEÜR erstellst du ein sogenanntes **Anlageverzeichnis,** in welchem du dein betriebliches Anlagevermögen wie zum Beispiel dein Auto, deinen Laptop oder deine Kameraausrüstung einträgst.

4 Wann muss ich mich um Dinge wie Mehrwertsteuer, Umsatzsteuer und Vorsteuer kümmern?

Um diese Frage zu beantworten, ist es erst mal wichtig zu wissen, was mit den Begriffen Umsatzsteuer, Mehrwertsteuer und Vorsteuer gemeint ist.

Fakt:

Was ist die Umsatzsteuer?

Ein umsatzsteuerpflichtiger Unternehmer muss zusätzlich zu dem Preis, den er beim Verkauf seines Produkts oder seiner Dienstleistung von einem Kunden bekommen möchte, auch noch die Umsatzsteuer dem Kunden in Rechnung stellen. Der Umsatzsteuersatz liegt meist bei 19 %, in manchen Fällen kann er auch 7 % betragen. Die beim Verkauf eingenommene Umsatzsteuer muss der Unternehmer an das Finanzamt abführen. Die Umsatzsteuer zahlt im Endeffekt also der Kunde.

Was ist die Mehrwertsteuer?

Der fachlich korrekte Begriff ist Umsatzsteuer, aber umgangssprachlich wird häufig die Bezeichnung Mehrwertsteuer benutzt.

Was ist die Vorsteuer?

Kauft ein umsatzsteuerpflichtiger Unternehmer von einem anderen Unternehmer, so muss er ihm, wie jeder andere Kunde auch, den Preis plus der Umsatzsteuer zahlen. Für den Käufer nennt man die Umsatzsteuer dann aber Vorsteuer. Denn der Unternehmer erhält diese Vorsteuer, die er an andere Unternehmen gezahlt hat, vom Finanzamt zurück. Anders ausgedrückt: Die Vorsteuer ist die Umsatzsteuer, die einem Unternehmer von einem anderen Unternehmer in Rechnung gestellt wird und die er vom Finanzamt unter Umständen erstattet bekommt.

4.1 Bin ich als Influencer umsatzsteuerpflichtig?

Jeder Unternehmer in Deutschland ist umsatzsteuerpflichtig. Wann bist du als Influencer also Unternehmer im Sinne des Umsatzsteuergesetzes? Du bist Unternehmer, wenn du diese drei Fragen mit »ja« beantworten kannst:

- Du bist als Influencer oder Content Creator **selbstständig** tätig?
- Du bekommst für deine Influencertätigkeit Geld oder Produkte, das heißt, du wirst dafür bezahlt und willst damit auch **Geld verdienen?**
- Du willst deine Influencertätigkeit für eine gewisse Dauer und damit nachhaltig ausüben? Das zeigt sich durch deine **Wiederholungsabsicht** – deine Absicht immer wieder Kooperationen einzugehen und somit Geld zu verdienen.

Praxis

Berivan trägt gerne ausgeflippte Klamotten. Sie näht mit Leidenschaft und liebt Upcycling. Auf TikTok postet sie gerne ihre neusten Kreationen. Durch Zufall kam es einmal zu einer kurzen Kooperation mit einem Anbieter für Online-Nähkurse, für die sie 500 Euro bekam. Da das aber für den Anbieter nicht viel gebracht hat, blieb es bei der einen Kooperationsvereinbarung. Um weitere Kooperationen hat sich Berivan auch nie gekümmert.

Auch wenn Berivan mit der Kooperation mit dem Anbieter der Nähkurse Geld verdient hat, ist sie auf TikTok nicht als Unternehmerin unterwegs, denn bei ihr liegt keine Absicht vor, immer wieder neue Kooperationen einzugehen und mit ihrem TikTok-Kanal Geld zu verdienen. Sie ist daher keine Unternehmerin und daher auch nicht umsatzsteuerpflichtig.

Noch nicht volljährig?

Ob du schon 18 Jahre alt bist oder nicht – das spielt bei der Umsatzsteuer keine Rolle. Denn auch wenn du noch nicht volljährig bist, kannst du ein selbstständiger Unternehmer sein. Und damit auch umsatzsteuerpflichtig.

4.2 Umsatzsteuerpflichtig – was bedeutet das für mich?

Bist du als Influencer umsatzsteuerpflichtig, dann musst du auf den Preis, den du für deine Dienstleistung, also für deinen Beitrag, dein Video etc., von deinem Auftraggeber oder Kooperationspartner haben möchtest, noch die Umsatzsteuer »draufschlagen«. Das bedeutet:

- Du musst für jede deiner Leistungen die **Umsatzsteuer berechnen.**
- In deiner **Rechnung** stellst du deinem Kooperationspartner neben deinem Honorar auch die Umsatzsteuer in Rechnung.
- Die eingenommene Umsatzsteuer **führst** du an **dein Finanzamt ab.** Dafür erstellst du regelmäßig **Umsatzsteuer-Voranmeldungen.**

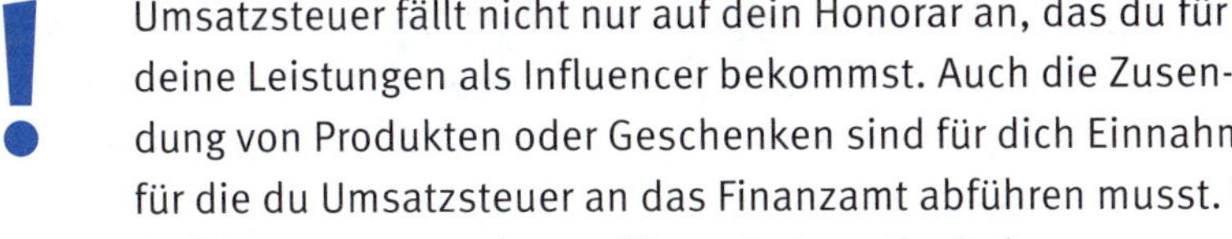

Umsatzsteuer fällt nicht nur auf dein Honorar an, das du für deine Leistungen als Influencer bekommst. Auch die Zusendung von Produkten oder Geschenken sind für dich Einnahmen, für die du Umsatzsteuer an das Finanzamt abführen musst. Wie du hier genau vorgehst, erfährst du in → Kapitel 5.2.

Fakt:

Auch sogenannte **»unentgeltliche Wertabgaben«** sind umsatzsteuerpflichtig. Dazu gehören beispielsweise die Privatnutzung eines Geschäftsautos oder die dauerhafte Entnahme von Gegenständen aus dem Influencerbetrieb für private Zwecke. Diese Vorgänge unterliegen normalerweise dem Regelsteuersatz von 19 %.

4.2.1 Umsatzsteuer berechnen: Vom Nettopreis zum Bruttopreis

Wenn du dir überlegst, wie viel Geld du für deine Dienstleistung als Influencer von einem Kooperationspartner tatsächlich gezahlt haben möchtest, überlegst du dir normalerweise den Nettopreis.

Gibst du an einen Kooperationspartner ein schriftliches Angebot für deine Influencerleistung ab, dann solltest du deine Honorarvorstellung um den Zusatz »zzgl. USt« ergänzen. Dann gibt es keine Missverständnisse, denn es ist eindeutig, dass zu deinem Honorar noch die Umsatzsteuer dazukommt. Du brauchst keine Angst haben, deine Kunden mit der von dir zusätzlich verlangten Umsatzsteuer zu verschrecken. Denn diese sind als Unternehmer in der Regel zum Vorsteuerabzug berechtigt und somit durch die an dich gezahlte Umsatzsteuer gar nicht belastet.

Der Umsatzsteuersatz von 19 %

Bei dir als Influencer fällt der Umsatzsteuersatz von 19 % an, denn als Influencer erstellst du immer Leistungen, die mit 19 % besteuert werden. Das ist der sogenannte Regelsteuersatz.

Es gibt auch noch einen sogenannten ermäßigten Umsatzsteuersatz in Höhe von 7 %. Dieser wird beispielsweise bei Lebensmitteln und Büchern erhoben. Der ermäßigte Umsatzsteuersatz kann dir begegnen, wenn du selbst Umsatzsteuer beim Kauf eines Produkts zahlst und dieses Produkt nur mit 7 % besteuert wurde.

Schreibst oder verkaufst du dein eigenes Buch oder bist du auch als Journalist tätig, gilt dafür auch der ermäßigte Umsatzsteuersatz von 7 %.

Fakt:

Der Steuersatz orientiert sich streng an der erbrachten Leistung. Es ist daher möglich, dass derselbe Unternehmer für eine journalistische Leistung 7 % und für eine Werbeleistung als Influencer 19 % Umsatzsteuer in Rechnung stellt.

So errechnest du den Bruttopreis

Um von deinem Nettopreis zum Bruttopreis zu kommen, den dein Kunde dir zahlen muss, musst du zunächst die Umsatzsteuer ausrechnen, die auf den Preis deiner Dienstleistung anfällt. Deine Umsatzsteuer beträgt 19 % deines Nettopreises, das heißt, du multiplizierst deinen Nettopreis einfach mit 0,19.

Nettopreis × 0,19 = anfallende Umsatzsteuer
Nettopreis + Umsatzsteuer = Bruttopreis

Du kannst auch den Bruttopreis direkt berechnen:

Nettopreis × 1,19 = Bruttopreis

Praxis

Marlon hat als neuen Kooperationspartner die Firma »Jump« gewonnen. Sie vereinbaren, dass Marlon vier unterschiedliche Videos von ca. einer Minute erstellt, in denen er von seinen Erfahrungen mit den Produkten der Firma »Jump« berichtet und in den Videos auch zeigt. Die Videos soll Marlon im Monat Juni auf seinem YouTube-Kanal veröffentlichen – jede Woche eines. Marlon hat sich überlegt, dass er für seine Leistung von »Jump« ein Honorar von 800 Euro haben möchte. Auf diesen Preis muss Marlon noch die Umsatzsteuer draufschlagen:

800 Euro × 0,19 = 152 Euro.

Die Firma »Jump« zahlt Marlon somit einen Bruttopreis in Höhe von

800 Euro × 1,19 = 952 Euro.

Wenn du einen Bruttopreis ausgemacht hast

Deine Kooperationspartner sind fast immer auch Unternehmer. Daher werdet ihr euch normalerweise auch auf ein Netto-Honorar für deine Dienstleistung als Influencer einigen. Es kann aber auch mal vorkommen, dass ein »Gesamtpreis« in brutto ausgemacht wird. Dann steckt die Umsatzsteuer in diesem Betrag bereits drin und muss herausgerechnet werden.

Praxis

Marlon telefoniert mit seinem Ansprechpartner bei der Firma »Jump«. Die Firma möchte einen Test machen und bittet Marlon, zu einem Produkt auch eine Story auf Instagram zu posten. Sie werden sich am Telefon schnell einig und vereinbaren, dass Marlon für die Story 100 Euro inklusive Umsatzsteuer in Rechnung stellen soll.

Die 100 Euro sind demnach Marlons Brutto-Honorar und er muss die Umsatzsteuer »rausrechnen«. Der Gesamtpreis von 100 Euro entspricht dabei 119 % des Netto-Honorars.

Um von einem Brutto-Honorar zu deinem Netto-Honorar zu kommen, rechnest du so:

Brutto-Honorar × 19/119 = die enthaltene Umsatzsteuer

Brutto-Honorar – enthaltene Umsatzsteuer = Netto-Honorar

Alternativ kannst du auch so rechnen:

Brutto-Honorar × 100/119 = Netto-Honorar

Brutto-Honorar – Netto-Honorar = die enthaltene Umsatzsteuer

Praxis

Für Marlon bedeutet das:

100 Euro × 19/119 = 15,97 Euro

100 Euro – 15,97 Euro = 84,03 Euro (alternativ: 100 × 100/119)

Marlon hat für seine Instagram-Story ein Netto-Honorar von 84,03 Euro bekommen. Außerdem hat er 15,97 Euro Umsatzsteuer eingenommen, die er an das Finanzamt abführen muss.

4.2.2 Weshalb Rechnungen so wichtig sind!

Als selbstständiger Influencer bist du **verpflichtet,** deinen Kooperationspartner über deine Influencerleistung eine **Rechnung zu schreiben.** Denn genau wie du sind auch deine Kooperationspartner Unternehmer und brauchen eine sogenannte »ordnungsgemäße Rechnung«, um die von dir auf deinen Preis aufgeschlagene Umsatzsteuer als »Vorsteuer zu ziehen«.

Fakt:

Vorsteuer ziehen: Das ist ein ziemlich umgangssprachlicher Ausdruck, den man aber häufig hört. Er bedeutet, dass ein Unternehmer die Umsatzsteuer, die er selbst beim Kauf von Produkten oder Dienstleistungen für sein Unternehmen bezahlt hat, als Vorsteuer abziehen darf. Und zwar abziehen von der Umsatzsteuer, die er an das Finanzamt abführen muss. Im Ergebnis bekommt er so die an den anderen Unternehmer gezahlte Umsatzsteuer vom Finanzamt zurück, weil er weniger bezahlen muss.

Umgekehrt solltest du aber auch immer darauf achten, dass **du** eine ordnungsgemäße Rechnung bekommst, wenn du etwas für dein Influencerunternehmen kaufst. Denn auch du kannst nur dann die Vorsteuer erstattet bekommen, wenn die Rechnung alle notwendigen Voraussetzungen erfüllt.

Erhältst du als Gegenleistung für deine Influencertätigkeit Gegenstände kostenlos, kannst du ebenfalls in den Genuss des Vorsteuerabzugs kommen. Voraussetzung ist aber, dass du von deinem Kooperationspartner eine ordnungsgemäße Rechnung erhalten hast. Umsatzsteuerlich wird ein solches Geschäft behandelt, als hätte dein Kooperationspartner dir die Sache als Gegenleistung für deine Werbetätigkeit verkauft.

Auch wenn es dir vielleicht komisch vorkommt, deinen Kooperationspartner bei der Zusendung eines kostenlosen Produkts um eine Rechnung zu bitten. Aber nur dann kannst du dir die Vorsteuer erstatten lassen.

Durch einen Vermerk auf der Rechnung, wie beispielsweise »bereits mit Werbeleistung bezahlt«, wird deutlich, dass der Betrag bereits verrechnet ist. Wird auf der Rechnung, wie manchmal üblich, ein Betrag von null Euro ausgewiesen, kannst du natürlich auch keine Vorsteuer erstattet bekommen.

Die genauen Voraussetzungen für eine ordnungsgemäße Rechnung findest du in → Kapitel 4.3.

4.2.3 Was passiert bei deinen Umsatzsteuer-Voranmeldungen?

Als umsatzsteuerpflichtiger Influencer gibst du auch Umsatzsteuer-Voranmeldungen und eine Umsatzsteuererklärung bei deinem Finanzamt ab.

Fakt:

Mit den **Umsatzsteuer-Voranmeldungen** leistet der Influencer für bestimmte Zeiträume im laufenden Jahr **Vorauszahlungen** auf die in seinem Influencerunternehmen angefallene Umsatzsteuer an das Finanzamt.

Im Laufe eines Jahres nimmst du Umsatzsteuer von deinen Kooperationspartnern und Auftraggebern ein. Du kaufst aber auch Produkte und Dienstleistungen für dein Influencerunternehmen und bezahlst dabei Umsatzsteuer an andere Unternehmer. Diese Umsatzsteuer ist die Vorsteuer und diese bekommst du vom Finanzamt zurück.

Bei einer Umsatzsteuer-Voranmeldung werden für einen bestimmten Zeitraum (Monat oder Quartal) die Umsatzsteuer, die du zahlen musst, und die Vorsteuer, die du zurückbekommst, verrechnet. Wie viel Umsatzsteuer du dann an das Finanzamt zahlen musst, ermittelst du selbst.

Wie du eine Umsatzsteuer-Voranmeldung und dann eine Umsatzsteuer-Jahreserklärung ausfüllst und erstellst, siehst du in → Kapitel 4.4.

4.3 Was muss in einer Rechnung drinstehen?

In der Regel sind deine Kooperationspartner alles Unternehmer. Daher bist du als selbstständiger Influencer verpflichtet, diesen eine Rechnung auszustellen, wenn du deine Leistung für sie erbracht hast, also zum Beispiel die verabredeten Storys gepostet hast.

Am besten schreibst du immer eine Rechnung, dann bist du auf der sicheren Seite – auch wenn dein Kooperationspartner mal kein Unternehmer ist.

Die Rechnung musst du innerhalb von **6 Monaten** erstellen. Hältst du diese Frist nicht ein, kann das für dich eine Geldbuße zur Folge haben.

Rechtzeitig an E-Rechnung denken!

Ab dem Jahr 2025 wird zwischen inländischen Unternehmern die **elektronische Rechnung oder E-Rechnung** verpflichtend eingeführt. Das gilt somit auch für dich als Influencer und deine Kooperationspartner. Zukünftig ist es damit nicht mehr möglich, Rechnungen an andere Unternehmer (B2B) in Papierform oder per E-Mail als PDF-Datei zu verschicken.

Fakt:

Eine E-Rechnung ist eine Rechnung, die in einem strukturierten elektronischen Format ausgestellt, übermittelt und empfangen wird und eine elektronische Verarbeitung ermöglicht. Die Rechnung ist somit ein maschinell lesbarer Datensatz.

In den **Jahren 2025 und 2026** gilt noch eine Übergangsregelung, sodass du entscheiden kannst, ob du deine Rechnungen an deine Kooperationspartner schon mit einer E-Rechnung abrechnest oder nicht.

Aber: Da du als Influencer Unternehmer bist, musst du ab dem 1.1.2025 in der Lage sein, eine E-Rechnung eines anderen Unternehmers **zu empfangen** und verarbeiten zu können. Kaufst du beispielsweise im Jahr 2025 bei einem Unternehmer etwas für deine Influencertätigkeit, kann es sein, dass du von diesem Unternehmer eine E-Rechnung erhältst. Und die musst du akzeptieren.

Ausnahme: Bei Rechnungsbeträgen bis 250 Euro gibt es keine Pflicht zur E-Rechnung!

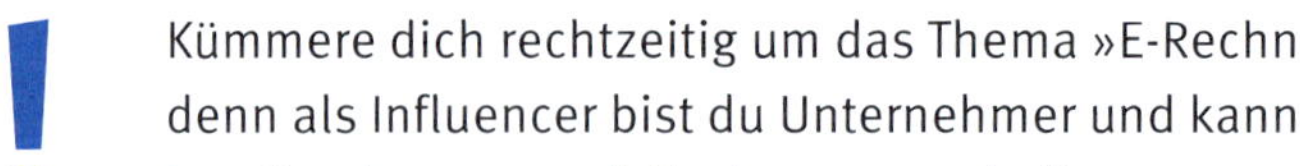

Kümmere dich rechtzeitig um das Thema »E-Rechnungen« – denn als Influencer bist du Unternehmer und kannst somit bereits ab 1.1.2025 E-Rechnungen erhalten.

4.3.1 Diese Angaben sind Pflicht!

Damit es sich bei deiner Ausgangsrechnung für deinen Kooperationspartner um eine ordnungsgemäße Rechnung handelt, müssen diese Angaben **alle** enthalten sein:

1. dein **vollständiger Name** und deine **vollständige Anschrift**

   Da du der Aussteller der Rechnung bist, müssen dein Name und deine Anschrift enthalten sein. Bei der Anschrift geht es um die Anschrift deines Influencerunternehmens.

   ! Verwendest du als Influencer einen Künstlernamen, kannst du diesen dann auf der Rechnung benutzen, wenn du ihn auch gegenüber dem Finanzamt verwendest.

2. **Name** und **Anschrift** deines **Kooperationspartners**
3. Das **Datum,** an dem du die Rechnung ausgestellt hast.
4. eine fortlaufende **Rechnungsnummer**

   Bei einer fortlaufenden Rechnungsnummer geht es nicht darum, dass man die Reihenfolge erkennt, in denen du deine Rechnungen ausstellst. Wichtig ist nur, dass du jede Nummer nur **einmal** verwendest. Du kannst dich bei deinen Rechnungsnummern für

Zahlen- oder Buchstabenreihen oder auch eine Kombination aus Zahlen und Buchstaben entscheiden. Zulässig ist es auch, die Rechnungen für jedes Jahr einfach durchzunummerieren, also beispielsweise: »01-2024, 02-2024, 03-2024 …«.

5. **Bezeichnung der Leistung,** die du als Influencer für deinen Kooperationspartner erbracht hast.

   Da du als Influencer Dienstleistungen erstellst, musst du angeben, **was** du für deinen Kooperationspartner gemacht hast und in **welchem Umfang.**

6. Auch der **Zeitpunkt** bzw. der **Zeitraum,** in dem du deine Influencerleistung für deinen Kooperationspartner erbracht hast, muss in deiner Rechnung klar ersichtlich sein.

Praxis

Rick hat verschiedene Kooperationspartner. Seine Leistungen und den Zeitpunkt beschreibt er auf seinen Rechnungen wie folgt:

- 5 Werbeposts auf Instagram im Monat Mai 2024
- 3 einminütige Videos mit dem Produkt »Joke« auf TikTok im 1. Quartal 2024 veröffentlicht
- Wöchentliche Veröffentlichung einer Story auf Instagram mit den Produkten der Firma »BestTec« über den Zeitraum von 6 Wochen, vom 3.6.2024 bis 14.7.2024.

7. dein **Honorar**

   Hier geht es um das Honorar, welches du für deine Leistung bekommen möchtest, das heißt um dein **Netto-Honorar** ohne Umsatzsteuer.

8. der **Umsatzsteuersatz** und der **Betrag an Umsatzsteuer**

   Bei deinen Leistungen als Influencer fällt der Steuersatz von 19 % an. Multiplizierst du dein Honorar mit 0,19, erhältst du die anfallende Umsatzsteuer.

9. deine **Bankverbindung**

10. deine **Steuernummer**

Eine Steuernummer hast du spätestens mit der Abgabe des Fragebogens zur steuerlichen Erfassung bekommen → Kapitel 2.2.

Statt der Steuernummer kannst du alternativ auch deine **Umsatzsteuer-Identifikationsnummer** auf deiner Rechnung angeben. Sobald du einen Kooperationspartner im Ausland hast, bist du verpflichtet, statt der Steuernummer die Umsatzsteuer-Identifikationsnummer zu verwenden → Kapitel 4.3.5.

Praxis

Influencerin Maggi postet ihre Erfahrungen übers Reisen mit dem Fahrrad. Sie ist in ganz Europa unterwegs. Daher hat sie auch Kooperationspartner aus anderen Ländern der EU. Sie muss auf ihren Rechnungen ihre Umsatzsteuer-Identifikationsnummer angeben.

! Alle diese Angaben müssen natürlich auch umgekehrt in den Rechnungen stehen, die du von anderen Unternehmern beim Kauf von Produkten oder Dienstleistungen für deinen Influencerbetrieb bekommst. Denn auch du kannst nur dann aus den Rechnungen die Vorsteuer ziehen, wenn es sich um ordnungsgemäße Rechnungen mit allen notwendigen Angaben handelt!

4.3.2 So kann deine Rechnung aussehen

! Am besten erstellst du dir eine Vorlage für deine Rechnungen und speicherst dir diese als Muster ab. Dann hast du es später leichter und du sparst Zeit.

Carla Wiest
Weidbergstraße 9
94428 Eichendorf
Tel.: 0170 3185321
E-Mail: cwiest@gmail.de

1

Carla Wiest – Weidbergstr. 9 – 94428 Eichendorf

Fit for Food GmbH
Frau Wenzel
Universitätsstraße 15
28359 Bremen

2

3 Eichendorf, 5.8.2024

Rechnung Nr. FF012-2024 

Sehr geehrte Frau Wenzel,

im Rahmen unserer Kooperation möchte ich für meine Leistungen als Influencerin und Content Creatorin in Rechnung stellen:

Anzahl	**Leistungsbezeichnung** 5	**Leistungszeitraum** 6	**Einzelhonorar**	**Gesamthonorar**
3 Stück	Posts mit Produkt Yummy auf TikTok	Juni 2024	150,00 €	450,00 €
2 Stück	Video auf Instagram mit Erfahrung zu Produkt Lecker, mind. Dauer 1 Minute	10.7. bis 20.7.2024	250,00 €	500,00 €
Gesamthonorar (netto)				7 950,00 €
zzgl. 19 % Umsatzsteuer 8				8 180,50 €
Gesamthonorar (brutto)				1.130,50 €

Bitte überweisen Sie den Rechnungsbetrag bis zum 31.8.2024 unter Angabe der Rechnungsnummer auf das unten angegebene Konto.

Vielen Dank für Ihren Auftrag!

Bankverbindung: 9
Gutes Geld Bank
BLZ: ABCDEFXX
IBAN: DE01 9876 5432 1098 7654 32

10 Steuernummer: 31/113/3047/8

Herzliche Grüße

Carla Wiest

4.3.3 Manchmal sind weniger Angaben notwendig

Bei sogenannten Kleinbetragsrechnungen sind weniger Angaben notwendig.

Fakt:

Eine **Kleinbetragsrechnung** liegt vor, wenn der Rechnungsbetrag einschließlich Umsatzsteuer, also der Brutto-Rechnungsbetrag, bei maximal 250 Euro liegt.

Allerdings darf eine solche Kleinbetragsrechnung nur erstellt werden, wenn ein paar Voraussetzungen erfüllt sind.

Um auf der sicheren Seite zu sein: Verzichte auf das Ausstellen von Kleinbetragsrechnungen und erstelle deinen Kooperationspartnern immer eine »ausführliche« Rechnung (→ Kapitel 4.3.1). Dann kannst du nichts falsch machen!

Wenn du eine Kleinbetragsrechnung bekommst

Auch wenn es besser ist, wenn du selbst keine Kleinbetragsrechnungen ausstellst, kannst du natürlich welche bekommen.

Diese Angaben stehen auf einer Kleinbetragsrechnung:

- der vollständige Name und die vollständige **Anschrift des Rechnungsausstellers**
- Das **Datum,** an dem die Rechnung ausgestellt wurde.
- **Bezeichnung des Produkts oder der Dienstleistung,** die du für dein Unternehmen gekauft oder bezogen hast.
- Der **Bruttopreis,** den du zahlen musst.
- der **Umsatzsteuersatz,** also 7 % oder 19 %.

Bekommst du eine solche Kleinbetragsrechnung, die alle diese Angaben enthält, darfst du auch hier die »Vorsteuer ziehen«, das heißt, du bekommst die Umsatzsteuer, die du an das andere Unternehmen gezahlt hast, vom Finanzamt zurück. Diese ist aber bei einer Kleinbetragsrechnung nicht separat ausgewiesen, deshalb musst du selbst ausrechnen, wie viel Umsatzsteuer du hier gezahlt hast. Das geht so:

- Im Rechnungsbetrag sind 19 % Umsatzsteuer enthalten:

  Rechnungsbetrag × 19/119 = die von dir gezahlte Umsatzsteuer

- Im Rechnungsbetrag sind 7 % Umsatzsteuer enthalten:

  Rechnungsbetrag × 7/107 = die von dir gezahlte Umsatzsteuer

Praxis

Food-Influencer Marco hat sich für seinen Social-Media-Kanal über die vegane Küche bei einem kleinen Asia-Geschäft vor Ort einen neuen Gemüseschneider und eine Gewürzpaste gekauft. Auf der Quittung des Asia-Ladens steht:

Hobel für Gemüse:	35,50 Euro (der Betrag enthält 19 % USt)
Gewürzpaste:	14,80 Euro (der Betrag enthält 7 % USt)

Marco berechnet die Vorsteuer:
35,50 Euro × 19/119 = 5,67 Euro
14,80 Euro × 7/107 = 0,97 Euro

Marco hat bei diesem Einkauf insgesamt 6,64 Euro Umsatzsteuer an den Asia-Händler gezahlt. Diesen Betrag kann er sich als Vorsteuer vom Finanzamt zurückholen.

4.3.4 Wenn dein Kooperationspartner mit einer Gutschrift für dich abrechnet

Gerade bei Influencern kann es häufig vorkommen: Nicht du erstellst eine Rechnung über dein Honorar an deinen Kooperationspartner. Stattdessen macht der Kooperationspartner eine Abrechnung und schickt dir eine **Gutschrift.**

Gutschriften werden erstellt, wenn dir als Influencer und Dienstleister nicht bekannt ist, wie hoch dein Honorar ist. Das ist beispielsweise der Fall, wenn du ein Honorar pro Klick auf einen in deinem Beitrag eingebundenen Link mit deinem Kooperationspartner vereinbart hast.

Praxis

Als Fashion-Influencerin auf TikTok hat Sarah verschiedene Modefirmen als Kooperationspartner. Mit dem Handtaschenhersteller »BaggyBag« hat sie die Vereinbarung, deren neue Frühlingskollektion zu bewerben. Ihr wurden verschiedene Modelle zugeschickt, die sie in ihren Videos zeigen soll. Dabei soll sie auf einen Rabattcode hinweisen, der beim Kauf über den eingeblendeten Link eingesetzt werden kann. Die Aktion läuft über 3 Monate. »BaggyBag« erstellt nach Ablauf eines jeden Monats eine Gutschrift. Hier werden sowohl die Anzahl der Klicks auf den Link als auch die Verkäufe mit dem eingesetzten Rabattcode aufgeführt und entsprechend abgerechnet.

Eine Gutschrift ist nur eine Sonderform einer Rechnung. Auch wenn sie von deinem Kooperationspartner erstellt wird, muss sie alle Angaben für eine Rechnung enthalten → Kapitel 4.3.1. Und du musst natürlich auch die in der Gutschrift angegebene Umsatzsteuer an dein Finanzamt abführen.

Da du die Umsatzsteuer abführen musst, solltest du auch darauf achten, dass dein Kooperationspartner in der Gutschrift die Umsatzsteuer korrekt ausgewiesen hat. Und auch wichtig: Es muss **das Wort »Gutschrift«** draufstehen!

Befindet sich in der Abrechnung deines Kooperationspartners ein Fehler, hast du die Möglichkeit der Gutschrift zu widersprechen. Das solltest du vor allem dann tun, wenn dein Geschäftspartner die Umsatzsteuer falsch bzw. zu hoch ausgewiesen hat. Da die Gutschrift wie eine Rechnung behandelt wird, müsstest du in diesem Fall den ausgewiesenen, also zu hohen, Umsatzsteuerbetrag an dein Finanzamt bezahlen.

4.3.5 Dein Kooperationspartner ist aus einem anderen Land in der EU

Für deine Kooperationspartner erstellst du als Influencer Dienstleistungen in Form von Veröffentlichung deiner Posts, Fotos, Beiträge usw. Häufig kommt es vor, dass ein Kooperationspartner seinen Sitz nicht in Deutschland, sondern in einem anderen Land der EU hat.

Hast du Einnahmen aus Google AdSense? Gerade bei YouTubern ist das häufig der Fall. Dann hast du es schon mit einem Kooperationspartner in der EU zu tun. Denn alle Abrechnungen werden über Google Irland abgewickelt.

Und ein Kooperationspartner in einem anderen EU-Land hat für dich Auswirkungen auf deine Rechnung:

- Du darfst in deiner Rechnung **keine Umsatzsteuer ausweisen,** denn die Leistung soll in dem Land umsatzversteuert werden, in dem dein Geschäftspartner ansässig ist! Um das Abführen der Umsatzsteuer kümmert sich in diesem Fall dein Kooperationspartner aus dem anderen EU-Land.
- Auf deine Rechnung gehört ein Hinweis, dass das sogenannte »**Reverse-Charge-Verfahren**« angewendet wird.

  Hierfür kannst du auf deiner Rechnung einfach einen Satz wie *»Rechnung ohne Umsatzsteuer, da diese vom Leistungsempfänger anzumelden und abzuführen ist (Reverse-Charge-Verfahren)«* aufnehmen.

Fakt:

Beim Reverse-Charge-Verfahren muss nicht der Influencer die Umsatzsteuer an das deutsche Finanzamt abführen, sondern der Kooperationspartner führt die Umsatzsteuer an sein Finanzamt im jeweiligen EU-Land ab.

- In deiner Rechnung musst du statt der Steuernummer deine **Umsatzsteuer-Identifikationsnummer** (USt-ID → Kapitel 4.3.1) angeben.
- Auf der Rechnung muss auch die **USt-ID deines Kooperationspartners** angegeben werden. Wichtig ist, dass die USt-ID deines Geschäftspartners auch gültig ist. Denn nur dann darfst du davon ausgehen, dass es sich um einen Unternehmer im Sinne des Umsatzsteuergesetzes handelt.

! Auf der Internetseite des Bundeszentralamts für Steuern (www.bzst.de) findest du im Bereich »Unternehmen → Identifikationsnummern → Umsatzsteuer-IdNr« eine Abfragemöglichkeit, über die du die USt-ID deines Kooperationspartners überprüfen kannst.

Fakt:

Eine Umsatzsteuer-Identifikationsnummer, kurz USt-ID, braucht ein Influencer, der mit anderen umsatzsteuerpflichtigen Unternehmen in der EU zusammenarbeitet. Die USt-ID kann online über das entsprechende Online-Formular auf www.bzst.de oder schriftlich beim Bundeszentralamt für Steuern beantragt werden.

Hast du einen Kooperationspartner, dessen Sitz in einem anderen EU-Land liegt, solltest du rechtzeitig eine Umsatzsteuer-Identifikationsnummer beantragen. Bevor du eine Umsatzsteuer-ID beantragen kannst, musst du eine Steuernummer von deinem Finanzamt bekommen haben. Wenn bereits bei der Gründung deines Influencerunternehmens absehbar ist, dass du Kooperationen mit ausländischen Unternehmen eingehst, beantragst du die USt-ID am besten bereits im »Fragebogen zur steuerlichen Erfassung«. Das Formular hat dafür ein eigenes Feld → Kapitel 2.2.3.

Es ist sinnvoll, dass du deine Rechnungen an nicht deutsch sprechende Kooperationspartner in englischer Sprache verfasst.

Carla Wiest
Weidbergstraße 9
94428 Eichendorf
Tel.: 0170 3185321
E-Mail: cwiest@gmail.de

Carla Wiest – Weidbergstr. 9 – 94428 Eichendorf

Fit & Food
Carmen Rossi
Via Romano 1
20100 Milano
Italy

EU VAT No.: IT 15340033111

Date of invoice: 05/08/2024

Invoive No. FF012-2024

Dear Carmen,

as part of our cooperation, I would like to invoice for my services as an influencer and content creator:

Quantity	Description	Delivery Date	Unit price	Total
3 pieces	Posts with the product »Yummy« on TikTok	June 2024	150,00 €	450,00 €
2 pieces	Video on Instagram, experience with the product »Tasty«, at least 1 minute	10/07/2024 to 20/07/202	250,00 €	500,00 €
Invoice Amount				950,00 €

According to the reverse charge system, tax liability transfers to the recipient of the services (§ 13b UStG).

Please transfer the invoice amount to the account specified below by 31/08/2024, stating the invoice number.

Thank you for your order!

Payment details:
Gutes Geld Bank
BLZ: ABCDEFXX
Iban: DE01 9876 5432 1098 7654 32

EU VAT No.: DE 543231678

Best regards

Carla Wiest

Für deine Rechnungen mit dem EU-Ausland solltest du dir ein Muster in englischer Sprache erstellen.

Du gibst eine »Zusammenfassende Meldung« ab

Hast du Kooperationspartner in der EU, musst du außerdem eine sogenannte **»Zusammenfassende Meldung«** abgeben.

Fakt:

Mit der »Zusammenfassenden Meldung«, kurz: ZM, muss ein Unternehmen das Bundeszentralamt für Steuern (BZSt) über die Umsätze außerhalb Deutschlands, aber innerhalb der EU informieren. In einem Formular werden die Umsätze angegeben und das Formular wird elektronisch an das BZSt übermittelt.

Eine »Zusammenfassende Meldung« für Leistungen an EU-Unternehmer musst du immer für ein Quartal abgeben – aber nur dann, wenn du in diesem Quartal auch solche Einnahmen von ausländischen Kooperationspartnern hattest. Für die Übermittlung hast du bis zum 25. des Folgemonats nach Quartalsende Zeit. Das heißt beispielsweise: Die ZM für das 3. Quartal 2024 muss bis 25.10.2024 an das BZSt übertragen werden.

Die »Zusammenfassende Meldung« übermittelst du am besten über »Mein ELSTER«. Dort hast du dich ja ohnehin für die Übermittlung des »Fragebogens zur steuerlichen Erfassung« und deiner Umsatzsteuer-Voranmeldungen registriert. Unter der Rubrik »Formulare & Leistungen« findest du »Alle Formulare«. Dort wählst du den Bereich »Umsatzsteuer« aus, um zur »Zusammenfassenden Meldung« zu gelangen.

Nach Bestätigung der Datenschutzhinweise hast du die Möglichkeit die Daten aus früheren ZM zu übernehmen. Übermittelst du das erste Mal eine ZM, steht dir diese Funktion nicht zur Verfügung.

Danach gelangst du auf die Startseite des Formulars, auf der abgefragt wird, für welchen Zeitraum du die ZM übermittelst. In unseren beispielhaft ausgefüllten Formularen haben wir uns für die ZM des zweiten Quartals 2024 entschieden.

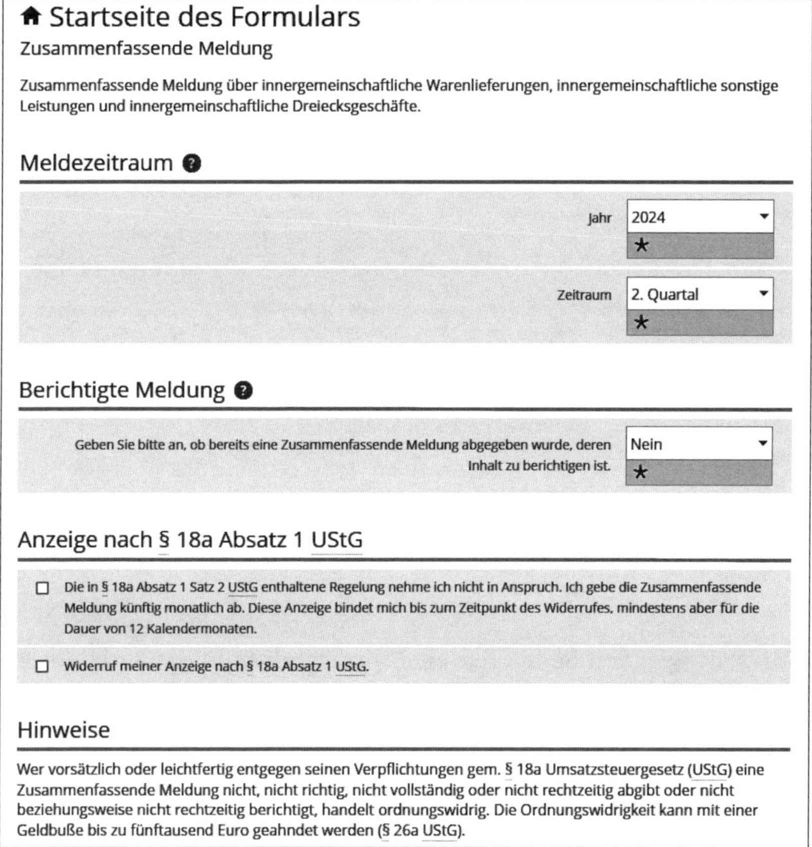

Startseite des Formulars

Zusammenfassende Meldung

Zusammenfassende Meldung über innergemeinschaftliche Warenlieferungen, innergemeinschaftliche sonstige Leistungen und innergemeinschaftliche Dreiecksgeschäfte.

Meldezeitraum

Jahr: 2024 *

Zeitraum: 2. Quartal *

Berichtigte Meldung

Geben Sie bitte an, ob bereits eine Zusammenfassende Meldung abgegeben wurde, deren Inhalt zu berichtigen ist. Nein *

Anzeige nach § 18a Absatz 1 UStG

☐ Die in § 18a Absatz 1 Satz 2 UStG enthaltene Regelung nehme ich nicht in Anspruch. Ich gebe die Zusammenfassende Meldung künftig monatlich ab. Diese Anzeige bindet mich bis zum Zeitpunkt des Widerrufes, mindestens aber für die Dauer von 12 Kalendermonaten.

☐ Widerruf meiner Anzeige nach § 18a Absatz 1 UStG.

Hinweise

Wer vorsätzlich oder leichtfertig entgegen seinen Verpflichtungen gem. § 18a Umsatzsteuergesetz (UStG) eine Zusammenfassende Meldung nicht, nicht richtig, nicht vollständig oder nicht rechtzeitig abgibt oder nicht beziehungsweise nicht rechtzeitig berichtigt, handelt ordnungswidrig. Die Ordnungswidrigkeit kann mit einer Geldbuße bis zu fünftausend Euro geahndet werden (§ 26a UStG).

Auf der folgenden Seite (Teilseite 1) sind Angaben zu **deinem** Unternehmen gefordert. Hier gibst du deine Umsatzsteuer-ID und die Adressdaten deines Betriebs ein.

1 - Angaben zum Unternehmen

Bitte ergänzen Sie auf dieser Seite die Angaben zum Unternehmen.

Umsatzsteuer-Identifikationsnummer (USt-IdNr.)

> Umsatzsteuer-Identifikationsnummer aus Profil verwenden

Umsatzsteuer-Identifikationsnummer ohne Länderkennung DE: 123456789 *

Adressdaten

Name oder Unternehmen: Maren Muster, Online-Marketing *

Adresszusatz:

Straße, Hausnummer, Zusatz: Musterweg * | 12 |

Postleitzahl, Ort: 12345 | Musterstadt *

Staat: Deutschland *

Telefon:

Auf der folgenden Seite (Teilseite 2) trägst du nun die ausländische USt-ID deines Kooperationspartners und den in Rechnung gestellten (Netto-)Betrag ein. Unter Art der Leistung wählst du über das Dropdown-Menü »Sonstige Leistung« aus.

Hast du in einem Quartal an verschiedene ausländische Unternehmer deine Influencerleistungen erbracht, sind die Angaben für jeden Kooperationspartner getrennt einzugeben. Über das Feld »Weitere Daten hinzufügen« kannst du dir weitere Zeilen einblenden lassen.

Nachdem du alle Daten des entsprechenden Quartals eingetragen hast, kannst du durch einen Klick auf »Alles Prüfen« feststellen, ob deine Angaben vollständig und schlüssig sind, und die »Zusammenfassende Meldung« anschließend an das BZSt übermitteln.

2 - Meldung der Warenlieferungen und sonstigen Leistungen

Melden Sie hier Ihre Lieferungen vom Inland in das übrige Gemeinschaftsgebiet (§ 18a Absatz 7 Satz 1 Nummer 1 und 2 UStG), die sonstigen Leistungen (§ 18a Absatz 7 Satz 1 Nummer 3 UStG) und die Lieferungen im Sinne des § 25b Absatz 2 UStG im Rahmen innergemeinschaftlicher Dreiecksgeschäfte (§ 18a Absatz 7 Satz 1 Nummer 4 UStG).

Bisher erfasste Meldezeilen

> Import von Daten im CSV-Format

Umsatzsteuer-Identifikationsnummer (USt-IdNr.)	Summe	Art der Leistung
IT987654321	5.000	Sonstige Leistung

+ Weitere Daten hinzufügen

Kontrollsumme der Bemessungsgrundlagen *(Euro)* 5.000

Praxis

Johannes ist begeisterter Kletterer und berichtet auf seinem Instagram-Kanal über seine Touren. Mit seiner witzigen und authentischen Art hat er einen beachtlichen Followerkreis aufgebaut. Der Hersteller für Kletterausrüstung »Mountain-Home« aus Italien ist dadurch auf ihn aufmerksam geworden und hat mit Johannes eine Kooperation über verschiedene Videos mit den Produkten von »Mountain-Home« geschlossen.

Johannes erstellt eine Rechnung über sein Netto-Honorar und weist keine Umsatzsteuer aus. »Mountain-Home« muss sich in Italien um das Abführen der Umsatzsteuer kümmern. Das deutsche Finanzamt kann den Vorgang über die Zusammenfassende Meldung, die Johannes mit den Umsätzen aus seiner Kooperation mit »Mountain-Home« abgibt, kontrollieren.

4.3.6 Dein Kooperationspartner ist weder aus Deutschland noch der EU (Drittstaat)

Erbringst du deine Leistungen an Unternehmen, die sich außerhalb der EU befinden (z.B. USA), unterliegen diese Influencerleistungen ebenfalls nicht der deutschen Umsatzsteuer. Voraussetzung ist jedoch, dass du dir die Unternehmereigenschaft durch eine Bescheinigung nachweisen lässt. Diese Bescheinigung heißt »USt 1 TN« und dein Kooperationspartner muss sie von seinem ausländischen Finanzamt ausfüllen lassen.

Fakt:

Ein typisches Beispiel für einen Geschäftspartner im Drittland stellt Twitch dar. Denn diese Plattform hat ihren Sitz in den USA.

Und ein Kooperationspartner in einem **Drittstaat** hat für dich Auswirkungen auf deine Rechnung:

- Du darfst in deiner Rechnung **keine Umsatzsteuer ausweisen,** denn die Leistung unterliegt nicht der deutschen Umsatzsteuer.
- Auf deine Rechnung gehört ein Hinweis, dass es sich um ein »in Deutschland nicht steuerbare Leistung« handelt. Hierfür kannst du einfach den Satz *»Es handelt sich um eine in Deutschland nicht steuerbare Leistung«* bzw. eine entsprechende Formulierung in Englisch aufnehmen.
- In deiner Rechnung solltest du statt der Steuernummer deine **Umsatzsteuer-Identifikationsnummer** → Kapitel 4.3.1) angeben.

Ob und in welchem Umfang deine Leistung im Drittland zu versteuern ist, hängt davon ab, in welchem Staat dein Kooperationspartner ansässig ist. Manche Staaten haben ein Verfahren, das dem in EU anwendbaren Reverse-Charge-Verfahren ähnelt. In einigen Ländern musst du dich aber unter Umständen steuerlich registrieren und deine Umsätze dort versteuern. Weitere Informationen findest du auf der Internetseite der deutschen Auslandshandelskammern.

Für Umsätze mit Geschäftspartnern aus dem Drittland brauchst du keine »Zusammenfassende Meldung« abgeben.

4.3.7 Kooperationspartner im Ausland: Wer genau ist dein Geschäftspartner?

Die möglichen Geschäftsbeziehungen im Rahmen deiner Tätigkeit als Influencer sind vielfältig. Der Regelfall ist, dass du für einen Kooperationspartner, der selbst Unternehmer ist, in irgendeiner Form Werbung machst. In diesem Fall weißt du genau, mit wem du den Vertrag geschlossen hast.

Verdienst du aber auch Geld über Plattformen wie YouTube, Twitch, OnlyFans etc., erhältst du unter Umständen auch über Abos oder Donations Zahlungen deiner Follower. Dann handelt es sich bei deinen Followern meist um Privatpersonen, die deine Inhalte als Privatvergnügen anschauen.

Damit du die Umsatzsteuer in diesen Fällen richtig berechnest, musst du in jedem Fall wissen: Erbringst du deine Influencerleistung

- an die Plattform oder
- direkt an deine Follower?

Bei den genannten großen Streamingplattformen ist es der Regelfall, dass du eine direkte Geschäftsbeziehung mit dem Betreiber der Plattform hast. Denn dieser nimmt die Zahlungen deiner Follower zunächst ein und gibt sie dann mit einem gewissen Abschlag an dich weiter. Du erbringst deine Leistungen als Influencer also an den Plattformbetreiber und somit an einen anderen Unternehmer. Hat der Betreiber der Plattform seinen Sitz außerhalb Deutschlands, fällt keine deutsche Umsatzsteuer an, du rechnest deine Leistungen also netto ab. Die weitere Vorgehensweise unterscheidet sich dann danach, ob die Plattform ihren Sitz innerhalb oder außerhalb der EU hat (→ Kapitel 4.3.5 und Kapitel 4.3.6). Innerhalb der EU ist es der Regelfall, dass die Plattform die Zahlung der Umsatzsteuer übernimmt.

Erhältst du aber **direkte Zahlungen deiner Follower,** beispielsweise über Paypal oder Patreon, musst du dich um die Zahlung der Umsatzsteuer kümmern. Der überwiesene Betrag stellt dann den Bruttobetrag dar, aus dem du die Umsatzsteuer herausrechnen und an das Finanzamt abführen musst. Dabei kommt es zunächst nicht darauf an, ob deine Follower aus Deutschland oder aus einem anderen Land kommen.

Betragen die direkten Zahlungen deiner Follower aber **mehr als 10.000 Euro,** musst du unterscheiden, aus welchem Land sie kommen, und die Umsatzsteuer über das sogenannte One-Stop-Shop-Verfahren (OSS) im jeweiligen EU-Staat abführen.

Fakt:

Das OSS ist eine Vereinfachung, bei der man seine Umsätze, die im EU-Ausland versteuert werden müssen, gegenüber dem Bundeszentralamt für Steuern (BZSt) erklärt und auch die Umsatzsteuer an das BZSt bezahlt. Von dort aus wird die Steuer an die verschiedenen EU-Staaten verteilt.

4.4 Wie erstelle ich meine Umsatzsteuer-Voranmeldung und meine Umsatzsteuer-Jahreserklärung?

Mit deinen Umsatzsteuer-Voranmeldungen leistest du **Vorauszahlungen** für die Umsatzsteuer, die du dem Finanzamt für das laufende Jahr schuldest. Mit der Umsatzsteuer-Jahreserklärung wird dann sozusagen endgültig abgerechnet. Die Umsatzsteuer-Jahreserklärung ist also deine Steuererklärung in Sachen Umsatzsteuer. Diese Umsatzsteuererklärung wird daher immer im Folgejahr erstellt.

Fakt:

Voranmeldungen und Jahreserklärung müssen elektronisch abgegeben werden!

4.4.1 Wie oft muss ich eine Umsatzsteuer-Voranmeldung abgeben?

Ob und wie häufig du eine Umsatzsteuer-Voranmeldung in einem Jahr abgeben musst, hängt von der Höhe der Umsatzsteuer ab, die du im Jahr davor insgesamt zahlen musstest (Umsatzsteuerzahllast):

- Hattest du im vorangegangenen Jahr eine Umsatzsteuerzahllast von weniger als 1.000 Euro, kannst du dich von den Umsatzsteuer-Vorauszahlungen befreien lassen. Dazu stellst du einen Antrag bei deinem Finanzamt.
- Musstest du im Vorjahr insgesamt zwischen 1.000 Euro und 7.500 Euro Umsatzsteuer an das Finanzamt zahlen, gibst du jedes **Vierteljahr** deine Umsatzsteuer-Voranmeldung ab.
- Lag deine Umsatzsteuerzahllast im Vorjahr über 7.500 Euro, musst du jeden **Monat** eine Umsatzsteuer-Voranmeldung abgeben.
- Hattest du im vorangegangenen Jahr eine Erstattung, weil du mehr Vorsteuer gezahlt hast als Umsatzsteuer eingenommen, gibst du deine Umsatzsteuer-Voranmeldungen im aktuellen Jahr vierteljährlich ab.

Wenn du frisch als Influencer gestartet hast

Hast du deine Influencertätigkeit gerade frisch aufgenommen, musstest du im Vorjahr natürlich noch keine Umsatzsteuer bezahlen.

Daher erstellst du für das **erste Jahr** deiner Influencertätigkeit eine Prognose über deinen Umsatz und damit auch über die Umsatzsteuer, die du an das Finanzamt abführen musst. Hier musst du nicht auf ein ganzes Jahr hochrechnen, sondern es kommt einfach auf die prognostizierte Umsatzsteuer an, egal, ob du im Januar oder im Oktober mit deiner Influencertätigkeit gestartet hast.

Liegt die von dir voraussichtlich eingenommene Umsatzsteuer **unter 7.500 Euro,** musst du deine Umsatzsteuer-Voranmeldungen **vierteljährlich** abgeben.

Im zweiten Jahr als Influencer rechnest du die tatsächlich angefallene Umsatzsteuer deines ersten Jahres auf ein ganzes Jahr hoch. Hast du nicht zu Beginn eines Monats als Influencer gestartet, zählt der Monat trotzdem komplett. Ergibt sich für dich dadurch ein anderer Voranmeldungszeitraum, teilt dir das dein Finanzamt in der Regel schriftlich mit.

Praxis

Beauty-Influencerin Lara hat ihr Influencerunternehmen Anfang Mai 2023 gegründet. Sie geht davon aus, dass sie in 2023 noch 10.000 Euro netto verdienen wird und daher 1.900 Euro Umsatzsteuer einnimmt und an das Finanzamt abführt. Im Jahr 2023 muss Lara daher ihre Umsatzsteuer-Voranmeldungen vierteljährlich abgeben.

Tatsächlich lief es in 2023 für Lara sogar besser und sie hat 15.000 Euro netto plus 2.850 Euro Umsatzsteuer eingenommen. Da sie in ihrem ersten Jahr nur 8 Monate als Influencerin tätig war, rechnet sie die Umsatzsteuer nun auf ein ganzes Jahr hoch:

2.850 Euro ÷ 8 Monate = 356,25 Euro Umsatzsteuer pro Monat

356,25 Euro × 12 Monate = 4.275 Euro

Da auch die hochgerechnete Umsatzsteuer in Höhe von 4.275 Euro unter 7.500 Euro liegt, gibt Lara auch in 2024 ihre Umsatzsteuer-Voranmeldung vierteljährlich ab.

4.4.2 Bis wann muss meine Umsatzsteuer-Voranmeldung beim Finanzamt sein?

Egal, ob du deine Umsatzsteuer-Voranmeldungen monatlich oder vierteljährlich abgibst: Voranmeldungen müssen immer **bis zum 10. nach Ablauf des Voranmeldezeitraums** abgegeben werden.

Fakt:

Ergibt sich aus einer Umsatzsteuer-Voranmeldung, dass der Influencer Umsatzsteuer an das Finanzamt zahlen muss, ist er verpflichtet, den Betrag ebenfalls zum 10. nach Ablauf des Voranmeldezeitraums zu zahlen!

Praxis

Reise-Blogger Lasse gibt seine Umsatzsteuer-Voranmeldungen monatlich ab. Die Voranmeldung für den Monat Mai muss er daher bis zum 10. Juni abgeben. Für den Mai muss Lasse 500 Euro Umsatzsteuer an das Finanzamt abführen. Die 500 Euro müssen ebenfalls bis zum 10. Juni beim Finanzamt eingegangen sein.

DIY-Influencerin Marie gibt ihre Umsatzsteuer-Voranmeldungen vierteljährlich, also pro Quartal, ab. Ihre Voranmeldung für das 1. Quartal Januar bis März muss somit bis zum 10. April beim Finanzamt eingegangen sein. Die Voranmeldung für das 4. Quartal muss sie bis zum 10. Januar des Folgejahres abgeben.

Ist der 10. eines Monats ein **Samstag, Sonntag** oder ein **gesetzlicher Feiertag,** dann hast du mit der **Abgabe und der Zahlung** bis zum nächsten Werktag Zeit.

Praxis

Seine Umsatzsteuer-Voranmeldungen gibt Content Creator Daniel monatlich ab. Der 10.8.2024 fällt auf einen Samstag. Daher muss die Umsatzsteuer-Voranmeldung für den Monat Juli bis Montag, 12.8.2024 bei Daniels Finanzamt eingehen.

Du möchtest für deine Umsatzsteuer-Voranmeldungen mehr Zeit haben?

Das geht! Du kannst jederzeit **elektronisch** bei deinem Finanzamt einen Antrag auf eine sogenannte **Dauerfristverlängerung** stellen. Dann hast du für die Abgabe deiner Umsatzsteuer-Voranmeldungen immer einen Monat länger Zeit. Das gilt so lange, bis du diesen Antrag widerrufst.

Praxis

Johann gibt seine Umsatzsteuer-Voranmeldungen monatlich ab und hat einen Antrag auf Dauerfristverlängerung gestellt. Seine Voranmeldung für November muss er daher nicht im Dezember, sondern erst bis 10. Januar des Folgejahres abgeben.

Ihre Umsatzsteuer-Voranmeldungen gibt Christina vierteljährlich ab. Da sie eine Dauerfristverlängerung beantragt hat, muss sie die Voranmeldung für das 2. Quartal (April bis Juni) nicht im Juli abgeben, sondern hat bis zum 10. August Zeit.

Gibst du allerdings deine Voranmeldungen **monatlich** ab und willst eine Dauerfristverlängerung, dann musst du dafür zunächst eine sogenannte **Sondervorauszahlung** zahlen. Die Höhe dieser Sondervorauszahlung wird so bestimmt: Man nimmt die Summe der Umsatzsteuervorauszahlungen, die nach den Voranmeldungen im vergangenen Jahr gezahlt wurden. Davon 1/11 ergibt die Sondervorauszahlung. Bei der letzten Voranmeldung des Jahres wird die Sondervorauszahlung dann verrechnet.

Praxis

Influencerin Lucy hat im Jahr 2023 gemäß ihren monatlichen Umsatzsteuer-Voranmeldungen insgesamt 22.000 Euro Umsatzsteuer-Vorauszahlungen an ihr Finanzamt gezahlt. Da sie es sehr stressig fand, immer schon zum 10. eines Monats alles für ihre Umsatzsteuer-Voranmeldungen zusammenzuhaben, beantragt sie für das Jahr 2024 eine Dauerfristverlängerung.

Als Sondervorauszahlung überweist sie bis zum 10.2.2024 (das ist der erste Termin, zu dem sie eigentlich ihre erste Umsatzsteuer-Voranmeldung für den Januar 2024 abgeben müsste) 1/11 der im Vorjahr gezahlten Vorauszahlungen von 22.000 Euro, also 2.000 Euro. Nun hat sie für ihre Umsatzsteuer-Voranmeldung für den Januar bis zum 10.3.2024 Zeit und auch für alle folgenden Voranmeldungen hat sie einen Monat mehr Luft. Die Sondervorauszahlung von 2.000 Euro verrechnet Lucy in der Voranmeldung im Dezember (das ist die für den Zeitraum Oktober), das heißt, sie zieht 2.000 Euro ab.

Bei der vierteljährlichen Abgabe fällt **keine** Sondervorauszahlung an. Gibst du deine Umsatzsteuer-Voranmeldungen vierteljährlich ab, macht es auf jeden Fall Sinn, eine Dauerfristverlängerung zu beantragen. Dann hast du zum einen mehr Zeit und zum anderen musst du die Vorauszahlung später zahlen und hast so das Geld länger zur Verfügung.

Wenn du frisch als Influencer gestartet hast

Hast du deine Influencertätigkeit neu begonnen, hängt es von deiner Prognose ab, ob du monatlich oder vierteljährlich deine Voranmeldungen abgeben musst → Kapitel 2.2.2.

Hat sich für dich ein monatlicher Abgaberhythmus ergeben, dann wird auch bei dir als Existenzgründer eine Sondervorauszahlung fällig. Auch hier nimmst du die anfallende Umsatzsteuer, die du prognostiziert hast. Allerdings musst du sie auf ein Jahr hochrechnen.

Praxis

Max startet im März 2024 seine Selbstständigkeit als Technik-Influencer. Er prognostiziert, dass er in 2024 noch 50.000 Euro einnehmen wird und daher in den 10 Monaten 9.500 Euro an Umsatzsteuer abführen muss.

Da er mit 9.500 Euro Umsatzsteuer rechnet, muss er in 2024 seine Voranmeldungen monatlich abgeben. Um hierfür mehr Zeit zu haben, beantragt er gleich von Anfang an eine Dauerfristverlängerung. Für die Sondervorauszahlung wird die Umsatzsteuer auf das ganze Jahr hochgerechnet:

9.500 Euro ÷ 10 Monate = 950 Euro

950 Euro × 12 Monate = 11.400 Euro

Sondervorauszahlung: 1/11 × 11.400 Euro = 1.036 Euro (Hier wird auf volle Euro abgerundet.)

Max überweist zum 10.4.2024 die Sondervorauszahlung in Höhe von 1.036 Euro und muss daher seine erste Umsatzsteuer-Voranmeldung für den März erst bis zum 10.5.2024 abgeben.

4.4.3 Wie hoch ist die Vorauszahlung oder Erstattung in meiner Umsatzsteuer-Voranmeldung?

Woher weißt du nun aber, wie viel du in einem Voranmeldezeitraum dem Finanzamt schuldest oder wie viel du vielleicht wieder zurückbekommst?

Du ermittelst zum einen die Umsatzsteuer, die du für deine Influencerleistungen erhalten hast. Zum anderen brauchst du die Vorsteuer aus den Rechnungen der anderen Unternehmer, bei denen du was für deinen Influencerbetrieb gekauft hast.

	erhaltene Umsatzsteuer
–	gezahlte Vorsteuer
=	Umsatzsteuerzahlung oder Vorsteuererstattung

Hast du mehr Umsatzsteuer erhalten als Vorsteuer gezahlt, musst du an das Finanzamt Umsatzsteuer abführen. Hast du mehr Vorsteuer gezahlt als Umsatzsteuer erhalten, bekommst du vom Finanzamt Vorsteuer zurück.

Um die **Umsatzsteuer,** die du im Zusammenhang mit deinen Leistungen als Influencer erhalten hast, dem richtigen Zeitraum zuzuordnen, ist es wichtig, dass du dich für die sogenannte **Istversteuerung** entschieden hast. Bereits beim Ausfüllen des Fragebogens zur steuerlichen Erfassung hatten wir den Tipp gegeben, die Istversteuerung zu wählen → Kapitel 2.2.3. Drum gehen wir jetzt davon aus, dass du Istversteuerer bist. Das bedeutet: Du gibst die Umsatzsteuer in der Voranmeldung des Zeitraums an, in dem dir deine Kooperationspartner die Umsatzsteuer zusammen mit deinem Honorar **tatsächlich gezahlt** haben.

Bei der **Vorsteuer** kommt es darauf an, wann du die Rechnung bekommen hast. Auf die Zahlung der Rechnung und somit der darin enthaltenen Umsatzsteuer kommt es nicht an. Die Vorsteuer trägst du in dem Voranmeldezeitraum ein, in dem du die Ware erhalten oder die Dienstleistung ausgeführt wurde und du eine Rechnung vorliegen hast, die alle Voraussetzungen erfüllt.

Praxis

Food-Influencerin Kerstin gibt ihre Umsatzsteuer-Voranmeldungen vierteljährlich ab. Für ihre Influencertätigkeit hat sie eine spezielle Kalorien-App abonniert, für die sie monatlich 20 Euro plus 3,80 Euro Umsatzsteuer automatisch von ihrem Konto abgebucht bekommt. Die Rechnung für den Monat September bekommt Kerstin am 30.9.2024, von ihrem Konto wird der Betrag von 23,80 Euro erst am 4.10.2024 abgebucht.

Unabhängig von der Abbuchung gehört die Vorsteuer von 3,80 Euro in die Voranmeldung für das 3. Quartal (Juli bis September).

4.4.4 Wie fülle ich meine Umsatzsteuer-Voranmeldung aus?

Deine Umsatzsteuer-Voranmeldungen musst du auf jeden Fall elektronisch an die Finanzverwaltung übermitteln.

Es gibt zahlreiche verschiedene kostenpflichtige Programme (z.B. SteuerSparErklärung für Selbstständige von Wolters Kluwer Steuertipps), die dich bei der Erstellung deiner Umsatzsteuer-Voranmeldungen und Umsatzsteuererklärung unterstützen.

Viele Influencer entscheiden sich aber auch für die Abgabe der Voranmeldungen über »Mein ELSTER«. Diese Möglichkeit ist kostenlos, aber auch ein bisschen erklärungsbedürftig. Wie du deine Umsatzsteuer-Voranmeldungen damit an das Finanzamt übermittelst, zeigen wir dir daher in diesem Abschnitt.

Unter »Formulare & Leistungen« findest du »Alle Formulare«. Dort wählst du den Bereich »Umsatzsteuer« aus, um zur »Umsatzsteuer-Voranmeldung« zu gelangen. Im ersten Schritt wählst du aus, für welches Kalenderjahr du eine Umsatzsteuer-Voranmeldung abgeben möchtest.

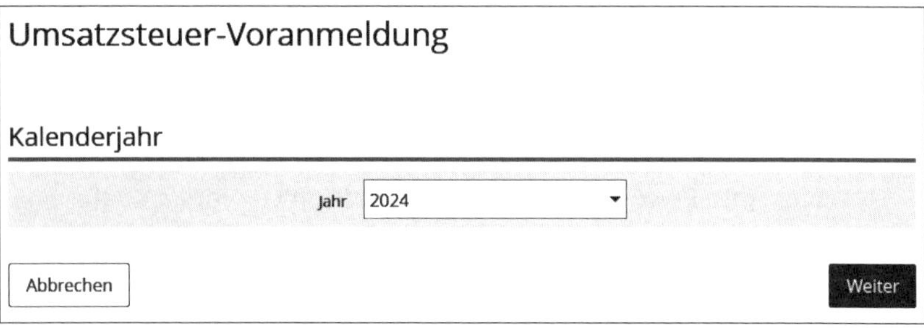

Nach einem Klick auf »Weiter« hast du die Möglichkeit die Daten aus früheren Umsatzsteuer-Voranmeldungen zu übernehmen. Übermittelst du erstmalig eine Voranmeldung, steht dir diese Funktion nicht zur Verfügung.

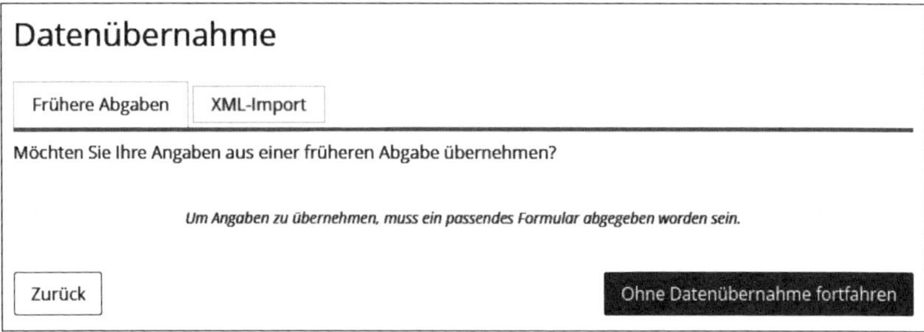

Im Anschluss gelangst du zur Startseite des Formulars. Dort wählst du zunächst den Voranmeldungszeitraum aus. Das ist der Monat oder das Quartal, für den du die Umsatzsteuer-Voranmeldung abgeben möchtest. Außerdem wird dort deine Steuernummer abgefragt, die du aber problemlos aus deinem Profil übernehmen kannst.

Das Formular zur Übermittlung der Umsatzsteuer-Voranmeldung gliedert sich nun in verschiedene Teilseiten. Wir gehen hier auf die für dich wichtigsten Teilseiten ein.

Startseite des Formulars

Umsatzsteuer-Voranmeldung

Wichtiger Hinweis: Unter "9 - Umsatzsteuer-Vorauszahlung / Überschuss und Berechnung" können Sie die verbleibende Umsatzsteuer-Vorauszahlung bzw. den verbleibenden Überschuss (**Kennziffer 83**) abweichend vom automatisch berechneten Wert erklären.

Jahr 2024

Zeitraum Keine Angabe

10 ☐ Berichtigte Anmeldung 10

11 ☐ Belege (Verträge, Rechnungen, Erläuterungen usw.) werden gesondert eingereicht 22

Datenübernahme aus einem Profil

> Aus "Mein Profil" (für mich)

> Aus einem anderen Profil (für eine andere Person)

Steuernummer

Land Bitte Land auswählen

Steuernummer *Bitte Land auswählen*

Wo ist meine Steuernummer

Finanzamt **Wird automatisch ermittelt**

Zu den Teilseiten

- 1 - Angaben zum Unternehmen
- 2 - Mitwirkung/Beratung
- 3 - Lieferungen und sonstige Leistungen (einschließlich unentgeltlicher Wertabgaben)
- 4 - Innergemeinschaftliche Erwerbe
- 5 - Leistungsempfänger als Steuerschuldner (§ 13b UStG)
- 6 - Ergänzende Angaben zu Umsätzen
- 7 - Abziehbare Vorsteuerbeträge
- 8 - Andere Steuerbeträge
- 9 - Umsatzsteuer-Vorauszahlung / Überschuss und Berechnung
- 10 - Ergänzende Angaben zu Minderungen nach § 17 Absatz 1 Sätze 1 und 2 in Verbindung mit Absatz 2 Nummer 1 Satz 1 UStG
- 11 - Sonstige Angaben

Teilseite 1 – Angaben zum Unternehmen

Hier ist der Name und die Anschrift sowie die Kontaktdaten deines Unternehmens anzugeben. Falls du auf der Startseite die Datenübernahme aus deinem Profil ausgewählt hast, wurden diese Angaben bereits ausgefüllt.

1 - Angaben zum Unternehmen

Bezeichnung

Name

Vorname

Adresse oder Postfach

Adresse

Straße

Hausnummer, Hausnummernzusatz, Anschriftenzusatz

Postleitzahl, Postleitzahl (Ausland)

Ort

Land

Postfach

Postfach

Postfachpostleitzahl, Ort (Postfach)

Kontakt

Telefon

E-Mail

Teilseite 3 – Lieferungen und sonstige Leistungen (einschließlich unentgeltlicher Wertabgaben)

Auf dieser Seite trägst du deine in Deutschland steuerpflichtigen Umsätze ein. Das sind die Leistungen als Influencer, die du an Kooperationspartner in Deutschland erbringst, aber auch die Privatnutzung deines betrieblichen Autos oder die Entnahme von Geschenken, die du für deine Influencertätigkeit bekommen hast. All diese Vorgänge unterliegen normalerweise dem Regelsteuersatz von 19 %.

Du trägst den Nettobetrag der im jeweiligen Voranmeldungszeitraum zu versteuernden Umsätze in Zeile 12 (Feld 81) ein. Das Formular berechnet die abzuführende Umsatzsteuer automatisch.

3 - Lieferungen und sonstige Leistungen (einschließlich unentgeltlicher Wertabgaben)

Bei den Bemessungsgrundlagen sind Entgelterhöhungen und -minderungen mit zu berücksichtigen. Negativen Beträgen ist ein Minuszeichen voranzustellen. Tragen Sie bei Bemessungsgrundlagen nur Beträge in vollen Euro ein. Rechnen Sie Werte in fremder Währung in Euro um.

Steuerpflichtige Umsätze

	Bemessungsgrundlage (Euro)	Steuer (Euro, Cent)
12	zum Steuersatz von 19 Prozent	
	Euro 81	Euro, Cent
13	zum Steuersatz von 7 Prozent	
	Euro 86	Euro, Cent

Teilseite 6 – Ergänzende Angaben zu Umsätzen

Hast du Leistungen an Kooperationspartner erbracht, die sich in einem anderen EU-Staat oder in einem Drittstaat befinden, müssen die Nettobeträge auf dieser Seite angegeben werden.

Die Leistungen innerhalb der EU gehören in Zeile 34 (Feld 21) und die Leistungen an Unternehmer außerhalb der EU in Zeile 35 (Feld 45). Du trägst immer jeweils den in Rechnung gestellten Nettobetrag ein.

! Bei den Umsätzen an EU-Unternehmer solltest du darauf achten, dass die Beträge in der Umsatzsteuer-Voranmeldung und der Zusammenfassenden Meldung übereinstimmen, damit es nicht zu Nachfragen des Finanzamts kommt.

6 - Ergänzende Angaben zu Umsätzen

Bei den Bemessungsgrundlagen sind Entgelterhöhungen und -minderungen mit zu berücksichtigen. Negativen Beträgen ist ein Minuszeichen voranzustellen. Tragen Sie bei Bemessungsgrundlagen nur Beträge in vollen Euro ein. Rechnen Sie Werte in fremder Währung in Euro um.

Bemessungsgrundlage
(Euro)

32 **Lieferungen des ersten Abnehmers bei innergemeinschaftlichen Dreiecksgeschäften (§ 25b UStG)**

Euro
42 ?

33 **Steuerpflichtige Umsätze des leistenden Unternehmers, für die der Leistungsempfänger die Steuer nach § 13b Absatz 5 UStG schuldet**

Euro
60 ?

34 **Nicht steuerbare sonstige Leistungen gemäß § 18b Satz 1 Nummer 2 UStG**

Euro
21 ?

35 **Übrige nicht steuerbare Umsätze (Leistungsort nicht im Inland)**

Euro
45 ?

Teilseite 7 – Abziehbare Vorsteuerbeträge

Die Umsatzsteuer, die dir von anderen Unternehmern in Rechnung gestellt wird, rechnest du zusammen und trägst sie auf dieser Teilseite in Zeile 37 (Feld 66) ein.

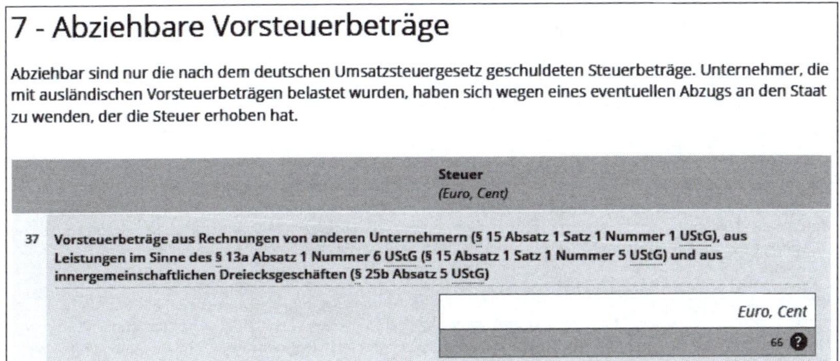

7 - Abziehbare Vorsteuerbeträge

Abziehbar sind nur die nach dem deutschen Umsatzsteuergesetz geschuldeten Steuerbeträge. Unternehmer, die mit ausländischen Vorsteuerbeträgen belastet wurden, haben sich wegen eines eventuellen Abzugs an den Staat zu wenden, der die Steuer erhoben hat.

		Steuer (Euro, Cent)
37	Vorsteuerbeträge aus Rechnungen von anderen Unternehmern (§ 15 Absatz 1 Satz 1 Nummer 1 UStG), aus Leistungen im Sinne des § 13a Absatz 1 Nummer 6 UStG (§ 15 Absatz 1 Satz 1 Nummer 5 UStG) und aus innergemeinschaftlichen Dreiecksgeschäften (§ 25b Absatz 5 UStG)	Euro, Cent 66

Fakt:

Bei der Berechnung der abziehbaren Vorsteuerbeträge gibt es nur eine Eintragungsmöglichkeit. Im Gegensatz zu den Umsätzen wird hier nicht zwischen Vorsteuerbeträgen zu 7 % und zu 19 % unterschieden. Die verschiedenen Vorsteuerbeträge werden also einfach zusammengezählt.

Teilseite 9 – Umsatzsteuer-Vorauszahlung/Überschuss und Berechnung

Auf dieser Seite berechnet das Formular aus deinen Angaben auf den vorherigen Teilseiten die von dir zu zahlende Umsatzsteuer bzw. die Erstattung, wenn du in einem Voranmeldungszeitraum mehr Vorsteuer zurückbekommst, als du Umsatzsteuer bezahlen musst.

9 - Umsatzsteuer-Vorauszahlung / Überschuss und Berechnung

Die Vorauszahlung ist am 10. Tag nach Ablauf des Voranmeldungszeitraums fällig und an das Finanzamt zu entrichten. Wird die Einzugsermächtigung wegen Verrechnungswünschen ausnahmsweise widerrufen, ist ein durch die Verrechnung nicht gedeckter Restbetrag zu entrichten. Ein Überschuss wird nach Zustimmung (§ 168 AO) ohne besonderen Antrag ausgezahlt, soweit der Betrag nicht mit Steuerschulden verrechnet wird.

Wünscht der Unternehmer eine Verrechnung oder liegt eine Abtretung vor, ist das **Feld 29** ("Verrechnung des Erstattungsbetrags erwünscht / Erstattungsbetrag ist abgetreten (Geben Sie bitte Verrechnungswünsche auf dem Formular „Sonstige Nachricht an das Finanzamt" an).") zu verwenden. Liegt dem Finanzamt bei Abtretungen die Abtretungsanzeige nach amtlichem Muster noch nicht vor, ist sie beim zuständigen Finanzamt einzureichen.

Berechnungen aus

		Steuer *(Euro, Cent)*
22	**Steuerpflichtige Umsätze (Summe)**	*Euro, Cent*
27	**Innergemeinschaftliche Erwerbe (Summe)**	+ *Euro, Cent*
35	**Leistungsempfänger geschuldete Umsatzsteuer (Summe)**	+ *Euro, Cent*
36	**Aufsummierung Umsatzsteuer (Summe)**	= *Euro, Cent*
44	**abziehbare Vorsteuer (Summe)**	– *Euro, Cent*
44	**verbleibender Betrag (Steuer)**	= *Euro, Cent*
47	**Umsatzsteuer-Vorauszahlung / Überschuss (Steuer)**	= *Euro, Cent*

Teilseite 11 – Sonstige Angaben

Auf der letzten Seite des Vordrucks kannst du weitere Angaben machen und prüfen, ob deine Angaben vollständig und plausibel sind. Im Anschluss kannst du die Daten an das Finanzamt übertragen.

11 - Sonstige Angaben

Verrechnung erwünscht

Ein Erstattungsbetrag wird auf das dem Finanzamt benannte Konto überwiesen, soweit der Betrag nicht mit Steuerschulden verrechnet wird.

52 ☐ Verrechnung des Erstattungsbetrags erwünscht / Erstattungsbetrag ist abgetreten (Geben Sie bitte Verrechnungswünsche auf dem Formular „Sonstige Nachricht an das Finanzamt" an). 29

SEPA-Lastschriftmandat widerrufen

53 ☐ Das SEPA-Lastschriftmandat wird ausnahmsweise (zum Beispiel wegen Verrechnungswünschen) für diesen Voranmeldungszeitraum widerrufen. Ein gegebenenfalls verbleibender Restbetrag ist gesondert zu entrichten. 26

Ergänzende Angaben zur Steueranmeldung

Wenn über die Angaben in der Steueranmeldung hinaus weitere oder abweichende Angaben oder Sachverhalte berücksichtigt werden sollen, kreuzen Sie bitte dieses Feld an. Gleiches gilt, wenn bei den in der Steueranmeldung erfassten Angaben bewusst eine von der Verwaltungsauffassung abweichende Rechtsauffassung zugrunde gelegt wurde oder wenn Sie einen für die Umsatzsteuer-Voranmeldung geltenden Antrag auf Dauerfristverlängerung zurücknehmen möchten. Angaben zu Änderungen der persönlichen Daten (z. B. Bankverbindung) sind nicht hier einzutragen, sondern dem Finanzamt gesondert mitzuteilen. Falls Sie mit Abgabe der Steueranmeldung lediglich Belege und Aufstellungen einreichen, ist keine Eintragung vorzunehmen.

54 ☐ Über die Angaben in der Steueranmeldung hinaus sind weitere oder abweichende Angaben oder Sachverhalte zu berücksichtigen 23

55 Ergänzende Angaben zur Steueranmeldung

Ihnen stehen noch **180** Zeichen zur Verfügung.

‹ Vorherige Seite   Alles prüfen ›

4.4.5 Wofür gibt es dann noch eine Umsatzsteuer-Jahreserklärung?

Die Umsatzsteuer-Jahreserklärung, oft auch einfach **Umsatzsteuererklärung** genannt, ist, einfach ausgedrückt, deine Steuererklärung im Bereich der Umsatzsteuer. Und als Unternehmer musst du die Umsatzsteuererklärung eines Jahres immer **bis zum 31. Juli** des Folgejahres **elektronisch** abgeben.

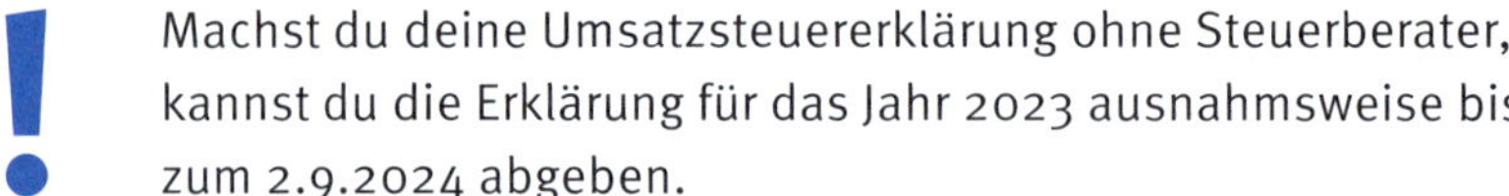

Machst du deine Umsatzsteuererklärung ohne Steuerberater, kannst du die Erklärung für das Jahr 2023 ausnahmsweise bis zum 2.9.2024 abgeben.

In deiner Umsatzsteuererklärung erfasst du für das **abgelaufene Jahr** alle Umsatzsteuerbeträge, die du bekommen hast, und alle Vorsteuerbeträge, die du bezahlt hast. Das Jahr wird also noch mal komplett abgerechnet. Eigentlich sollten die Zahlen aus deinen Voranmeldungen dann mit der Jahreserklärung übereinstimmen, aber es kommt meist doch noch zu einigen Berichtigungen oder zur nachträglichen Erfassung von Rechnungen.

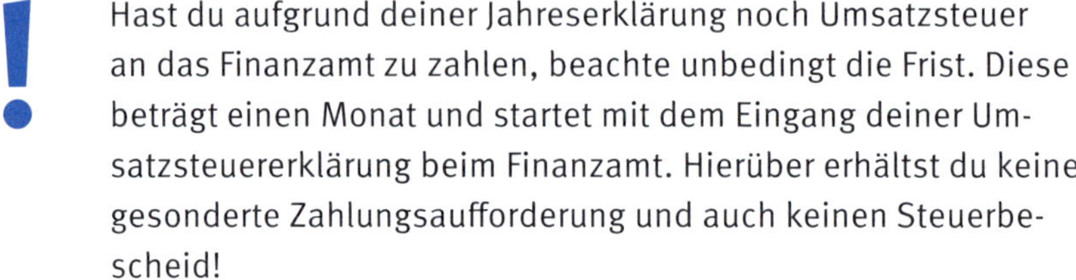

Hast du aufgrund deiner Jahreserklärung noch Umsatzsteuer an das Finanzamt zu zahlen, beachte unbedingt die Frist. Diese beträgt einen Monat und startet mit dem Eingang deiner Umsatzsteuererklärung beim Finanzamt. Hierüber erhältst du keine gesonderte Zahlungsaufforderung und auch keinen Steuerbescheid!

4.4.6 Wie fülle ich meine Umsatzsteuer-Jahreserklärung aus?

Die Umsatzsteuererklärung ist ebenfalls elektronisch an das Finanzamt zu übermitteln. Nutzt du bereits ein Steuerprogramm, ist es natürlich sinnvoll, dieses auch für die Umsatzsteuer-Jahreserklärung zu nutzen. Du kannst die Umsatzsteuer-Jahreserklärung aber auch über »Mein ELSTER« an das Finanzamt übermitteln. Wie du deine

Umsatzsteuer-Jahreserklärung auf diesem Weg erstellst, zeigen wir dir in diesem Abschnitt. Das Formular unterscheidet sich teilweise vom Vordruck zur Erstellung der Umsatzsteuer-Voranmeldungen.

Unter »Formulare & Leistungen« findest du »Alle Formulare«. Dort wählst du den Bereich »Umsatzsteuer« aus, um zur »Umsatzsteuererklärung« zu gelangen. Im ersten Schritt wählst du aus, für welches Kalenderjahr du deine Umsatzsteuererklärung abgeben möchtest.

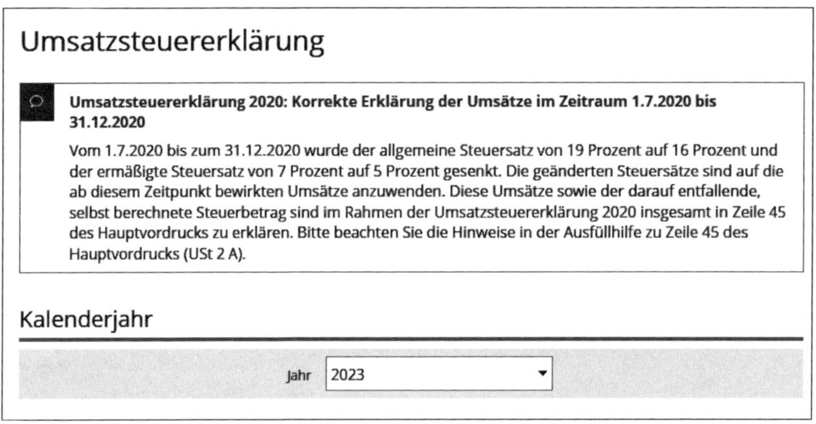

Umsatzsteuererklärung

Umsatzsteuererklärung 2020: Korrekte Erklärung der Umsätze im Zeitraum 1.7.2020 bis 31.12.2020

Vom 1.7.2020 bis zum 31.12.2020 wurde der allgemeine Steuersatz von 19 Prozent auf 16 Prozent und der ermäßigte Steuersatz von 7 Prozent auf 5 Prozent gesenkt. Die geänderten Steuersätze sind auf die ab diesem Zeitpunkt bewirkten Umsätze anzuwenden. Diese Umsätze sowie der darauf entfallende, selbst berechnete Steuerbetrag sind im Rahmen der Umsatzsteuererklärung 2020 insgesamt in Zeile 45 des Hauptvordrucks zu erklären. Bitte beachten Sie die Hinweise in der Ausfüllhilfe zu Zeile 45 des Hauptvordrucks (USt 2 A).

Kalenderjahr

Jahr 2023

Nach einem Klick auf »Weiter« hast du die Möglichkeit die Daten aus einer früheren Umsatzsteuererklärung zu übernehmen. Übermittelst du erstmalig eine Umsatzsteuer-Jahreserklärung, steht dir diese Funktion nicht zur Verfügung.

Datenübernahme

Möchten Sie Ihre Angaben aus einer früheren Abgabe übernehmen?

Um Angaben zu übernehmen, muss ein passendes Formular abgegeben worden sein.

Zurück | Ohne Datenübernahme fortfahren

Auf der folgenden Seite wählst du lediglich den Hauptvordruck aus. Die dort aufgeführten weiteren Anlagen benötigst du für dein Influencerunternehmen nicht.

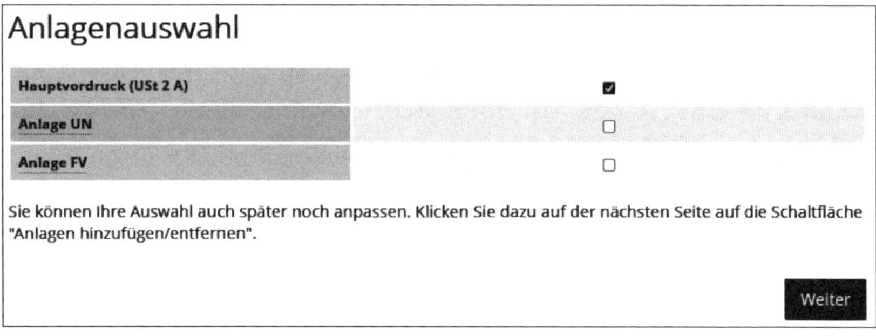

Anlagenauswahl

Hauptvordruck (USt 2 A)	☑
Anlage UN	☐
Anlage FV	☐

Sie können Ihre Auswahl auch später noch anpassen. Klicken Sie dazu auf der nächsten Seite auf die Schaltfläche "Anlagen hinzufügen/entfernen".

Weiter

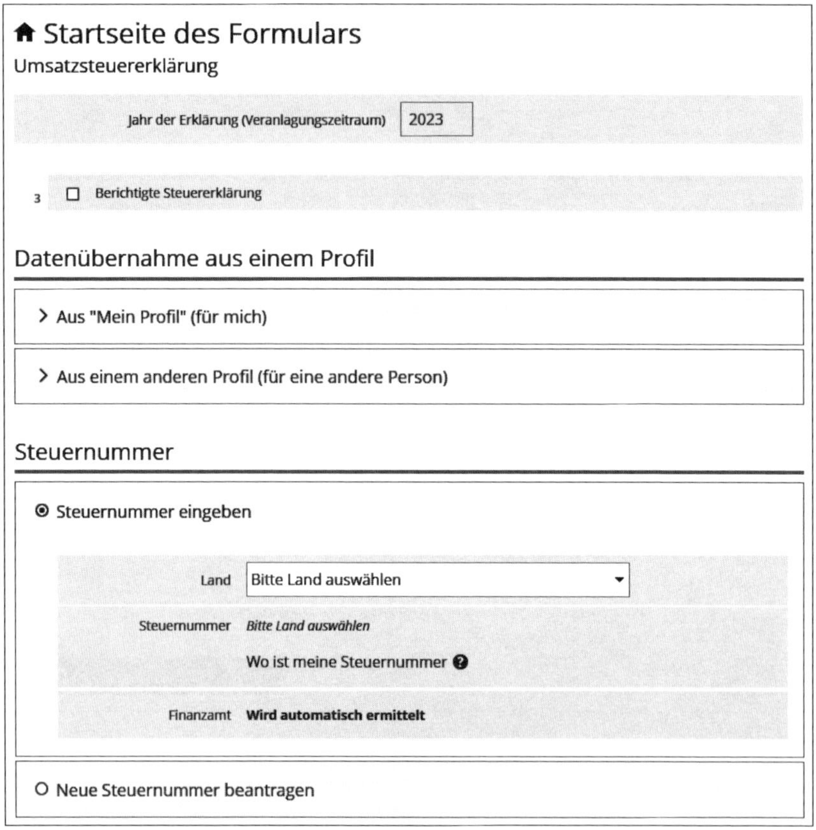

Startseite des Formulars

Umsatzsteuererklärung

Jahr der Erklärung (Veranlagungszeitraum) 2023

3 ☐ Berichtigte Steuererklärung

Datenübernahme aus einem Profil

> Aus "Mein Profil" (für mich)

> Aus einem anderen Profil (für eine andere Person)

Steuernummer

◉ Steuernummer eingeben

Land: Bitte Land auswählen

Steuernummer: *Bitte Land auswählen*

Wo ist meine Steuernummer

Finanzamt: **Wird automatisch ermittelt**

○ Neue Steuernummer beantragen

Im Anschluss gelangst du zur Startseite des Formulars. Dort wird deine Steuernummer abgefragt, die du durch einen Klick auf »Aus <<Mein Profil>>« aus deinen bei »Mein ELSTER« gespeicherten Grunddaten übernehmen kannst.

Das Formular zur Übermittlung der Umsatzsteuererklärung gliedert sich wiederum in verschiedene Teilseiten. Wir stellen dir lediglich die Abschnitte vor, die für dich als Content Creator und Influencer von Bedeutung sein können.

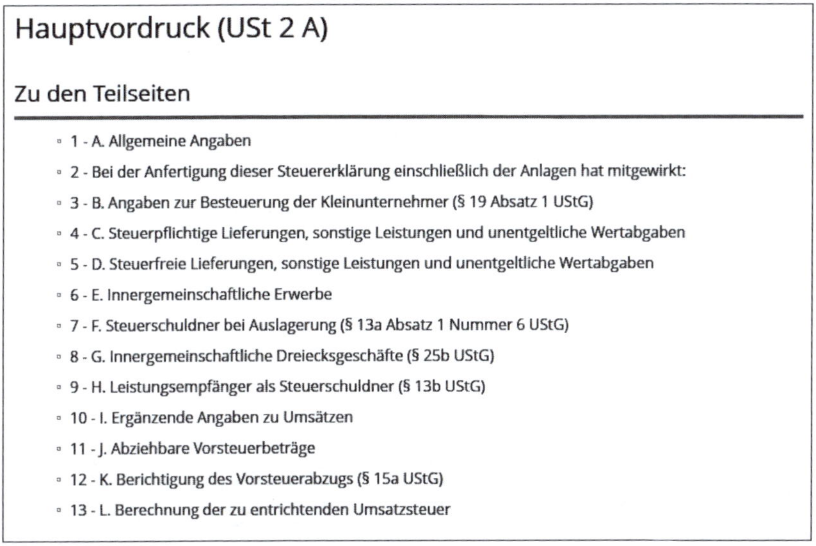

Hauptvordruck (USt 2 A)

Zu den Teilseiten

- 1 - A. Allgemeine Angaben
- 2 - Bei der Anfertigung dieser Steuererklärung einschließlich der Anlagen hat mitgewirkt:
- 3 - B. Angaben zur Besteuerung der Kleinunternehmer (§ 19 Absatz 1 UStG)
- 4 - C. Steuerpflichtige Lieferungen, sonstige Leistungen und unentgeltliche Wertabgaben
- 5 - D. Steuerfreie Lieferungen, sonstige Leistungen und unentgeltliche Wertabgaben
- 6 - E. Innergemeinschaftliche Erwerbe
- 7 - F. Steuerschuldner bei Auslagerung (§ 13a Absatz 1 Nummer 6 UStG)
- 8 - G. Innergemeinschaftliche Dreiecksgeschäfte (§ 25b UStG)
- 9 - H. Leistungsempfänger als Steuerschuldner (§ 13b UStG)
- 10 - I. Ergänzende Angaben zu Umsätzen
- 11 - J. Abziehbare Vorsteuerbeträge
- 12 - K. Berichtigung des Vorsteuerabzugs (§ 15a UStG)
- 13 - L. Berechnung der zu entrichtenden Umsatzsteuer

Teilseite 1 – Allgemeine Angaben

Neben den Angaben zum Unternehmen, dessen Anschrift und den Kontaktdaten werden hier die Dauer der unternehmerischen Tätigkeit und die Art der Besteuerung abgefragt.

Die Angaben zum Unternehmen sind teilweise ausgefüllt, wenn du auf der Startseite die Datenübernahme aus deinem Profil ausgewählt hast.

1 - A. Allgemeine Angaben

Angaben zum Unternehmen

4	Name des Unternehmers	
5	ggf. abweichender Firmenname	
6	Art des Unternehmens	

Adresse oder Postfach

7	Straße, Hausnummer, Hausnummerzusatz	
8	Adressergänzung	
9	Postleitzahl, Ort	
10	Postleitzahl zum Postfach, Postfach	

Kontakt

11	Telefon	
12	E-Mail-Adresse	

Dauer der Unternehmereigenschaft

(falls nicht vom 1. Januar bis zum 31. Dezember 2023)

15	1. Zeitraum	*TT.MM-TT.MM*
16	2. Zeitraum	*TT.MM-TT.MM*

Art der Besteuerung

17 **Die Steuer wurde berechnet anhand:**

- ◉ Keine Angabe
- ○ vereinbarten Entgelten (§ 16 Absatz 1 Satz 1 UStG)
- ○ vereinnahmten Entgelten (§ 20 UStG)
- ○ vereinnahmten Entgelten nur für einzelne Unternehmensteile (§ 20 Satz 1 Nummer 2 in Verbindung mit Satz 2 oder § 20 Satz 1 Nummer 3 UStG)

Bei der Dauer des Unternehmens musst du nur dann etwas eintragen, wenn du die Umsatzsteuererklärung für das Gründungsjahr deines Unternehmens erstellst. Ansonsten können diese Felder leer bleiben.

Bei der Art der Besteuerung trägst du ein, ob du die Sollversteuerung (»vereinbarte Entgelte«) oder die von uns empfohlene Istversteuerung (»vereinnahmte Entgelte«) anwendest.

Teilseite 4 – Steuerpflichtige Lieferungen, sonstige Leistungen und unentgeltliche Wertabgaben

Auf dieser Seite trägst du deine in Deutschland steuerpflichtigen Umsätze ein. Das sind die Leistungen, die du als Influencer an Kooperationspartner in Deutschland erbringst. Sie unterliegen normalerweise dem Regelsteuersatz von 19 %. Den Nettobetrag der gesamten Umsätze des Kalenderjahres trägst du in Zeile 22 ein.

4 - C. Steuerpflichtige Lieferungen, sonstige Leistungen und unentgeltliche Wertabgaben

Umsätze zum allgemeinen Steuersatz

	Bemessungsgrundlage ohne Umsatzsteuer (Euro)	Steuer (Euro, Cent)
22	Lieferungen und sonstige Leistungen zu 19 %	
	Euro	Euro, Cent
23	Unentgeltliche Wertabgaben - Lieferungen nach § 3 Absatz 1b UStG zu 19 %	
	Euro	Euro, Cent
24	Unentgeltliche Wertabgaben - Sonstige Leistungen nach § 3 Absatz 9a UStG zu 19 %	
	Euro	Euro, Cent

In die Zeile 23 trägst du dann etwas ein, wenn du während des Jahres Gegenstände dauerhaft aus deinem Betrieb für private Zwecke herausgenommen hast. Also beispielsweise Geschenke, die du von anderen als Gegenleistung für deine Werbeleistungen erhalten hast und nun privat nutzt (→ Kapitel 5.2.2). Zu einer unentgeltlichen Wertabgabe kommt es aber auch, wenn du dein Geschäftsauto für Privatfahrten nutzt → Kapitel 6.9.3.

Das Formular berechnet die abzuführende Umsatzsteuer automatisch und übernimmt sie auf die weiteren Teilseiten.

Teilseite 10 – Ergänzende Angaben zu Umsätzen

Hast du Leistungen an Kooperationspartner erbracht, die sich in einem anderen EU-Staat oder in einem Drittstaat befinden, müssen die Nettobeträge auf dieser Seite angegeben werden.

Die Leistungen innerhalb der EU gehören in Zeile 74 und die Leistungen an Unternehmer außerhalb der EU in Zeile 75. Einzutragen ist jeweils die Summe der im Kalenderjahr in Rechnung gestellten Nettobeträge.

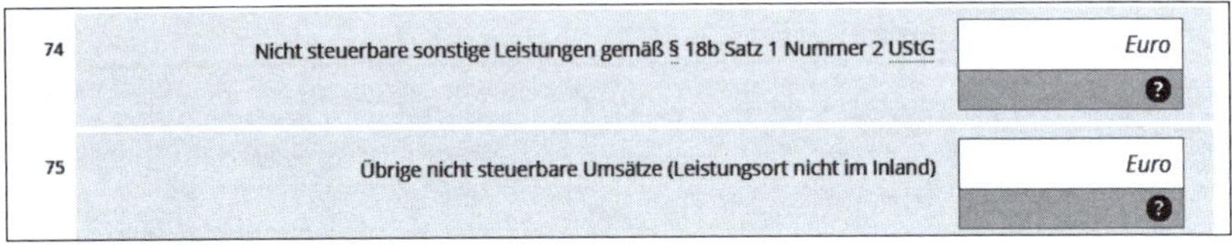

74	Nicht steuerbare sonstige Leistungen gemäß § 18b Satz 1 Nummer 2 UStG	Euro
75	Übrige nicht steuerbare Umsätze (Leistungsort nicht im Inland)	Euro

Teilseite 11 – Abziehbare Vorsteuerbeträge

Die Umsatzsteuer, die dir im gesamten Kalenderjahr von anderen Unternehmern in Rechnung gestellt wurde, rechnest du zusammen und trägst sie auf dieser Teilseite in Zeile 79 ein.

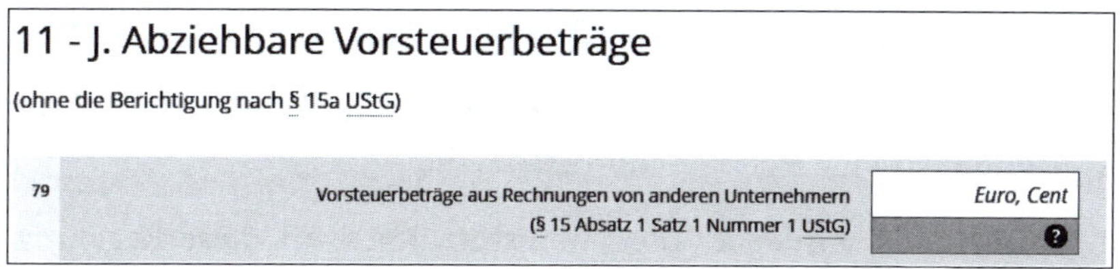
11 - J. Abziehbare Vorsteuerbeträge

(ohne die Berichtigung nach § 15a UStG)

79	Vorsteuerbeträge aus Rechnungen von anderen Unternehmern (§ 15 Absatz 1 Satz 1 Nummer 1 UStG)	Euro, Cent

Teilseite 13 – Berechnung der zu entrichtenden Umsatzsteuer

Auf der letzten Seite der Umsatzsteuer-Jahreserklärung werden die Umsatzsteuer- und Vorsteuerbeträge aus den vorherigen Abschnitten automatisch übernommen, um die Umsatzsteuer für das gesamte Kalenderjahr zu berechnen. Diese findest du in Zeile 117.

Damit die von dir zu leistende Abschlusszahlung bzw. die Erstattung berechnet werden kann, musst du in Zeile 118 des Vordrucks beim »**Vorauszahlungssoll**« die Summe der von dir vorangemeldeten Umsatzsteuerbeträge manuell eingeben. Hierzu rechnest du die Zahllasten bzw. Erstattungen der von dir eingereichten Umsatzsteuer-Voranmeldungen zusammen.

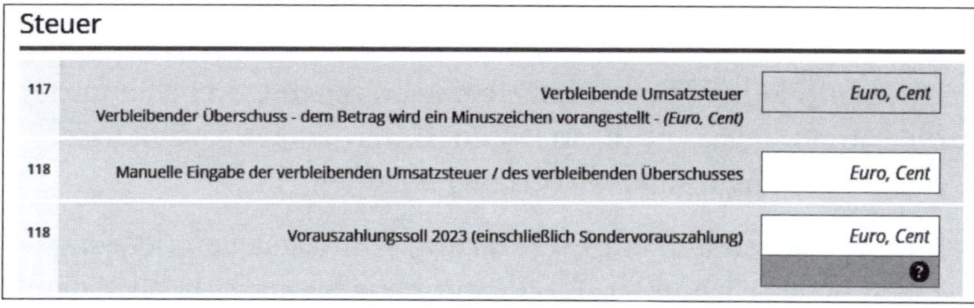
Steuer

117	Verbleibende Umsatzsteuer Verbleibender Überschuss - dem Betrag wird ein Minuszeichen vorangestellt - *(Euro, Cent)*	Euro, Cent
118	Manuelle Eingabe der verbleibenden Umsatzsteuer / des verbleibenden Überschusses	Euro, Cent
118	Vorauszahlungssoll 2023 (einschließlich Sondervorauszahlung)	Euro, Cent

Danach kannst du prüfen, ob deine Angaben vollständig und plausibel sind und die Umsatzsteuer-Jahreserklärung im Anschluss an das Finanzamt verschicken.

4.5 Was bedeutet es Kleinunternehmer zu sein?

Es gibt die sogenannte »**Kleinunternehmer-Regelung**«, die bei der Umsatzsteuer eine Vereinfachung darstellt.

Erfüllst du als Influencer die Voraussetzungen für diese Regelung, bist du Kleinunternehmer.

Fakt:

Kleinunternehmer ist,

- wer im **Vorjahr** nicht mehr als **22.000 Euro** Umsatz hatte und
- im **laufenden Jahr** mit einem Umsatz von weniger als **50.000 Euro** rechnet.

Da du noch nicht weißt, wie sich dein Umsatz im laufenden Jahr entwickelt, kommt es hier auf deine Prognose an.

Bist du Kleinunternehmer, bedeutet das für dich:

- Du stellst deinen Kooperationspartnern **keine Umsatzsteuer** in Rechnung und führst deswegen auch keine Umsatzsteuer an das Finanzamt ab.
- Du kannst **keine »Vorsteuer ziehen«**, das heißt, du bekommst die Umsatzsteuer, die du an andere Unternehmer gezahlt hast, nicht vom Finanzamt als Vorsteuer erstattet.
- Eine **Umsatzsteuer-Jahreserklärung** (Umsatzsteuererklärung) musst du als Kleinunternehmer nur noch bis einschließlich dem **Jahr 2023** abgeben.

! Frag bei deinem Finanzamt nach, ob es bereit ist, auch schon für 2023 auf eine Umsatzsteuererklärung zu verzichten. Die Chancen stehen gut, dass es deinen Vorschlag akzeptiert.

Für das **Jahr 2024** und alle folgenden Jahre ist diese Pflicht weggefallen und du brauchst daher als Kleinunternehmer keine Umsatzsteuererklärungen mehr abgeben.

Im Bereich der Kleinunternehmer-Regelung plant die Bundesregierung neben der Erhöhung der Umsatzgrenzen auf 25.000 Euro bzw. 100.000 Euro ab dem Jahr 2025 weitere bedeutende Änderungen. Hierüber halten wir dich auf unserer Internetseite www.steuertipps.de auf dem Laufenden.

4.5.1 Was berücksichtige ich bei der Überprüfung, ob ich Kleinunternehmer bin?

Möchtest du überprüfen, ob du als Kleinunternehmer eingestuft wirst, musst du dir deinen Umsatz in einem Jahr anschauen.

Für die Überprüfung der 22.000-Euro-Grenze und der 50.000-Euro-Grenze rechnest du daher die Einnahmen aus **allen deinen unternehmerischen Tätigkeiten** zusammen. Hast du neben deinem Job als Influencer noch eine andere selbstständige Tätigkeit oder ist Influencer deine einzige Tätigkeit? Dann berücksichtigst du zur Überprüfung der Kleinunternehmergrenzen nur den Umsatz aus deiner Influencertätigkeit.

Und wichtig: Du prüfst für die Kleinunternehmergrenzen deinen **Bruttoumsatz,** also inklusive der Umsatzsteuer.

Praxis

Gisa ist sehr erfolgreich auf Twitch unterwegs und hat einige lukrative Kooperationspartner. Im Jahr 2023 ist sie Mutter geworden und hat daher ihre Aktivitäten auf Twitch drastisch zurückgefahren. Sie will deswegen prüfen, ob ihr Umsatz in 2023 unter der 22.000-Euro-Grenze liegt, sodass sie ab 2024 Kleinunternehmerin ist.

In 2023 hatte sie nur noch einen Kooperationspartner, von dem sie ein Netto-Honorar in Höhe von 19.000 Euro plus 3.610 Euro Umsatzsteuer bekommen hat. Mit 19.000 Euro + 3.610 Euro = 22.610 Euro liegt Gisas Umsatz über der 22.000-Euro-Grenze. Sie ist daher auch in 2024 keine Kleinunternehmerin.

Du bist als Influencer umsatzsteuerpflichtig und willst in Zukunft die Kleinunternehmer-Regelung in Anspruch nehmen? Dann dürfen deine **Netto-Einnahmen** im Vorjahr maximal 18.487 Euro betragen.

Wenn du in diesem Jahr als Influencer gestartet hast

Hast du deine Influencertätigkeit gerade frisch aufgenommen, hast du im Vorjahr natürlich noch keinen Umsatz gemacht.

In diesem Fall bist du Kleinunternehmer, wenn dein geschätzter Umsatz im laufenden Jahr die 22.000-Euro-Grenze nicht übersteigt. Hast du während des Jahres mit deiner Influencertätigkeit begonnen, dann musst du deinen geschätzten Umsatz auf ein Jahr hochrechnen, um zu überprüfen, ob du Kleinunternehmer bist. Liegt dein Start nicht am Ersten eines Monats, darfst du den Monat trotzdem komplett zählen.

Praxis

Helena ist leidenschaftliche Köchin und liebt es, Zutaten aus aller Welt auszuprobieren. Auf Instagram und TikTok postet sie Rezepte und Videos von der Zubereitung der Gerichte. Mit ihrer Begeisterung gewinnt Helena schnell Follower und bekommt auch bald Kooperationsangebote von verschiedenen Lebensmittelanbietern. Sie startet daher am 15. Mai ihr Influencerunternehmen und schätzt ihren Umsatz von Mai bis Dezember (= 8 Monate) auf 10.000 Euro.

Bevor sie ihre erste Rechnung an einen Kooperationspartner schreibt, muss Helena wissen, ob sie Kleinunternehmerin ist. Daher rechnet sie:

10.000 Euro ÷ 8 Monate = 1.250 Euro

1.250 Euro × 12 Monate = 15.000 Euro

Helenas hochgerechneter Umsatz liegt im ersten Jahr unter der Kleinunternehmergrenze von 22.000 Euro. Sie ist daher Kleinunternehmerin und muss und darf ihren Kooperationspartnern keine Umsatzsteuer in Rechnung stellen. Hat sie für ihr Influencerunternehmen Sachen angeschafft, kann sie somit die Vorsteuer bei diesen Anschaffungen nicht vom Finanzamt erstattet bekommen.

Deine Honorare von Kooperationspartnern in anderen Ländern zählen nicht mit!

Hast du Kooperationspartner (Unternehmer!) in einem anderen Land (innerhalb oder außerhalb der EU), darfst du diesen bei deiner Honorarabrechnung keine Umsatzsteuer in Rechnung stellen → Kapitel 4.3.5 und Kapitel 4.3.6.

Und auch für die Überprüfung der Kleinunternehmergrenze spielen diese Honorare keine Rolle.

Praxis

Fitness-Influencer Henrik arbeitet hauptsächlich mit dem Kooperationspartner »Shape« aus Italien zusammen, denn von dessen Produkten ist Henrik begeistert und überzeugt. Für seine Influencertätigkeiten auf sämtlichen Social-Media-Kanälen bekommt Henrik von »Shape« im Jahr 2023 insgesamt 80.000 Euro Honorar netto. In Deutschland hat Henrik nur einen Kooperationspartner für Nahrungsergänzungsmittel, von dem er im gleichen Jahr ein Netto-Honorar von 15.000 Euro erhält.

Trotz seiner beachtlichen Einnahmen von 95.000 Euro ist Henrik in Deutschland Kleinunternehmer.

4.5.2 Muss ich Kleinunternehmer sein?

Du kannst **jederzeit** darauf **verzichten,** Kleinunternehmer zu sein.

Denn sowohl die Kleinunternehmer-Regelung als auch die Regelbesteuerung haben Vor- und Nachteile. Welche Variante für dich besser ist, hängt von deiner persönlichen Ausgangssituation ab. Und wichtig: Die kann sich natürlich im Laufe der Zeit ändern!

Wenn du auf die Kleinunternehmer-Regelung verzichtest, bist du umsatzsteuerpflichtig und weist in den Rechnungen an deine Kooperationspartner für deine Influencerleistungen 19 % Umsatzsteuer aus. Und die führst du dann an das Finanzamt ab. Im Gegenzug bekommst du die Umsatzsteuer, die dir von anderen Unternehmern in Rechnung gestellt wurde, als Vorsteuer zurück.

Um auf die Kleinunternehmer-Regelung zu verzichten, brauchst du kein bestimmtes Formular auszufüllen und auch keine Begründung abgeben.

Den Verzicht auf die Kleinunternehmer-Regelung teilst du deinem Finanzamt ganz einfach schriftlich mit. So kann deine Mitteilung aussehen:

Sehr geehrte Damen und Herren,

ab dem 1. Januar .... verzichte ich auf die Kleinunternehmer-Regelung nach § 19 Abs. 1 UStG und optiere nach § 19 Abs. 2 UStG zur Regelbesteuerung.

So ein Verzicht gilt immer für ein **ganzes Kalenderjahr.** Und hast du dich entschieden, auf die Kleinunternehmer-Regelung zu verzichten, dann bist du für **5 Jahre** an deine Entscheidung gebunden.

Willst du nach Ablauf dieser sogenannten Bindungsfrist wieder Kleinunternehmer sein, musst du an dein Finanzamt schreiben und deinen Verzicht widerrufen. Das geht natürlich nur, wenn du auch die Voraussetzungen der Kleinunternehmergrenzen erfüllst.

Überlege dir in Ruhe, ob du auf die Kleinunternehmer-Regelung verzichten möchtest. Denn deine Entscheidung gilt zwar nicht ewig, aber doch für 5 Jahre.

4.5.3 Ist die Kleinunternehmer-Regelung für mich immer von Vorteil?

Es macht Sinn, dass du dir genau überlegst, was für und was gegen die Kleinunternehmer-Regelung spricht.

Vorteile der Kleinunternehmer-Regelung

Weniger Aufwand: Als Kleinunternehmer musst du keine Umsatzsteuer ausweisen und an das Finanzamt abführen. Das bedeutet, die Arbeit mit Umsatzsteuer-Voranmeldungen fällt für dich weg. Und ab 2024 brauchst du nicht mal mehr eine Umsatzsteuer-Jahreserklärung abgeben.

Die Kleinunternehmer-Regelung kann dir daher den Start in dein Social-Media-Business etwas einfacher machen, da du dich mit der Umsatzsteuer zunächst nicht weiter befassen musst.

Fakt:

Ist ein Influencer Kleinunternehmer, sollte auf den Rechnungen an die Kooperationspartner darauf hingewiesen werden!

So kann die Rechnung eines Kleinunternehmers aussehen

Die Markierungen zeigen dir, auf was du bei einer Rechnung als Kleinunternehmer achten musst: Kein Ausweis von Umsatzsteuer und ein Hinweis auf die Kleinunternehmer-Regelung.

Carla Wiest
Weidbergstraße 9
94428 Eichendorf
Tel.: 0170 3185321
E-Mail: cwiest@gmail.de

Steuernummer: 31/113/3047/8

Carla Wiest – Weidbergstr. 9 – 94428 Eichendorf

Fit for Food GmbH
Frau Wenzel
Universitätsstraße 15
28359 Bremen

Eichendorf, 5.8.2024

Rechnung Nr. FF012-2024

Sehr geehrte Frau Wenzel,

im Rahmen unserer Kooperation möchte ich für meine Leistungen als Influencerin und Content Creatorin in Rechnung stellen:

Anzahl	Leistungsbezeichnung	Leistungszeitraum	Einzelhonorar	Gesamthonorar
3 Stück	Posts mit Produkt Yummy auf TikTok	Juni 2024	150,00 €	450,00 €
2 Stück	Video auf Instagram mit Erfahrung zu Produkt Lecker, mind. Dauer 1 Minute	10.7. bis 20.7.2024	250,00 €	500,00 €
Gesamthonorar				950,00 €

Die Rechnung enthält keine Umsatzsteuer, da die Leistungserbringerin Kleinunternehmerin nach § 19 UStG ist.

Bitte überweisen Sie den Rechnungsbetrag bis zum 31.8.2024 unter Angabe der Rechnungsnummer auf das unten angegebene Konto.

Vielen Dank für Ihren Auftrag!

Bankverbindung:
Gutes Geld Bank
BLZ: ABCDEFXX
IBAN: DE01 9876 5432 1098 7654 32

Herzliche Grüße

Carla Wiest

Nachteile der Kleinunternehmer-Regelung

Keine Vorsteuer: Du kannst dir keine Vorsteuer vom Finanzamt erstatten lassen. Das bedeutet: Anschaffungen für deinen Influencerbetrieb sind für dich teurer, denn du zahlst Umsatzsteuer, die du nicht zurückbekommst. Der für dich relevante Preis ist also der Bruttopreis!

Je mehr du in einem Jahr für deinen Influencerbetrieb von anderen Unternehmen kaufst, desto mehr Umsatzsteuer zahlst du. Diese gezahlte Umsatzsteuer sparst du, wenn du auf die Kleinunternehmer-Regelung verzichtest.

Praxis

Jannis kauft sich im Jahr 2024 ein hochwertiges iPad, 2 Fachbücher und einen Schreibtisch für seinen Influencerbetrieb. Insgesamt sind in den Rechnungen 525 Euro Umsatzsteuer enthalten.

Entscheidet sich Jannis, im Jahr 2024 auf die Kleinunternehmer-Regelung zu verzichten, bekommt er diese 525 Euro vom Finanzamt zurück.

Da es sich bei deinen Kunden, also bei deinen Kooperationspartnern, eigentlich immer um Unternehmen handelt, spielt es für diese keine Rolle, wenn du Umsatzsteuer von ihnen verlangst. Deswegen hat der Verzicht auf die Kleinunternehmer-Regelung bei dir als Influencer auch keine nachteilige Auswirkung auf die Preisgestaltung deiner Honorare. Das bedeutet: Deine Kunden werden höhere Bruttopreise problemlos akzeptieren.

Praxis

Mit seinem Kooperationspartner »SunShine« hat Jannis eine Vereinbarung, in jedem Jahr eine festgelegte Anzahl an Beiträgen auf seinen Social-Media-Kanälen zu Produkten von »Sunshine« zu veröffentlichen. Dafür bekommt er im Jahr ein Honorar von 15.000 Euro.

Entscheidet sich Jannis nun, ab 2024 auf die Kleinunternehmer-Regelung zu verzichten, kann er die Umsatzsteuer auf sein Honorar von »SunShine« problemlos »draufschlagen«, da »SunShine« Unternehmer ist. Jannis stellt daher 15.000 Euro + 2.850 Euro Umsatzsteuer = 17.850 Euro in Rechnung. Das bedeutet zwar eine Preiserhöhung seiner Influencerleistungen, aber diese Preiserhöhung macht seinen Kooperationspartnern, die Unternehmer sind, nichts aus. Denn auch sie können sich die an Jannis gezahlte Umsatzsteuer vom Finanzamt zurückholen.

Image deines Unternehmens: Häufig werden Kleinunternehmer unberechtigterweise von großen Unternehmen als »klein und unbedeutend« eingestuft. Daher kann sich ein Verzicht auf die Kleinunternehmer-Regelung positiv auf dein Unternehmensimage auswirken, denn du wirst bei deinen Geschäftspartnern als professioneller wahrgenommen. Das kann dir den Zugang zu neuen Kooperationspartnern ermöglichen.

Wie soll ich mich entscheiden?

Wie sollst du dich also entscheiden? Die Übersicht soll dir deine Entscheidung ein wenig erleichtern.

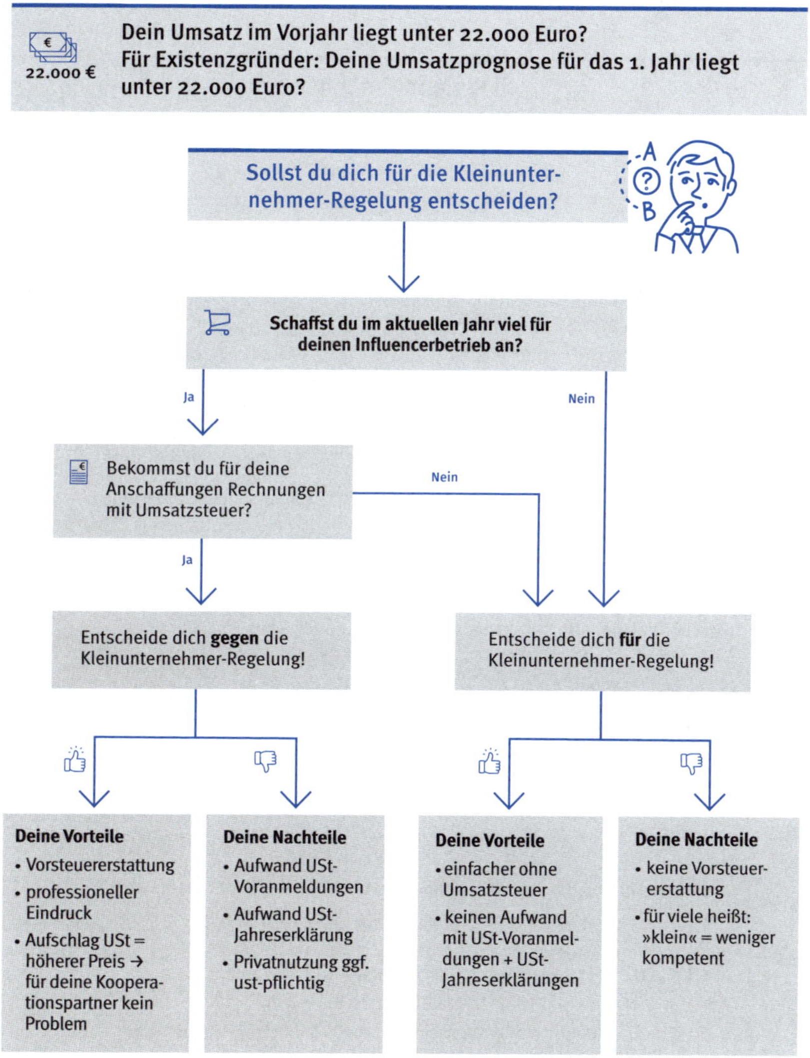

Dein Umsatz im Vorjahr liegt unter 22.000 Euro?
Für Existenzgründer: Deine Umsatzprognose für das 1. Jahr liegt unter 22.000 Euro?

Sollst du dich für die Kleinunternehmer-Regelung entscheiden?

↓

Schaffst du im aktuellen Jahr viel für deinen Influencerbetrieb an?

- Ja → Bekommst du für deine Anschaffungen Rechnungen mit Umsatzsteuer?
  - Ja → Entscheide dich **gegen** die Kleinunternehmer-Regelung!
  - Nein → Entscheide dich **für** die Kleinunternehmer-Regelung!
- Nein → Entscheide dich **für** die Kleinunternehmer-Regelung!

Entscheide dich **gegen** die Kleinunternehmer-Regelung!

Deine Vorteile
- Vorsteuererstattung
- professioneller Eindruck
- Aufschlag USt = höherer Preis → für deine Kooperationspartner kein Problem

Deine Nachteile
- Aufwand USt-Voranmeldungen
- Aufwand USt-Jahreserklärung
- Privatnutzung ggf. ust-pflichtig

Entscheide dich **für** die Kleinunternehmer-Regelung!

Deine Vorteile
- einfacher ohne Umsatzsteuer
- keinen Aufwand mit USt-Voranmeldungen + USt-Jahreserklärungen

Deine Nachteile
- keine Vorsteuererstattung
- für viele heißt: »klein« = weniger kompetent

4.5.4 Checkliste: Wenn ich Kleinunternehmer bin …

Hast du dich für die Anwendung der Kleinunternehmer-Regelung entschieden, hier eine kleine Checkliste mit den Dingen, an die du denken solltest:

Checkliste: Wenn ich Kleinunternehmer bin...

- ☐ **...nehme ich in meine Rechnungen den Hinweis auf, dass ich Kleinunternehmer bin!**
  ↳ So kann meine Formulierung aussehen:
  »Gemäß § 19 Abs. 1 UStG wird keine Umsatzsteuer ausgewiesen.«
- ☐ **...weise ich in meinen Rechnungen niemals Umsatzsteuer aus!**
  ↳ Denn auch unberechtigt ausgewiesene Umsatzsteuer muss an das Finanzamt abgeführt werden.
- ☐ **...sind meine Einnahmen aus meiner Influencertätigkeit so hoch wie mein Gesamthonorar.**
  ↳ Denn es wird hier nicht zwischen brutto und netto unterschieden.
- ☐ **...setze ich die von meinen Kooperationspartnern erhaltenen Produkte/Geschenke/Dienstleistungen als Einnahmen in Höhe des Bruttopreises an.**
  ↳ Denn meine Kooperationspartner sind meist umsatzsteuerpflichtig. Daher weisen sie in ihren Rechnungen Umsatzsteuer aus, die ich nicht als Vorsteuer abziehen kann.
- ☐ **...berechne ich Abschreibungen, GWG usw. immer auf Basis des Bruttopreises.**
  ↳ Meine Bemessungsgrundlage ist der Preis inklusive der von mir gezahlten Umsatzsteuer.
- ☐ **...ziehe ich meine Betriebsausgaben immer in Höhe der Bruttopreise ab.**
  ↳ Denn ich bekomme vom Finanzamt keine Vorsteuer erstattet.
- ☐ **...behalte ich um den Jahreswechsel meinen Umsatz im Auge!**
  ↳ Denn liegt mein Umsatz über der 22.000-Euro-Grenze, bin ich im nächsten Jahr kein Kleinunternehmer mehr und muss daher dann in meinen Rechnungen Umsatzsteuer ausweisen.

5 Was gehört zu meinen Einnahmen?

Für deine Gewinnermittlung benötigst du deine gesamten Einnahmen. Dazu gehört alles, was du als Gegenleistung dafür bekommst, dass du einen Beitrag, ein Video, ein Foto auf deinem Social-Media-Account postest. Aber auch Zahlungen, die du von deinen Followern erhältst (Donations), musst du versteuern.

Fakt:

Zu den typischen Einnahmen eines Influencers gehören:

- Honorare in Form von Geldzahlungen,
- Provisionen
- Gutscheine,
- kostenlose Produkte (auch im Rahmen von Barter-Deals),
- Rabatte,
- Donations.

Es kommt nicht darauf an, wie die Gegenleistung bzw. wie deine Entlohnung bezeichnet wird. Wichtig für dich ist zu wissen,

- **wie hoch** deine Einnahme tatsächlich ist und
- ob und in welcher Höhe du **für deine Einnahme Umsatzsteuer** an das Finanzamt bezahlen musst.

5.1 Du bekommst als Honorar Geld überwiesen

Die wenigsten Probleme bereiten dir die Einnahmen, die du direkt auf dein Bankkonto bekommst. In der Regel stellt der Überweisungsbetrag deine Einnahmen dar, die dann von dir zu versteuern sind. Dies gilt natürlich auch für Bareinnahmen. Allerdings wird es kaum vorkommen, dass du dein Honorar bar ausgezahlt bekommst.

Wenn du umsatzsteuerpflichtig bist, musst du deine Bruttoeinnahmen in dein Netto-Honorar und die Umsatzsteuer aufteilen.

Fakt:

Ist ein Influencer Kleinunternehmer, zahlt er keine Umsatzsteuer. Daher ist das Brutto-Honorar die Einnahme aus der Influencertätigkeit.

Praxis

Content Creator Marc ist umsatzsteuerpflichtig und hat für eine Produktpräsentation eine Überweisung von 1.280 Euro erhalten. Dabei handelt es sich um den Bruttobetrag, also inklusive 19 % Umsatzsteuer. Marc muss den gezahlten Betrag in die Umsatzsteuer und das Netto-Honorar aufteilen. Dazu rechnet er so:

1.280 Euro ÷ 1,19 = 1.075,63 Euro Netto-Honorar

1.280 Euro – 1.075,63 Euro = 204,37 Euro Umsatzsteuer.

Seine Einnahme aus der Produktpräsentation beträgt 1.075,63 Euro.

Wäre Marc Kleinunternehmer, dann hätte er eine Einnahme in Höhe von 1.280 Euro.

Dein Honorar wird dir in Kryptowährungen ausgezahlt

Auch die Zahlung von Honoraren in Kryptowährungen wie Bitcoin, Etherium, Tether etc. stellt für dich eine Einnahme dar. Die Höhe bestimmst du anhand des Umrechnungskurses der Kryptowährung an dem Tag, an dem die Gutschrift in deiner Wallet erfolgt ist.

5.2 Du bekommst Sachen oder Dienstleistungen als Honorar

Häufig bekommst du als Influencer kostenlose Produkte zugeschickt. Du sollst sie dann in deinen Posts und Beiträgen zeigen und verwenden und darfst sie danach behalten.

5.2.1 Sind alle meine »Geschenke« Einnahmen?

Bei solchen Produktzusendungen heißt es oft, dass du ein »Geschenk« bekommen hast – das ist aber nicht richtig. Denn das Produkt ist die Bezahlung für deine Influencertätigkeit.

Daher zählen solche zugeschickten Sachen zu deinen Einnahmen, die du versteuern musst. Das Gleiche gilt auch für Dienstleistungen wie Flüge, Hotelübernachtungen oder Ähnliches, die du von deinen Kooperationspartnern kostenlos bekommst. Und vor allem musst du auch für diese Einnahmen Umsatzsteuer an dein Finanzamt abführen!

Praxis

Josie soll als erfolgreiche Fashion-Influencerin die neue Bademode ihres Kooperationspartners »Beachfeelings« in verschiedenen Videos und Fotos auf Instagram und TikTok zeigen. »Beachfeelings« übernimmt für Josie den Flug und 5 Übernachtungen in einem Hotel auf Kefalonia, damit sie dort die Bademode von »Beachfeelings« passend in Szene setzen kann.

Flug und Hotel sind die Einnahmen, die Josie von ihrem Kooperationspartner »Beachfeelings« für ihre Influencertätigkeit bekommt.

Es spielt keine Rolle, ob die Produkte oder Dienstleistungen dein einziges Honorar sind oder ob du diese zusätzlich zu einer Geldzahlung bekommst.

Selbst die Produkte, die du zugeschickt bekommst, um sie in deinen Beiträgen vorzustellen, sind zunächst Einnahmen. Ausnahmen davon gibt es nur, wenn der Wert des Produkts höchstens 10 Euro beträgt oder als Geschenk pauschal versteuert wurde (→ Kapitel 5.2.3).

Erhältst du die Produkte allerdings nur für die Zeit, in der du sie nach der Vereinbarung mit deinem Geschäftspartner in deinen Beiträgen präsentieren sollst, und musst sie danach zurückschicken, liegen keine Einnahmen vor.

Praxis

Für ihre Videos und Fotos mit der Bademode von »Beachfeelings« bekommt Josie 5 Bikinis und 5 Badeanzüge zugeschickt. Mit ihrem Partner hat sie vereinbart, dass sie die Modelle nach Fertigstellung der Aufnahmen zurückschickt. Sie darf sich aber einen Bikini und einen Badeanzug aussuchen und behalten. Auch der Bikini und der Badeanzug, den Josie sich ausgesucht hat, sind für sie Einnahmen für ihre Tätigkeit als Influencerin. Die zurückgeschickten Modelle sind keine Einnahmen.

Sogar Produkte, die dir ohne vertragliche Grundlage einfach so, also unaufgefordert, zugeschickt werden, stellen für dich Betriebseinnahmen dar.

Praxis

Josie bekommt von der Firma »Sunshine« verschiedene Kosmetikprodukte zugeschickt, die als Kosmetika auch für einen Tag am Strand geeignet sind. Dem Päckchen liegt ein Schreiben bei, dass sich »Sunshine« freuen würde, wenn die Produkte Josie gefallen – mehr nicht. Josie hat mit »Sunshine« keine Kooperation. Sie behält zwar die Produkte, macht aber auf Social Media nichts damit.

Auch diese Produkte sind für Josie Einnahmen. Möchte sie das vermeiden, muss sie die Produkte an »Sunshine« zurückschicken.

Was ist mit »richtigen Geschenken«?

Natürlich kommt es auch vor, dass du von einem Kooperationspartner ein »richtiges Geschenk« bekommst, das heißt, es wird von dir keine Gegenleistung erwartet. Bekommst du dieses Geschenk aber als Unternehmer – und das bist du als selbstständiger Influencer –, ist es für dich trotzdem eine Einnahme, die du versteuern musst.

Es spielt dabei keine Rolle, ob du das Geschenk für deine Influencertätigkeit oder für private Zwecke nutzt. Es bleibt eine Einnahme.

Praxis

Josie und ihr Kooperationspartner »Beachfeelings« arbeiten schon seit längerer Zeit erfolgreich zusammen. Als kleines Dankeschön schickt »Beachfeelings« Josie ein Päckchen mit einem neuen Sommerduft. Auf der beiliegenden Karte steht: »Wir wollten nur mal Danke sagen ...!«

Auch wenn für den Duft von Josie keine Gegenleistung in Form eines Beitrags erwartet wird, handelt es sich trotzdem um eine Einnahme, die Josie versteuern muss. Und auch der Duft unterliegt als Einnahme der Umsatzsteuer und Josie muss daher dafür Umsatzsteuer an das Finanzamt zahlen.

Fakt:

Wie merkt das Finanzamt eigentlich, dass ein Influencer von einem Geschäftspartner ein Geschenk erhalten hat?

Größere Unternehmen, die Influencer als Werbeträger buchen, werden von ihrem jeweiligen Finanzamt nahezu ständig geprüft. Die Überweisungen und die Geschenke an Influencer und andere Werbeträger werden in der Gewinnermittlung dieser Unternehmen als Betriebsausgabe behandelt. Im Rahmen der Prüfungen kann es vorkommen, dass die dortigen Beamten eine sogenannte **Kontrollmitteilung** an das für den Influencer zuständige Finanzamt verschicken. Damit soll sichergestellt werden, dass die entsprechenden Einnahmen auch versteuert werden.

Unter Umständen kann es aufgrund dieser Kontrollmitteilungen sogar vorkommen, dass dein Influencerbetrieb von einem Betriebsprüfer des Finanzamts geprüft wird. Zumindest wird aber der Innendienst des Finanzamts bei den von dir abgegebenen Steuererklärungen überprüfen, ob du die Geschenke korrekt versteuert hast.

5.2.2 Wie hoch ist meine Einnahme bei Sachen und Dienstleistungen?

Zugeschickte Produkte, kostenlose Dienstleistungen und auch richtige Geschenke sind für dich also Einnahmen. Natürlich willst du nun wissen, wie hoch die Einnahme ist, die du bei der Ermittlung deines Gewinns berücksichtigen musst. Jede dieser sogenannten **Sachzuwendungen** ist in einen Euro-Betrag umzurechnen. Die Höhe der Einnahme ergibt sich aus dem Marktwert, also aus dem Betrag, den das Produkt oder auch die Dienstleistung »im Laden« kosten würde. Diesen ermittelten Wert setzt du dann als Betriebseinnahmen an.

Und wie auf alle Einnahmen fällt auch auf diese Sachzuwendungen Umsatzsteuer an. Das bedeutet für dich: Du musst auch hier die Umsatzsteuer berechnen.

Auch für die Umsatzsteuer gehst du vom Marktwert aus, nimmst aber den Bruttobetrag, also inklusive Umsatzsteuer, den du bei einem Kauf für das Produkt hättest zahlen müssen. Aus dem Bruttobetrag rechnest du die Umsatzsteuer raus und führst sie an das Finanzamt ab.

Bist du aber **Kleinunternehmer,** dann ist deine Einnahme so hoch wie der Bruttopreis für das Produkt.

Praxis

Food-Influencer Torsten sollte in einem Video die neue Induktionspfanne seines Kooperationspartners vorstellen, die er im Anschluss behalten darf. Außerdem hat er von einem anderen Kooperationspartner eine Kochbox im Wert von 90 Euro zur Verfügung gestellt bekommen, die er in seinen Videos bewerben soll.

Für beide Leistungen bekommt er zusätzlich ein festes Honorar überwiesen. Er ermittelt und rechnet:

Die Pfanne kann man am günstigsten online für 129,99 Euro kaufen. Das ist der Bruttopreis. Die Pfanne ist mit 19 % besteuert. In den 90 Euro für die Kochbox stecken nur 7 % Umsatzsteuer.

Torsten muss aus dem Gesamtwert der beiden Geschenke (129,99 Euro + 90 Euro = 219,99 Euro) aber trotzdem 19 % Umsatzsteuer herausrechnen. Denn seine Leistung als Influencer unterliegt dem Regelsteuersatz.

219,99 ÷ 1,19 = 184,87 Euro

219,99 Euro – 184,87 Euro = 35,12 Euro

184,87 Euro ist der Nettopreis, 35,12 Euro die Umsatzsteuer.

Torsten setzt demnach eine Einnahme in Höhe von 184,87 Euro an und muss die Umsatzsteuer in Höhe von 35,12 Euro im Rahmen seiner Umsatzsteuer-Voranmeldung an das Finanzamt abführen.

In der Rechnung für seine Influencerleistung muss Torsten alles aufführen, was er als Gegenleistung bekommen hat. Hierzu gehört sowohl das überwiesene Honorar als auch die erhaltene Pfanne.

Fakt:

Erhalten Influencer von Kooperationspartnern Produkte oder Dienstleistungen, so sind das Einnahmen. In vielen Fällen kann der Betrag einer solchen Einnahme aber auch ganz oder teilweise als Betriebsausgabe angesetzt werden → Kapitel 5.2.5.

Wie hoch ist meine Einnahme bei einem Barter-Deal?

Fakt:

Vereinbart ein Influencer mit einem Kooperationspartner einen Barter-Deal, dann fließt kein Geld, sondern es handelt sich sozusagen um einen **Tausch** von Dienstleistungen und Produkten.

Bei einem Barter-Deal bekommst du also ein Produkt oder eine Dienstleistung und bewirbst im Gegenzug dieses Produkt oder die Dienstleistung auf deinen Social-Media-Kanälen. Es klingt demnach nach einem »Nullsummengeschäft«, wo das eine gegen das andere verrechnet wird. Und man könnte vielleicht denken, dass in einem solchen Fall keine Steuern anfallen.

Das ist aber nicht so. Es ist vollkommen egal, ob du ein Produkt geschickt und auch noch ein Honorar bekommst, ob du einfach ein Geschenk geschickt bekommst, zu dem vielleicht von dir gar kein Post erwartet wird, oder ob, wie bei einem Barter-Deal, das Ganze aufgeht und du mit dem Produkt oder der Dienstleistung für deine Influencertätigkeit bezahlt wirst. Egal wie, du hast auf jeden Fall eine Einnahme, die du versteuern musst.

Praxis

Sophia hat sich mit ihrer gewinnenden Art, ihrem guten Aussehen und ihrem authentischen Content eine stattliche Community aufgebaut. Bei ihren Beiträgen ist sie nicht festgelegt. Sie veröffentlicht Content über ausgefallene Restaurants, luxuriöse Urlaubsziele oder einfach sich selbst in schicken Outfits an ansprechenden Orten. Mit ihrem Kooperationspartner »Fancy« hat sie einen Barter-Deal vereinbart. Sie bekommt die neue Damen-Luxus-Uhr aus der Sommerkollektion von »Fancy«. Diese soll sie in verschiedenen Posts zeigen – mal beim Blick auf die Uhr am Morgen, mal auf dem Weg zu einer Verabredung. Sophia und »Fancy« haben die Veröffentlichung von 5 Videos vereinbart. Dafür darf Sophia die Uhr, die im Internet für 20.000 Euro netto zu kaufen ist, behalten.

Sophia stellt »Fancy« eine Rechnung über 20.000 Euro zzgl. 3.800 Euro Umsatzsteuer. Im Gegenzug erhält sie von »Fancy« eine Rechnung für die Uhr über denselben Betrag mit dem Vermerk, dass die Zahlung bereits mit der Werbeleistung verrechnet worden ist.

Es werden hier zwar keine Zahlungen geleistet. Steuer fällt jedoch trotzdem an. Zunächst stellt der Wert der kostenlos erhaltenen Uhr im Influencerbetrieb von Sophia eine Betriebseinnahme dar. Auch muss Sophia die Umsatzsteuer aus der Rechnung von »Fancy« in Höhe von 3.800 Euro an das Finanzamt abführen. Da sie die Uhr für die Erstellung der Videos benutzt, könnte Sophia auf die Idee kommen, dass sie die Kosten für die Uhr auch als Betriebsausgabe abziehen und sich die Vorsteuer aus der Rechnung von »Fancy« vom Finanzamt erstatten lassen kann.

Bei einer Uhr ist dies allerdings nicht möglich. Denn nach der Rechtsprechung dürfen die Kosten für normale Kleidung und Accessoires nicht als Betriebsausgabe angesetzt werden, auch wenn diese für betriebliche Zwecke genutzt bzw. getragen werden. Dasselbe gilt auch für die Erstattung der Vorsteuer.

Im Ergebnis muss Sophia den Wert der Uhr als Betriebseinnahme versteuern, die Umsatzsteuer darauf an das Finanzamt abführen und kann keinerlei Betriebsausgaben oder Vorsteuer gegenrechnen.

Nicht immer muss das Ergebnis für dich im Rahmen eines solchen Barter-Deals so aussehen wie bei Sophia. Erhältst du als Gegenleistung für deine Werbeposts eine Sache, die du ausschließlich betrieblich nutzt, kannst du die Ausgaben dafür in deiner Gewinnermittlung ansetzen und dir auch die Vorsteuer erstatten lassen (→ Kapitel 5.2.5). Bei der Berechnung der Betriebsausgaben musst du aber beachten, dass Sachen, die du länger in deinem Betrieb verwendest und deren Wert über 800 Euro liegt, nicht sofort in voller Höhe angesetzt werden dürfen, sondern über die Nutzungsdauer abgeschrieben werden müssen (→ Kapitel 6.2).

5.2.3 Können solche »Sachzuwendungen« und »Geschenke« auch mal keine Einnahmen sein?

Es gibt Ausnahmen, in denen »Sachzuwendungen« oder auch »Geschenke« bei dir keine Einnahmen sind und du sie daher in deiner Gewinnermittlung nicht als Betriebseinnahme deines Influencerbetriebs ansetzen musst. Für die Umsatzsteuer sieht es anders aus.

Fakt:

Die im Folgenden dargestellten Ausnahmen gelten nur für die Gewinnermittlung, das heißt für die Einkommensteuer. Auch wenn es sich bei einer Sachzuwendung bei der Gewinnermittlung um keine Einnahme handelt, fällt trotzdem **in jedem Fall** Umsatzsteuer an!

Der Wert liegt bei maximal 10 Euro

Beträgt der Wert der Sache, die du von deinem Kooperationspartner erhalten hast, maximal 10 Euro, hast du keine Einnahme, die du in der Gewinnermittlung berücksichtigen musst. Hier wird von sogenannten »**Streuwerbeartikeln**« gesprochen und bei diesen verzichtet die Finanzverwaltung auf eine Besteuerung.

Praxis

Fitness-Influencer Karl hat einen Deohersteller als Kooperationspartner. Für seine Posts zu einem neuen Deo erhält Karl ein Honorar von 500 Euro zzgl. Umsatzsteuer. Das Deo, das ihm sein Kooperationspartner für die Videoerstellung zugeschickt hat, darf er im Anschluss behalten. Das Deo kostet im Geschäft 4,98 Euro brutto.

4,98 Euro ÷ 1,19 = 4,18 Euro

4,98 Euro – 4,18 Euro = 0,80 Euro

In seiner Gewinnermittlung muss Karl nur die 500 Euro Honorar als Betriebseinnahme ansetzen, das Deo ist keine Einnahme. Bei der Umsatzsteuer muss er jedoch zusätzlich die in dem Deo enthaltenen 80 Cent Umsatzsteuer an das Finanzamt abführen.

Dein Kooperationspartner übernimmt für dich die Versteuerung

Die Freude über ein Geschenk oder über eine Sache, die du »nach Drehschluss« behalten darfst, ist natürlich nicht so groß, wenn du dafür noch Steuern zahlen musst. Da dies häufig auch nicht im Sinne deines Kooperationspartners ist, kann dieser die Versteuerung für dich übernehmen. Dazu muss dein Kooperationspartner die Zuwendung oder das Geschenk **pauschal versteuern.**

Das kann er tun, muss er aber nicht. Versteuert dein Kooperationspartner die Sachzuwendung an dich pauschal, führt er 30 % Pauschalsteuer an sein Finanzamt ab. Damit übernimmt er praktisch die Einkommensteuer, die du auf diese Einnahme eigentlich hättest bezahlen müssen.

Die Folge für dich: Es handelt sich um keine Einnahme und daher taucht die Sachzuwendung oder das Geschenk in deiner Gewinnermittlung nicht als Betriebseinnahme auf.

Wie kannst du dir aber sicher sein, dass du für so ein Geschenk auch wirklich keine Steuern zahlen musst? Dazu ist es wichtig, dass dein Kooperationspartner dir mitteilt, dass das Geschenk pauschal versteuert ist. Ohne eine solche Mitteilung ist es leider ein Geschenk, das du versteuern musst.

So eine Mitteilung muss keine bestimmte Form haben, nur schriftlich solltest du sie bekommen. Auch eine von deinem Kooperationspartner mit der Hand geschriebene Karte reicht aus.

Nimm solche Mitteilungen unbedingt zu deinen Steuerunterlagen und hebe sie auf!

Praxis

Ramona ist Beauty-Influencerin. Sie bekommt von einem Kooperationspartner einen beleuchteten Kosmetikspiegel geschenkt, der in ihren Videos zum Einsatz kommen soll.

Dem Geschenk ist ein kleines formloses Schreiben beigelegt:

> *Liebe Ramona,*
>
> *der Kosmetikspiegel wurde von uns pauschal versteuert (§ 37b EStG).*
>
> *Herzliche Grüße*
>
> *Dein Beauty for ever-Team*

Ramona sollte diesen Brief aufheben und zu ihren Buchhaltungsunterlagen nehmen. Sie muss den Kosmetikspiegel nicht als Betriebseinnahme berücksichtigen. Umsatzsteuer muss sie aber trotzdem an das Finanzamt bezahlen. Hierzu muss sie wiederum den Marktwert des Spiegels feststellen und die Umsatzsteuer herausrechnen.

Du schickst zurück: keine Einnahme!

Nach einiger Zeit deiner Tätigkeit als Content Creator hast du wahrscheinlich viele Produkte zu Hause, für die du in der Vergangenheit Werbung gemacht hast. Vieles brauchst du vielleicht gar nicht oder häufig ist der vierte Bikini, die fünfte Pfanne oder der dritte Helm einfach einer zu viel. Versteuern musst du den Gegenwert dieser Produkte aber leider trotzdem.

Vermeiden kannst du das aber, indem du die Gegenstände, die du unentgeltlich erhalten hast, wieder an deinen Kooperationspartner zurückschickst. Denn solange ihr nicht vereinbart habt, dass diese Dinge zu deiner Bezahlung gehören, musst du sie auch nicht behalten. Die Rücksendung solltest du allerdings dokumentieren, indem du den Versandbeleg aufbewahrst und dir von deinem Geschäftspartner per Mail bestätigen lässt, dass du die Ware wieder zurückgeschickt hast.

Praxis

Snowboard-Influencerin Rebecca präsentiert für einen Hersteller von Wintersportbrillen das neueste Modell auf ihrem Social-Media-Account. Sie erhält dafür ein Honorar von 500 Euro zzgl. Umsatzsteuer und darf die zur Verfügung gestellte Brille im Wert von 150 Euro behalten. Nach Abschluss der Dreharbeiten für die Videos sendet Rebecca die Snowboardbrille wieder an den Hersteller zurück. Einerseits verfügt sie bereits über Wintersportbrillen für sämtliche Lichtverhältnisse und andererseits findet die Influencerin das neueste Modell viel zu breit für ihr schmales Gesicht. Als Nachweis der Rücksendung bewahrt Rebecca den Versandbeleg des Paketdienstes und eine Nachricht der Marketingabteilung auf, in der bestätigt wird, dass die Brille wieder zurückgeschickt wurde.

Rebecca muss lediglich das Honorar von 500 Euro als Einnahme versteuern und auch nur hierfür Umsatzsteuer abführen.

5.2.4 Recap: Wann sind Geschenke auch Einnahmen?

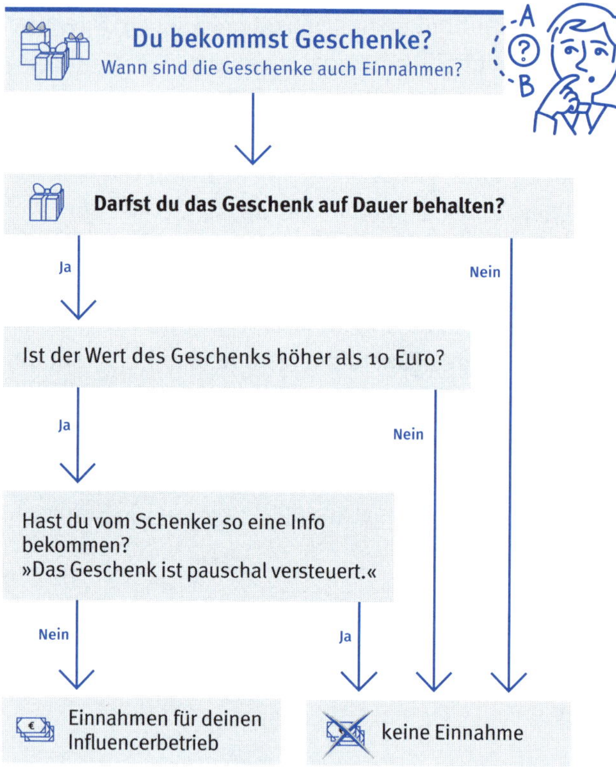

5.2.5 Wieso können Geschenke, die ich bekomme, auch gleichzeitig Ausgaben sein?

Bekommst du als Influencer von deinen Kooperationspartner kostenlos Produkte oder Dienstleistungen, so sind das auf der einen Seite Einnahmen. Der Betrag einer solchen Einnahme kann aber auch ganz oder teilweise eine Ausgabe für deinen Influencerbetrieb sein. Denn hättest du es nicht geschenkt bekommen, hättest du es kaufen müssen, um es in deinem Beitrag zu zeigen.

Voraussetzung für die Berücksichtigung des Werts von Geschenken als Betriebsausgabe ist somit, dass du den Gegenstand für deine Tätigkeit als Influencer benutzt. Dazu zählt eben auch, wenn du das Produkt in deinen Beiträgen zeigst. Ob und in welcher Höhe du für das Geschenk Einnahmen angesetzt hast, ist hier nicht wichtig. Das heißt, du kannst auch die Geschenke als Betriebsausgaben abziehen, die dein Kooperationspartner pauschal versteuert hat und die du deshalb nicht als Einnahmen versteuern musstest.

Praxis

Forst-Influencer Magnus präsentiert in einem Video, wie man Bäume mithilfe eines speziellen Fällhebers sicher zu Fall bringt. Vom Hersteller des Werkzeugs erhält er für die Präsentation des Fällhebers ein Honorar und Magnus darf das Gerät im Wert von 100 Euro behalten. Er nutzt es in der Folge gelegentlich in seinen Beiträgen, aber auch um Brennholz zu ernten, das er dann verkauft.

Als Einnahme berücksichtigt Magnus das Honorar und den Wert des Fällhebers. Da er das Werkzeug im Rahmen seiner Tätigkeit als Content Creator in seinen Videos verwendet, darf er den Wert des Fällhebers auch als Betriebsausgabe berücksichtigen. Der Wert des Fällhebers liegt unter 800 Euro – somit darf Magnus den vollen Betrag im Jahr der Anschaffung als Ausgabe berücksichtigen (→ Kapitel 6.2.6).

Die Umsatzsteuer aus der »Anschaffung« des Fällhebers kann er sich vom Finanzamt erstatten lassen. **Voraussetzung:** Der Hersteller stellt Magnus hierüber eine ordnungsgemäße Rechnung aus.

Nicht alle deine Kooperationspartner werden dir automatisch eine Rechnung über ein Produkt schicken, das du nach deinem Auftrag behalten darfst. Die Umsatzsteuer kannst du dir aber nur dann als Vorsteuer zurückholen, wenn dir eine Rechnung vorliegt, die alle Voraussetzungen erfüllt → Kapitel 4.3. Fordere daher bei deinem Kooperationspartner eine ordnungsgemäße Rechnung ein.

Wann kein Abzug des Geschenks als Betriebsausgabe möglich ist

Ein Geschenk darfst du **nicht** als Betriebsausgabe abziehen, wenn du den Gegenstand zwar für deine Tätigkeit als Influencer bekommst, ihn aber im Anschluss ausschließlich für private Zwecke verwendest. Bei teilweise betrieblicher und teilweise privater Nutzung kannst du die Ausgaben aufteilen (→ Kapitel 6.1.2).

Praxis

Beauty-Influencerin Tamara hat in einem Reel den Wellness-Bereich einer Therme präsentiert. Neben einem festen Honorar hat sie einen Gutschein für 2 Personen für einen ganztägigen Aufenthalt im Wert von 150 Euro bekommen. Diesen Gutschein löst sie gemeinsam mit ihrem Partner ein. Auf Social-Media postet sie davon nichts.

Den Wert des Gutscheins muss Tamara neben dem Honorar als Einnahme versteuern. Außerdem fällt darauf Umsatzsteuer an. Ein Abzug als Betriebsausgabe scheidet aus, weil der Besuch der Therme ausschließlich zum Privatvergnügen in der Freizeit erfolgt ist.

Bei bestimmten Geschenken ist der Betriebsausgabenabzug **immer ausgeschlossen,** denn das Finanzamt unterstellt, dass der Gegenstand immer nicht unerheblich privat mitbenutzt wird. Dies ist insbesondere bei Kleidung, Schmuck, sonstigen Modeaccessoires und Kosmetikartikeln der Fall. Eine Berücksichtigung als Ausgaben ist hier selbst dann nicht möglich, wenn du diese Sachen ausschließlich für deine Beiträge auf Social-Media trägst bzw. verwendest – denn du könntest sie ja auch privat nutzen. Solche Ausgaben für die sogenannten **Grundbedürfnisse** wie Kleidung, Ernährung, Wohnung und Hygieneartikel sind bereits durch den einkommensteuerlichen Grundfreibetrag abgegolten.

Praxis

Fashion-Influencerin Anastasia bekommt von einem Designer eine Handtasche im Wert von 900 Euro, die sie in ihren Beiträgen in Szene setzen soll. Anstelle eines Honorars darf Anastasia die Tasche behalten.

Anastasia muss den Wert der Tasche als Einnahme versteuern und Umsatzsteuer daraus abführen. Obwohl Anastasia die Handtasche für ihre Influencertätigkeit verwendet, darf sie den Wert der Tasche aber nicht als Betriebsausgabe abziehen. Denn es handelt sich um ein Mode-Accessoire, das die normale Kleidung ergänzt. Solche Kosten dürfen selbst bei betrieblicher Verwendung nicht, auch nicht teilweise, abgezogen werden.

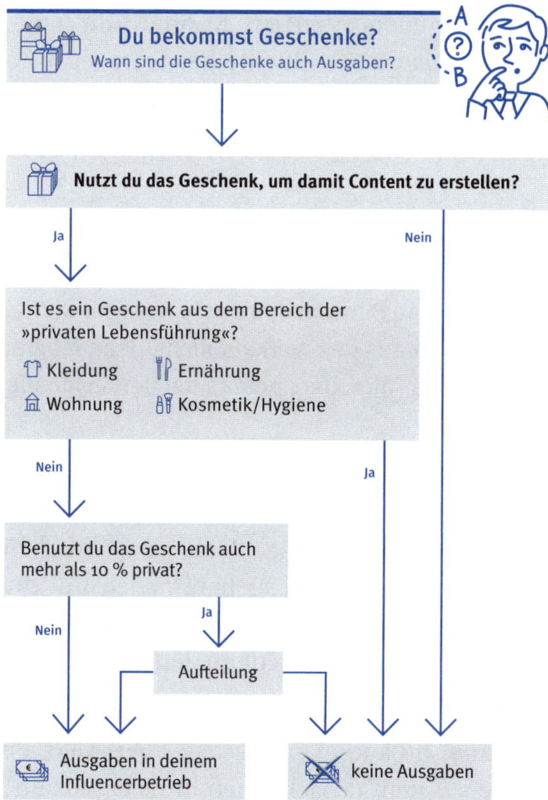

5.2.6 Und wenn ich Geschenke weiterverkaufe?

Verkaufst du die Sachen, die du als Gegenleistung für deine Beiträge bekommen hast, liegen unter gewissen Voraussetzungen wieder Betriebseinnahmen vor, die du zu versteuern hast. Auf den ersten Blick mag dir das komisch vorkommen, denn du hast den Wert dieser Sachen ja bereits als Einnahmen versteuert, als du sie von deinem Kooperationspartner kostenlos bekommen hast.

Verkauf wird nur versteuert, wenn du vorher Ausgaben angesetzt hast

Verkaufst du ein Geschenk weiter, für das du eine Betriebsausgabe ansetzen durftest → Kapitel 5.2.5, ist der Erlös eine weitere Betriebseinnahme für deinen Influencerbetrieb. Konntest du nur im Wege der Abschreibung für das Geschenk eine Betriebsausgabe abziehen (→ Kapitel 6.2), kannst du im Zeitpunkt des Verkaufs den noch nicht abgeschriebenen Wert abziehen.

Praxis

Der Forst-Influencer Magnus von oben verkauft den Fällheber nach einem halben Jahr für 50 Euro an einen Bekannten. Dieser Betrag ist für ihn eine Betriebseinnahme. Weitere Betriebsausgaben ergeben sich aus dem Verkauf nicht, denn Magnus hat den vollen Wert des Fällhebers bereits bei der Anschaffung als Ausgabe abgezogen.

Nutzt du ein Geschenk zunächst ausschließlich in deinem Betrieb und dann nur noch privat, dann hast du den Gegenstand aus deinem Betrieb entnommen (Entnahme). Dies wird so behandelt, als hättest du das Geschenk verkauft. Das heißt, auch für eine solche Entnahme musst du eine Betriebseinnahme ansetzen. Anstelle des tatsächlichen Verkaufspreises setzt du dann den Netto-Marktwert als eine fiktive Einnahme an.

In beiden Fällen musst du auch Umsatzsteuer bezahlen. Beim Verkauf rechnest du sie aus dem tatsächlichen Erlös heraus und bei der Entnahme schlägst du sie auf den Netto-Marktwert drauf.

Durftest du den Wert des Geschenks aber nicht als Ausgabe ansetzen, weil du das Geschenk nur für private Zwecke genutzt hast oder weil es sich um einen Gegenstand der privaten Lebensführung handelt, ist das Geschenk zu deinem Privatvermögen geworden. Verkaufst du einen solchen Gegenstand des Privatvermögens, hast du keine Betriebseinnahme.

Vorsicht bei vielen Verkäufen

Verkaufst du regelmäßig Gegenstände, die du in deinem Influencerbetrieb geschenkt bekommen hast, die aber direkt in deinen Privatbereich gegangen sind, könnte das Finanzamt auf die Idee kommen, dass du damit wie ein Händler tätig wirst und die Einnahmen doch in deinem Betrieb versteuern musst.

Fakt:

Das Plattformen-Steuertransparenzgesetz verpflichtet die Betreiber von Internetplattformen wie zum Beispiel Kleinanzeigen, eBay, etsy, vinted usw. zur Meldung der über diese Webseiten abgewickelten Verkäufe an die Finanzverwaltung. Werden mehr als 30 Verkäufe über eine solche Plattform abgewickelt oder im Jahr mindestens 2.000 Euro mit den Verkäufen eingenommen, dann werden die Daten an das Finanzamt gemeldet und man muss davon ausgehen, dass die Beamten nachfragen.

Das klingt im ersten Moment dramatisch, ist aber halb so wild. Denn für eine Händlertätigkeit müssen auch noch gewisse Voraussetzungen, wie zum Beispiel ein planmäßiger An- und Verkauf, erfüllt sein.

Selbst wenn das bei dir der Fall ist, heißt das noch nicht, dass du dann die kompletten Verkaufserlöse versteuern musst. Denn du darfst dann den Wert der Geschenke, den du im Rahmen deiner Social-Media-Tätigkeit als Einnahme versteuert hast, gegenrechnen. Es fällt also nur dann Einkommensteuer an, wenn du dabei auch wirklich mehr Geld eingenommen hast, als die Sache im Zeitpunkt der Schenkung wert war.

5.3 Affiliate Links, Donations & Co.: Du bekommst Provisionen

Häufig erzielen Influencer ihre ersten Einnahmen mit Partnerprogrammen. Egal, ob über Google AdSense, Partnerprogramme von Amazon oder Meta oder anderen Anbietern – hier erhältst du Provisionen. Diese Provisionen, die du beispielsweise über

- Affiliate-Links,
- die Beteiligung an Werbeeinnahmen auf Youtube oder Twitch bzw.
- durch Donations

bekommst, musst du wie deine Honorare in Form von Geldzahlungen in den Nettobetrag und die Umsatzsteuer aufteilen (→ Kapitel 5.1) und darauf achten, ob dein Kooperationspartner seinen Sitz innerhalb oder außerhalb der EU hat (→ Kapitel 4.3.5 und Kapitel 4.3.6).

Die Besonderheit bei diesen Einnahmen ist jedoch, dass du keinen festen Betrag vereinbarst, sondern **variabel** abgerechnet wird. Dabei gibt es verschiedene Möglichkeiten. So kann beispielsweise für jeden einzelnen Klick (Pay-per-Click) oder für jeden Kauf (Pay-per-Sale) die Provision abgerechnet werden.

Da dir als Influencer die Klickzahl oder die Verkaufszahlen nicht bekannt sind, erfolgt die Abrechnung durch deinen Geschäftspartner mit einer sogenannten **Gutschrift.**

Fakt:

Die Gutschrift ist steuerlich eine besondere Form der Rechnung. Die Besonderheit dabei ist, dass nicht der Influencer als leistender Unternehmer, sondern der Kooperationspartner als Leistungsempfänger die Abrechnung durchführt und auch die anfallende Umsatzsteuer berechnet → Kapitel 4.3.4.

Bist du kein Kleinunternehmer, sondern umsatzsteuerpflichtig, rechnest du aus diesem Betrag die Umsatzsteuer raus, wenn dein Kooperationspartner, für den du als Content Creator tätig warst, seinen Sitz in Deutschland hat. Befindet sich dein Geschäftspartner im EU-Ausland oder Drittland, fällt auch hierauf in Deutschland in der Regel keine Umsatzsteuer an.

Praxis

Garten-Influencerin Roswitha ist umsatzsteuerpflichtig und präsentiert in ihren Beiträgen regelmäßig Produkte der Eigenmarke einer in Deutschland ansässigen Gartencenter-Kette. Neben einem hierfür fest vereinbarten Honorar erhält die Gärtnerin auf sämtliche Produkte im Online-Shop der Kette einen Rabatt von 25 %. Im Jahr 2023 hat Roswitha auf diese Weise insgesamt 1.200 Euro gespart.

Der Rabatt von 1.200 Euro ist eine zusätzliche Einnahme, die die Gärtnerin aufgrund ihrer Werbetätigkeit als Influencerin erhalten hat. Da Roswitha umsatzsteuerpflichtige Unternehmerin ist, sind die 1.200 Euro der Bruttobetrag, aus dem die Umsatzsteuer herauszurechnen ist.

1.200 Euro ÷ 1,19 = 1.008,40 Euro

1.200 Euro – 1.008,40 Euro = 191,60 Euro

Sie schuldet dem Finanzamt also Umsatzsteuer in Höhe von 191,60 Euro.

5.4.2 Ich bekomme Gutscheine oder Guthaben in Online-Shops

Erhältst du als Gegenleistung für deine Social-Media-Tätigkeit Gutscheine oder Wertguthaben von Unternehmen, um deren oder die Produkte oder Dienstleistungen von anderen Unternehmen kaufen zu können, stellt der Wert des Gutscheins für dich eine Betriebseinnahme dar.

Je nachdem, ob dein Kooperationspartner in Deutschland, im EU-Ausland oder in einem anderen Staat ansässig ist, muss in der Gutschrift deutsche Umsatzsteuer oder lediglich der Nettobetrag drinstehen. Denk bei Kunden im EU-Ausland daran, die entsprechenden Umsätze in deiner Zusammenfassenden Meldung anzugeben.

Von Google werden keine Gutschriften erstellt. Hier bist du verpflichtet, monatlich eine Rechnung an Google zu schreiben.

5.4 Du bekommst Vergünstigungen

Deine Kooperationspartner können dir aber auch Vergünstigungen zukommen lassen und dich so für deine Influencertätigkeit bezahlen. Bekommst du für deine Leistungen auf Social Media bei bestimmten Unternehmen

- Rabatte,
- Gutscheine,
- Guthaben in Online-Shops oder
- sonstige Vergünstigungen,

sind auch das Einnahmen, die versteuert werden. Hier ist es manchmal nicht ganz einfach zu ermitteln, wie hoch der Betrag ist, der als Einnahme angesetzt werden muss.

5.4.1 Ich kann mit einem Preisnachlass günstiger einkaufen

Räumt dir dein Kooperationspartner aufgrund eurer Geschäftsbeziehung einen Rabatt bzw. einen Preisnachlass ein? Dann ist deine Einnahme so hoch wie der Preisnachlass.

Um die Höhe der Einnahme zu berechnen, benötigst du also zunächst den regulären Preis für das Produkt bzw. die Dienstleistung. Hiervon ziehst du den von dir gezahlten Betrag ab. Die Differenz, die sich daraus ergibt, ist der Betrag, den du als Betriebseinnahmen ansetzen musst.

Zu unterscheiden ist hierbei, ob der Gutschein auf einen Euro-Betrag ausgestellt ist oder ob du mit dem Gutschein ein bestimmtes Produkt erwerben kannst bzw. eine bestimmte Dienstleistung in Anspruch nehmen kannst. Steht auf dem Gutschein der Euro-Betrag, ist das die Höhe deiner Bruttoeinnahme. Ist der Gutschein für ein Produkt oder eine Dienstleistung ausgestellt, musst du den Wert des Produkts bzw. der Dienstleistung ermitteln und als Einnahme ansetzen.

Auch auf solche Einnahmen fällt Umsatzsteuer an, wenn du umsatzsteuerpflichtig bist. Ob du die Umsatzsteuer dann abführen musst, hängt wiederum davon ab, ob dein Geschäftspartner in Deutschland, dem EU-Ausland oder einem anderen Land seinen Sitz hat.

Praxis

Family-Influencer Michel berichtet auf seinen verschiedenen Social-Media-Kanälen sehr erfolgreich über seine Erfahrungen und Erlebnisse in seiner gleichgeschlechtlichen Ehe. Zusammen mit seinem Mann hat er ein Kind adoptiert. Michel legt sehr viel Wert auf die kreative Förderung seines Kindes und hat damit die Firma »Kids can do« als Kooperationspartner gewonnen.

»Kids can do« bietet ein großes Sortiment von Möbeln, Spielzeug und Workshops, die die Kreativität von Kindern fördert.

Neben einem fest vereinbarten Honorar erhält Michel einmal im Jahr einen Gutschein zur Teilnahme an einem Workshop, den er sich aussuchen kann. Im Jahr 2024 besucht Michel den Workshop »Wie Kinder Bücher lieben...!«. Laut Internet kostet die Teilnahme 500 Euro netto. Somit setzt Michel in seiner Gewinnermittlung eine Einnahme in Höhe von 500 Euro an. Da »Kids can do« seinen Sitz in Österreich hat, wird von ihnen die anfallende Umsatzsteuer abgeführt (Reverse-Charge-Verfahren).

5.5 Dein Kooperationspartner befindet sich im Ausland

Ist dein **Geschäftspartner im Ausland** ansässig, kommen zusätzliche Pflichten auf dich zu. Denn hier gibt es ein paar Besonderheiten bei der Umsatzsteuer zu beachten, abhängig davon, ob dein Kooperationspartner seinen Sitz innerhalb oder außerhalb der EU hat → Kapitel 4.3.5 und Kapitel 4.3.6.

Erbringst du deine Leistung an ein Unternehmen, das seinen Sitz im Ausland hat, fällt keine deutsche Umsatzsteuer an. Das liegt daran, dass bei Leistungen zwischen Unternehmern in dem Land Umsatzsteuer gezahlt werden soll, wo sich der Leistungsempfänger, in deinem Fall also dein Kooperationspartner, befindet. Solche Einnahmen rechnest du daher netto ab und innerhalb der EU muss dein Partner die Umsatzsteuer auf deine Influencerleistung in seinem Land angeben und bezahlen (sog. »Reverse-Charge-Verfahren«). Als Influencer sind im Normalfall deine Kooperationspartner Unternehmer. Du solltest aber trotzdem prüfen, ob es sich bei deinem Geschäftspartner auch wirklich um einen Unternehmer handelt.

Damit du auch sicher sein kannst, dass dein Kunde Unternehmer ist, lässt du dir seine Umsatzsteuer-Identifikationsnummer (USt-ID) geben, wenn er **im EU-Raum** ansässig ist. Die Gültigkeit dieser USt-ID solltest du über eine Online-Abfrage beim BZSt kontrollieren.

In deiner Netto-Rechnung gibst du die USt-ID deines Kunden an. Außerdem musst du diese Leistung in deiner »Zusammenfassenden Meldung« (ZM) angeben.

Spätestens wenn du zum ersten Mal eine Leistung an einen Kunden im EU-Raum erbringen möchtest, benötigst du eine eigene Umsatzsteuer-Identifikationsnummer (USt-ID). Solltest du diese nicht bei der Abgabe des Fragebogens zur steuerlichen Erfassung beantragt haben, musst du dies nun nachholen.

Weitere Infos zur Überprüfung der Gültigkeit von USt-ID-Nummern, der Erstellung von »Zusammenfassenden Meldungen« und zur Beantragung einer eigenen USt-ID findest du in → Kapitel 4.3.5.

Erbringst du deine Influencerleistungen für einen Kooperationspartner **außerhalb der EU,** musst du dich ebenfalls versichern, dass es sich um einen Unternehmer handelt. Die Finanzverwaltung fordert hierzu eine Bescheinigung, die von einer Behörde des entsprechenden Landes ausgestellt wurde. Falls du eine solche Bescheinigung von deinem Partner nicht bekommst, kannst du auch auf andere Art nachweisen, dass es sich um einen Unternehmer handelt. So ist das beispielsweise bei größeren Unternehmen anhand des Internetauftritts ohne Weiteres möglich.

Die beschriebenen Nachweise musst du dem Finanzamt nur vorlegen, wenn sie von den Beamten angefordert werden oder wenn bei dir eine Steuerprüfung stattfindet. Wichtig ist aber, dass du die Nachweise auf jeden Fall vorliegen hast, bevor du die Rechnung schreibst. Bewahre sie gemeinsam mit deinen Steuerunterlagen auf.

Handelt es sich bei deinem Partner im Ausland nicht um einen Unternehmer (z.B. bei Donations), fällt auf deine Leistung deutsche Umsatzsteuer an. Daher musst du bei Privatkunden keine USt-ID anfordern und auch nicht überprüfen. Hier ist keine Zusammenfassende Meldung erforderlich.

5.6 Zu welchem Zeitpunkt muss ich meine Einnahmen berücksichtigen?

Neben der Frage, wie hoch deine verschiedenen Einnahmen sind, ist es für dich auch wichtig zu wissen, wann du sie versteuern musst. Hier gibt es bei der Einkommensteuer und der Umsatzsteuer leider verschiedene Dinge, auf die es für den Zeitpunkt ankommt. Auch hängt der Zeitpunkt der Versteuerung davon ab, in welcher Form du deine Einnahmen erhältst.

5.6.1 Der Zeitpunkt deiner Einnahme für die Gewinnermittlung

Bei der Gewinnermittlung mit der Einnahmen-Überschuss-Rechnung und damit bei der Einkommensteuer hängt der Zeitpunkt der Versteuerung davon ab, wann dir die Einnahmen »zugeflossen« sind, wann du sie also erhalten hast und darüber verfügen kannst. Da du deinen Gewinn für ein Kalenderjahr ermittelst, musst du dir deine Einnahmen rund um den **Jahreswechsel** genauer anschauen.

Bekommst du **Geldzahlungen, kannst du über deine Einnahme verfügen,** wenn das Geld auf deinem Konto gutgeschrieben wird. Bei **Sachzuwendungen** ist dir die Einnahme zugeflossen, wenn du den **Gegenstand erhalten** hast, wenn er dir also übergeben wurde. Beim Versand mit der Post oder einem Paketdienst ist das der Tag, an dem du die Sendung tatsächlich erhalten hast. Auf den Zeitpunkt, an dem dein Kooperationspartner das Paket verschickt hat, kommt es nicht an.

Praxis

Sabrina ist Content Creator zum Thema »Rund ums Renovieren«. Sie hat mit ihrem Mann ein altes Haus gekauft und lässt ihre Follower an den Renovierungsfortschritten teilhaben. Mit der Firma »Lehm-natur« hat sie schon länger eine Kooperation und eine Aktion mit verschiedenen Instagram-Beiträgen Ende 2023 war für »Lehm-natur« extrem erfolgreich. Als Dankeschön zum Jahresende schickt »Lehm-natur« daher an Sabrina 5 Säcke ihres Speziallehms, den Sabrina gut auf ihrer Baustelle brauchen kann. Da die Spedition so kurz vor Jahresende nicht mehr ausliefert, bleiben die Säcke bei der Spedition liegen und kommen bei Sabrina erst im Januar 2024 an. Auch wenn es sich bei den Lehmsäcken um ein Honorar für Sabrinas Beiträge in 2023 handelt, sind diese erst im Jahr 2024 Einnahmen.

Gutscheine und Guthaben sind wie Geld zu behandeln. Du setzt ihren Wert also in dem Zeitpunkt als Einnahme an, in dem du den Gutschein tatsächlich übergeben bekommen bzw. bei Online-Gutscheinen in deinem Posteingang hast. Bei Guthaben liegt der Zufluss als Einnahme dann vor, wenn du über das Guthaben verfügen kannst, du also beispielsweise in deinem Kundenkonto darüber verfügen kannst.

Aus gewährten **Rabatten** hast du zu dem Zeitpunkt eine Einnahme, in dem du für das von dir gewählte Produkt den verminderten Rechnungsbetrag bezahlt hast.

Nimmst du das Angebot, bei deinem Kooperationspartner günstiger einkaufen zu können, nicht wahr, das heißt, du kaufst nichts, dann hast du natürlich auch keine Einnahmen.

Vorsicht bei regelmäßig wiederkehrenden Einnahmen

Bei Einnahmen, die dir monatlich oder quartalsweise ausgezahlt werden, gilt eine Ausnahme. Werden dir diese regelmäßigen Einnahmen im **Zeitraum 22. Dezember bis 10. Januar** ausgezahlt, gehören sie als Einnahme in das Jahr, zu dem sie wirtschaftlich gehören – egal, wann das Geld geflossen ist.

Praxis

Sören macht als Finfluencer regelmäßig Werbung für den von ihm genutzten Broker. Für die über seinen Affiliate-Link eröffneten Depots erhält er Provisionen, über die der Broker quartalsweise per Gutschrift abrechnet. Die Provision für das 4. Quartal 2023 wird am 8.1.2024 auf dem Bankkonto von Sören gutgeschrieben.

Da es sich um regelmäßig wiederkehrende Einnahmen handelt und die Einnahme bis zum 10. Januar nach dem Ende des Kalenderjahres bei Sören eingegangen ist, ist die Provision in der Gewinnermittlung des Jahres 2023 zu berücksichtigen.

5.6.2 Wann fällt auf die Einnahme Umsatzsteuer an?

Die zeitliche Zuordnung von Einnahmen bei der Umsatzsteuer spielt für dich nur dann eine Rolle, wenn du **kein Kleinunternehmer** bist.

Bereits beim Ausfüllen des Fragebogens zur steuerlichen Erfassung hatten wir den Tipp gegeben, die Istversteuerung zu wählen → Kapitel 2.2.3. Drum gehen wir jetzt davon aus, dass du Istversteuerer bist.

Fakt:

Wenn keine Wahl getroffen wurde, gilt die sogenannte **Sollversteuerung.** Das bedeutet, dass die Umsatzsteuer für Umsätze in dem Zeitraum in der Umsatzsteuer-Voranmeldung angemeldet und dann abgeführt werden müssen, in dem der Influencer seine **Leistung ausgeführt** hat.

Bei der **Istversteuerung** musst du deine Umsätze erst dann anmelden, wenn du die Vergütung für deine Leistung als Influencer bekommen hast. Das bedeutet einen erheblichen Liquiditätsvorteil gegenüber der Sollversteuerung.

Fakt:

Die Istversteuerung darf nur angewendet werden, wenn die Umsätze niedriger als 800.000 Euro sind. Außerdem muss die Istversteuerung beim Finanzamt beantragt werden.

Ein weiterer Vorteil der Istversteuerung: Dadurch liegen der Besteuerungszeitpunkt bei der Umsatzsteuer und der Einkommensteuer im Normalfall im gleichen Jahr. Bei der Umsatzsteuer gibt es jedoch die Besonderheit bei wiederkehrenden Einnahmen nicht.

Praxis

Sören aus dem vorangegangenen Beispiel muss die Umsatzsteuer aus den am 8.1.2024 gutgeschriebenen Affiliate-Provisionen erst im Jahr 2024 abführen.

5.7 Recap: Einnahmen

Du bekommst als umsatzsteuerpflichtiger Influencer Einnahmen...

- Honorare/Geld
- Produkte/Dienstleistungen
- Provisionen/ Affiliate Links & Co
- Rabatte/Gutscheine

Was bedeutet das für deine Rechnung und die Umsatzsteuer?

Kooperationspartner in Deutschland

Folgen:

- Du schreibst deine Rechnung mit 19 % Umsatzsteuer.

Kooperationspartner in einem EU-Land

Folgen:

- Du schreibst deine Rechnung ohne Umsatzsteuer.
- In Rechnung Verweis auf Reverse-Charge-Verfahren.
- Du erstellst eine zusammenfassende Meldung.

Kooperationspartner außerhalb der EU

Folgen:

- Du schreibst deine Rechnung ohne Umsatzsteuer.

6 Welche Ausgaben kann ich absetzen?

»Das kann ich absetzen« – diesen Satz hört man im Alltag immer wieder. Fast könnte man meinen, wenn jemand etwas absetzen kann, ist es sozusagen umsonst und kostet nichts. Diese Rechnung stimmt aber leider ganz und gar nicht. Denn was bedeutet »absetzen« eigentlich?

Einfach gesagt, bedeutet es nur: Du kannst eine Ausgabe steuerlich berücksichtigen. Das heißt, du kannst die Kosten für deine Ausgabe von deinen Einnahmen abziehen. Damit wird dein Gewinn kleiner. Deine Einkommensteuer wird nach der Höhe deines Gewinns berechnet. Für einen kleineren Gewinn fällt deswegen auch weniger Steuer an. Durch das »Absetzen« sparst du also Steuern, das »abgesetzte« Geld hast du natürlich trotzdem ausgegeben.

Praxis

Influencerin Annie geht mit einem Freund zum Essen. Sie lädt ihn ein mit der Begründung: »Lass mal, die Rechnung übernehme ich, ich kann das von der Steuer absetzen«.

Annie macht hier möglicherweise zwei Denkfehler.

Fehler 1:

Sie kann die Kosten für eine solche Essenseinladung nur dann absetzen, wenn das Essen einen geschäftlichen Anlass hat. Beispielsweise dann, wenn der Freund auch ein Kooperationspartner ist und die beiden wegen einer geschäftlichen Besprechung beim Essen waren.

Fehler 2:

Die Rechnung für das Essen beläuft sich auf 142,86 Euro netto, also ohne Umsatzsteuer. Bei den Kosten für eine solche Bewirtung darf Annie aufgrund einer steuerlichen Vorschrift nur 70 % dieser Bewirtungskosten als Betriebsausgaben abziehen (→ Kapitel 6.7), das heißt: 142,86 Euro × 70 % = 100 Euro.

Angenommen, Annie hat Einnahmen von 1.000 Euro und nur die 100 Euro für das Essen als Ausgabe, dann hat sie einen Gewinn von 900 Euro. Gehen wir davon aus, dass sie ihren Gewinn mit einem Steuersatz von 30 % versteuern muss, zahlt sie somit an Steuern: 900 Euro × 30 % = 270 Euro.

Ohne die Ausgaben für den Restaurantbesuch beträgt ihre Steuer: 1.000 Euro × 30 % = 300 Euro.

Das Absetzen des Restaurantbesuchs hat die Folge, dass Annie 30 Euro Steuern spart. Auch wenn sie die Rechnung für den Restaurantbesuch absetzen kann, ist die Einladung keinesfalls für sie umsonst – denn 112,86 Euro (142,86 Euro – 30 Euro) kostet Annie die Einladung trotz »Absetzens«.

6.1 Auf was es immer ankommt

Wann kannst du also eine Ausgabe absetzen oder besser gesagt – wann kannst du eine Ausgabe bei deiner Gewinnermittlung berücksichtigen?

Deine Ausgaben solltest du immer belegen können. Hebe daher deine Quittungen und Rechnungen auf. Gemeinsam mit deinen Kontoauszügen kannst du damit im Zweifel nachweisen, dass und wofür du das Geld tatsächlich ausgegeben hast. Bei Barzahlungen solltest du auf jeden Fall den Beleg aufbewahren, denn ansonsten kann hier der Nachweis schwierig werden.

6.1.1 Ausgabe aufgrund deiner Influencertätigkeit

Wichtig ist immer: Die Ausgabe hast du wegen deiner Influencertätigkeit gemacht! Das heißt, es gibt einen **geschäftlichen Anlass.** Nur dann ist eine Ausgabe als sogenannte **Betriebsausgabe** abziehbar.

Kosten für deine **private Lebensführung** haben in deiner Gewinnermittlung nichts zu suchen.

Bist du als Influencer in einem Bereich unterwegs, der klassisch dem Privatleben zuzuordnen ist wie zum Beispiel Ernährung, Gesundheit oder auch Kleidung, ist es für dich nicht einfach den geschäftlichen Anlass zu beweisen. Dir muss der Nachweis gelingen, dass du das Geld für deine Influencertätigkeit und nicht aus privaten Gründen ausgegeben hast. Denn gerade bei Ausgaben, die häufig auch im Privatbereich anfallen, schaut das Finanzamt besonders genau hin.

Praxis

Bei Food-Influencerin Mara können ihre Follower jeden Abend verfolgen, wie sie eine schnelle und gesunde Mahlzeit zubereitet.

Obwohl Mara mit den täglichen Posts auf ihrem Instagram-Kanal ihr Geld verdient, kann sie die Lebensmittel nicht als Betriebsausgaben absetzen. Da sie sich mit dem gekochten Gericht selbst mit einem Abendessen versorgt, überwiegt der private Grund.

In solchen Fällen reicht es übrigens, dass die Ausgabe privat verwendet werden **könnte,** auch wenn es tatsächlich nicht so ist. Allein die Möglichkeit, dass Mara jeden Abend ihr zubereitetes Gericht selbst essen könnte und damit mit einem Abendessen versorgt wäre, reicht aus, die Ausgaben dafür als Kosten für die private Lebensführung einzuordnen. Ob sie es auch wirklich jeden Abend isst, spielt keine Rolle.

Fallen bei dir Ausgaben an, bei denen es für das Finanzamt vielleicht nicht eindeutig ist, ob du das Geld aus geschäftlichen oder privaten Gründen ausgegeben hast? Dann solltest du bei deinen Aufzeichnungen den Link abspeichern, wo du den Content veröffentlicht hast – am besten gemeinsam mit den dort veröffentlichten Affiliate-Marketing-Links.

Praxis

Luis veröffentlicht auf seinem Blog »Alpenwunder« Content zu Bergtouren in den bayerischen Alpen. Für seine Wanderung auf die Kampenwand hat er zunächst den Zug nach Aschau genommen. In seinen Aufzeichnungen speichert er neben den Kosten für das Zugticket auch den Link zur Tour auf die Kampenwand und die beiden dort eingebauten Affiliate-Marketing-Links der Kampenwandbahn und der Wanderschuhe »Mountain light« ab. So kann er im Fall einer Nachfrage dem Finanzamt problemlos zeigen, dass die Kosten des Zugtickets geschäftlich veranlasst waren.

Besonders für Beauty-, Fashion- und Food-Influencer ist es häufig aber **nicht möglich,** Kosmetika, Kleidung oder Lebensmittel als Betriebsausgabe bei der Gewinnermittlung zu berücksichtigen, da aus Sicht des Finanzamts die Ausgaben ihren Schwerpunkt in der privaten Lebensführung haben. Gerade bei **Kleidung und Accessoires** wird der Abzug **nicht** anerkannt → Kapitel 8.4.

Du kannst es natürlich versuchen, das Finanzamt davon zu überzeugen, dass die Ausgaben allein auf deine Influencertätigkeit zurückzuführen sind. Achte darauf, dass du die Ausgaben genau aufzeichnest.

Ist deine Argumentation für das Finanzamt nicht zufriedenstellend, wird es dir den Abzug der Kosten streichen.

6.1.2 Privat und geschäftlich?

Was tun, wenn deine Kosten einen betrieblichen und auch einen privaten Anlass haben?

Praxis

Food-Blogger Jojo ist auf einer zweiwöchigen Reise nach Indien. Die erste Woche steht im Zeichen der Arbeit für seinen Blog zum Thema »indische Küche«. In der zweiten Woche ist er nur privat unterwegs und macht noch eine Woche Badeurlaub in Goa.

In solch einem Fall hast du gemischte Kosten, die du aufteilen darfst. Den Anteil, den du deiner Influencertätigkeit zuordnen kannst, darfst du auch als Betriebsausgabe abziehen. Für die Aufteilung brauchst du aber einen **geeigneten Maßstab.** Ein solcher Maßstab können Zeitanteile oder auch Mengeneinheiten sein. Die **Zeit** ist der geeignete Maßstab, um zum Beispiel Reisekosten in einen privaten und einen beruflichen Teil aufzuteilen.

Praxis

Jojo kann die Hälfte seiner Kosten für den Flug seiner Influencertätigkeit zuordnen. Bei seinen Hotelkosten sind die Kosten der ersten Woche Betriebsausgaben, die Kosten für die zweite Woche sind privat.

Es gibt eine **Grenze von 10 %!** Das heißt, sind weniger als 10 % deiner Kosten privat verursacht, musst du nicht aufteilen, sondern der komplette Betrag gehört zu deinen Betriebsausgaben. Sind aber weniger als 10 % geschäftlich durch deinen Influencerjob verursacht, kannst du gar keine Betriebsausgaben berücksichtigen.

Fakt:

Gibt es keinen geeigneten Maßstab, um die Kosten in einen geschäftlichen und einen privaten Anteil aufzuteilen, dürfen die Kosten komplett **nicht** abgezogen werden. Das gilt auch dann, wenn die Arbeit und der Urlaub sich an einzelnen Tagen stark vermischen.

Praxis

Jojo reist 2 Wochen durch Indien. Seine Tage verbringt er mit Sightseeing und Strandaufenthalten. Abends lädt er Fotos und Videos von seinen Touren auf seinen Social-Media-Accounts hoch, die er zuvor bearbeitet und geschnitten hat. Ein direktes Honorar erhält er hierfür nicht.

Die Kosten für die Reise sind in diesem Fall in voller Höhe **keine** Betriebsausgaben, weil Arbeit und Urlaub untrennbar miteinander verbunden sind.

Bestimmte Kosten darfst du aber selbst dann nicht als Ausgaben ansetzen, wenn sie ganz oder teilweise durch deine Social-Media-Tätigkeit veranlasst sind. Dazu zählen insbesondere die Kosten für

- Lebensmittel und Getränke,
- deine private Wohnung,
- Kosmetika und Hygieneartikel und
- alltagstaugliche Kleidung.

Auch eine Aufteilung dieser Kosten in einen betrieblichen und privaten Anteil ist nicht erlaubt. Der Grund für dieses vollständige Abzugsverbot ist, dass solche Kosten bereits durch das steuerliche Existenzminimum, den sogenannten Grundfreibetrag von rund 11.600 Euro, berücksichtigt sind.

6.1.3 Brutto oder netto?

Bist du als Influencer umsatzsteuerpflichtig, dann berücksichtigst du zunächst deine Betriebsausgaben mit dem **Nettowert,** also ohne die Umsatzsteuer. Auf der Rechnung für deine Betriebsausgabe findest du sowohl den Brutto- als auch den Nettowert sowie die von dir bezahlte Umsatzsteuer.

Der Betrag an Umsatzsteuer, den du mit der Rechnung bezahlt hast, ist für dich aber auch eine Betriebsausgabe. Auch wenn du die Umsatzsteuer, die du gezahlt hast, als Vorsteuer von deinem Finanzamt erstattet bekommst → Kapitel 4.2, ist es erst mal eine Betriebsausgabe. Die Erstattung der Vorsteuer durch das Finanzamt wird als Betriebseinnahme berücksichtigt, sodass sich die Umsatzsteuer im Ergebnis nicht auf deinen Gewinn auswirkt.

Bist du allerdings Kleinunternehmer (→ Kapitel 4.5), dann musst du den **Bruttowert** der Ausgabe als deine Betriebsausgabe ansetzen.

6.1.4 Aufpassen bei Ausgaben um den Jahreswechsel

Deine Kosten sind in dem Moment für dich Betriebsausgabe, in dem das Geld bei dir »abgeflossen« ist. Zahlst du per Überweisung, so ist das der Zeitpunkt, wenn dein Überweisungsauftrag bei der Bank eingegangen ist.

Genau hinschauen musst du bei Ausgaben rund um den Jahreswechsel. Denn **regelmäßig wiederkehrende Ausgaben** (monatlich, vierteljährlich oder jährlich), die du im **Zeitraum 22. Dezember bis 10. Januar** zahlst und auch in diesem Zeitraum **fällig** sind, gehören als Ausgabe in das Jahr, zu dem die Zahlung wirtschaftlich gehört – egal, wann das Geld geflossen ist.

Praxis

Influencerin Maja gibt monatlich Umsatzsteuer-Voranmeldungen ab. Die Voranmeldung für Dezember 2023 übermittelt sie zum 10.1.2024 an das Finanzamt. Die Umsatzsteuer, die sie aus der Voranmeldung für Dezember 2023 zahlen muss, überweist sie ebenfalls zu diesem Termin.

Abgeflossen ist das Geld daher im Jahr 2024. Wirtschaftlich gehört es aber ins Jahr 2023. Da es sich bei der Umsatzsteuer-Vorauszahlung um eine **regelmäßig wiederkehrende Ausgabe** handelt, die Maja zum **10.1.2024** gezahlt hat und die auch **fällig** war, muss Maja diese Zahlung als Betriebsausgabe im Jahr 2023 berücksichtigen.

6.2 Ausgaben für Dinge, die du über mehrere Jahre nutzt

Das kommt häufig vor: Du kaufst für deine Tätigkeit als Influencer einen Gegenstand, den du mehrere Jahre für deine Influencertätigkeit nutzen kannst.

Praxis

Fitness-Influencerin Caro kauft ein Indoor-Fitnessbike für 2.100 Euro netto, um ihr Angebot an Fitnesskursen auf Instagram zu erweitern.

Dann sind die Kosten für das Bike nicht sofort im Jahr des Kaufs in kompletter Höhe Betriebsausgaben. Stattdessen musst du die **Kosten** auf die sogenannte **Nutzungsdauer** des Produkts **aufteilen.** In der Fachsprache sagt man: Du schreibst das Bike über die Nutzungsdauer **linear** ab.

Fakt:

Ein Gegenstand, den du

- für deine Influencertätigkeit kaufst,
- der länger als ein Jahr genutzt wird und
- der abnutzbar ist, also mit der Zeit an Wert verliert,

muss immer abgeschrieben werden.

6.2.1 Wie lange ist die Nutzungsdauer?

Bleiben wir bei dem neuen Fitnessbike. Woher weißt du, wie lange die Nutzungsdauer für das Bike ist? Die Nutzungsdauer von verschiedenen Dingen hat die Finanzverwaltung in einer Tabelle festgelegt, die »AfA-Tabelle« heißt. In dieser Tabelle findest du nun leider kein Fitnessbike. Ist der von dir gekaufte Gegenstand in der AfA-Tabelle nicht aufgelistet, wählst du am besten einen Gegenstand aus, der dem Gegenstand, für den du die Nutzungsdauer brauchst, ähnlich ist. Dem Fitnessbike ist ein Fahrrad ähnlich. Für ein Fahrrad ist in der Tabelle eine Nutzungsdauer von 7 Jahren angegeben.

Das bedeutet: Für die Abschreibung müssen die Kosten für das Bike auf 7 Jahre verteilt werden.

Bei eBay oder Kleinanzeigen gebraucht gekauft

Wie sieht es mit der Nutzungsdauer aus, wenn du den Gegenstand bei eBay, Kleinanzeigen oder woanders gebraucht von jemandem gekauft hast?

In diesen Fällen werden die »bereits genutzten Jahre« des Gegenstands, also die Jahre, in denen der Vorbesitzer den Gegenstand bereits benutzt hat, abgezogen. Ist der Gegenstand schon älter als die Nutzungsdauer in der AfA-Tabelle, dann kannst du schätzen. Du überlegst dir, welche Restnutzungsdauer der Gegenstand in deinem Influencerbetrieb noch haben wird.

Praxis

Fitness-Influencerin Caro hat ein Indoor-Fitnessbike gebraucht auf eBay für 900 Euro erstanden. Der Verkäufer hatte sich das Bike vor 4 Jahren gekauft. Caro geht somit noch von einer Restnutzungsdauer von 3 Jahren aus.

Ist das Bike bereits 7 Jahre alt, so ist die Nutzungsdauer nach der AfA-Tabelle schon erreicht. Caro vermutet, dass sie es noch 2 Jahre nutzen wird, und geht daher von einer Restnutzungsdauer von 2 Jahren aus.

6.2.2 Wie du die Kosten verteilst

Um nun die Kosten zu verteilen, das heißt, um abzuschreiben oder besser gesagt, um für deine Gewinnermittlung die richtige Höhe an Betriebsausgaben zu bekommen, teilst du im Grunde genommen die Kosten durch die Nutzungsdauer. Somit erhältst du deinen jährlichen linearen Abschreibungsbetrag, den du als Betriebsausgabe abziehen darfst.

Praxis

Fitness-Influencerin Caro teilt die 2.100 Euro, die sie für das Fitnessbike gezahlt hat, durch 7 Jahre.

2.100 Euro ÷ 7 Jahre = 300 Euro

Bei der Ermittlung ihres Gewinns berücksichtigt Caro jedes Jahr 300 Euro für das Bike als Betriebsausgaben – und das macht sie 7 Jahre lang. Nach 7 Jahren ist das Bike komplett abgeschrieben.

Wenn es um Abschreibungen geht, ist es gut, im Hinterkopf zu haben: Je kürzer die Nutzungsdauer ist, also je weniger Jahre der Gegenstand nach der AfA-Tabelle genutzt werden kann, desto höher ist der jährliche Abschreibungsbetrag. Und ein höherer jährlicher Abschreibungsbetrag bedeutet jährlich höhere Betriebsausgaben.

Du hast den Gegenstand zunächst privat gekauft

Gerade zu Beginn deiner Influencertätigkeit kommt es vor, dass du Gegenstände, die du bisher privat schon hattest, nun als Influencer nutzt.

Dies wird wie ein Kauf behandelt und heißt in der Fachsprache **»Einlage«.** Als »fiktiven« Kaufpreis setzt du den Preis an, den du bei einer Wiederbeschaffung des Gegenstands ausgeben müsstest. Diesen kannst du über eine Internetrecherche rausfinden. Beachte dabei, dass die von dir »eingelegte« Sache gebraucht ist. Du brauchst also den Nettopreis eines Gegenstands, der ähnlich alt ist und sich in einem ähnlichen Zustand befindet.

Ist der Kauf allerdings nicht mehr als 3 Jahre her, dann gibt es eine Maximalhöhe für diesen Preis der Wiederbeschaffung, also für deine Einlage. Es wird so getan, als ob du den Gegenstand ab dem Zeitpunkt des privaten Kaufs abgeschrieben hättest. Der nach dieser fiktiven Abschreibung verbleibende Restbetrag ist dann der Maximalwert.

Beachte aber, dass du in diesem Fall den Bruttobetrag abschreiben musst. Denn beim ursprünglichen Kauf warst du ja noch kein Unternehmer und hast daher auch keine Vorsteuer vom Finanzamt zurückbekommen. Daher ist hier der Bruttopreis für dich relevant.

Praxis

Jim besitzt seit Januar 2022 eine Vespa, die er für 4.900 Euro brutto gekauft hat. Ab Januar 2024 will er die Vespa nur noch für seine Influencertätigkeit nutzen, da er in seinem neuen Blog über schöne Touren mit dem Motorroller berichtet. Würde Jim sich im Januar 2024 seinen Roller kaufen, müsste er nach seiner Internetrecherche netto 3.800 Euro dafür bezahlen. Ein Roller hat eine Nutzungsdauer von 7 Jahren. Hätte Jim die Vespa seit dem Kauf in 2022 abgeschrieben, wäre der Wert nach den 2 Jahren im Januar 2024 bei 3.500 Euro. Das ist der maximale Wert den Jim für seine Einlage ansetzen darf. Diesen Wert verteilt Jim nun auf die restliche Nutzungsdauer von 5 Jahren und schreibt somit den Roller ab.

6.2.3 Du kaufst nicht am Jahresanfang

Bei der Abschreibung teilst du deine Kosten auf die Jahre auf und hast somit einen jährlichen Abschreibungsbetrag. Wenn du den Gegenstand aber nicht am Anfang eines Jahres kaufst, steht dir im Kaufjahr auch nicht der komplette jährliche Abschreibungsbetrag als Betriebsausgabe zu. Angefangene Monate musst du aber nicht weiter aufteilen. Diese darfst du komplett ansetzen.

Praxis

Caro hat das Bike im September gekauft. Im Jahr des Kaufes darf sie also nur für die 4 Monate September bis Dezember ihr neues Bike abschreiben. Daher rechnet sie:

300 Euro jährliche Abschreibung ÷ 12 Monate = 25 Euro

25 Euro × 4 Monate = 100 Euro

In dem Jahr, in dem Caro das Bike im September gekauft hat, setzt sie als Betriebsausgabe nur eine Abschreibung in Höhe von 100 Euro an.

Das bedeutet dann auch, dass von den sieben jährlichen Abschreibungsbeträgen am Ende »noch was übrig ist«. Auch dieser »Rest« muss noch abgeschrieben werden.

Praxis

Im Jahr 8 hat Caro noch einen Abschreibungsbetrag für 8 Monate übrig.

25 Euro × 8 Monate = 200 Euro

Der Abschreibungsbetrag aus dem ersten Jahr in Höhe von 100 Euro und der im letzten Jahr in Höhe von 200 Euro ergeben zusammen wieder den Abschreibungsbetrag für ein komplettes Jahr.

Du willst am Jahresende noch das eine oder andere für deine Influencertätigkeit kaufen, um deine Betriebsausgaben in dem Jahr noch zu erhöhen. Bei Gegenständen, die über die Nutzungsdauer abgeschrieben werden müssen, bringt das zum Jahresende nicht mehr viel. Denn kaufst du im Dezember, darfst du nur noch ein Zwölftel des jährlichen Abschreibungsbetrags als Ausgabe ansetzen. Hier macht es für dich mehr Sinn zu überlegen, ob du noch ein sogenanntes »Geringwertiges Wirtschaftsgut« brauchst. Denn bei einem solchen darfst du die gesamten Kosten sofort abziehen → Kapitel 6.2.6.

6.2.4 Welche Abschreibungen sind bei Influencern typisch?

Im Normalfall werden alle Gegenstände, die du länger nutzt und die sich über die Zeit abnutzen, auch abgeschrieben.

Zu den typischen Abschreibungsgegenständen gehören auch das Handy, der Laptop und das Auto. Da es hier aber einige Besonderheiten gibt, schauen wir uns die Ausgaben für ein **Smartphone** (→ Kapitel 6.3), für **Laptop, Tablet & Co.** (→ Kapitel 6.4) und das **Geschäftsauto** (→ Kapitel 6.9) in jeweils einem eigenen Kapitel an.

Weitere typische Abschreibungsgegenstände sind zum Beispiel:

- Schreibtisch und Bürostuhl
- eine Fotokamera
- Sport- und Fitnessgeräte

Bei jedem Gegenstand kommt es aber immer darauf an, ob er zu deinem Influencerbetrieb gehört – und das hängt davon ab, ob du ihn auch privat nutzt – und wenn ja, wie viel. Das erklären wir ausführlich anhand des Smartphones (→ Kapitel 6.3).

6.2.5 Was passiert bei einem plötzlichen Schaden oder bei Verkauf?

Was passiert aber, wenn der Gegenstand vor dem Ende der Nutzungsdauer kaputtgeht oder wenn du ihn verkaufst?

Der Gegenstand wird zerstört

In so einem Fall darfst du den noch übrigen Teil oder, anders ausgedrückt, den Teil, den du noch nicht abgeschrieben hast, als Ausgabe abziehen. Man nennt das eine außerplanmäßige Abschreibung. Voraussetzung für eine solche Abschreibung ist, dass der Gegenstand durch den Schaden dauerhaft an Wert verloren hat.

Praxis

Kid-Influencerin Nadja ist Tagesmutter und postet auf ihren Social-Media-Kanälen alles rund um die Betreuung und Beschäftigung von Kindern. Sie hat sich dafür vor 2 Jahren im Januar eine neue Kamera für 1.120 Euro netto gekauft, um damit Fotos und Filme zu erstellen. Privat nutzt sie die Kamera nicht. Die Nutzungsdauer einer Kamera beträgt 7 Jahre. Sie verteilt die Kosten auf 7 Jahre und hat jedes Jahr einen Abschreibungsbetrag von 160 Euro. Nach 2 Jahren hat sie also schon 2 × 160 Euro = 320 Euro abgeschrieben und die Kamera hat daher noch einen

Wert von 1.120 Euro – 320 Euro = 800 Euro. Beim Spielen wirft eines der Kinder seinen Kakao um, der komplett auf der Kamera landet. Diese ist dadurch zerstört und der Wert ist null. Nadja kann somit den noch vorhandenen Wert der Kamera in Höhe von 800 Euro als Ausgabe abziehen.

Der Gegenstand wird verkauft

Verkaufst du zum Beispiel dein Auto, deinen Laptop oder deine Fotokamera, bekommst du dafür Geld. Da du den Gegenstand für deinen Influencerbetrieb gekauft hattest und daher Abschreibungsbeträge als Betriebsausgaben abgezogen hast, ist nun umgekehrt der Verkaufspreis eine Einnahme für deinen Influencerbetrieb. Aus dem Verkauf musst du auch Umsatzsteuer an das Finanzamt bezahlen, wenn du umsatzsteuerpflichtig bist.

Verkaufst du während des Jahres, ist es wichtig, daran zu denken, dass der Gegenstand bis zu diesem Zeitpunkt noch abgeschrieben werden muss. Der Wert, den du zum Verkaufszeitpunkt noch nicht abgeschrieben hast, ist eine Betriebsausgabe, denn der Gegenstand gehört nun nicht mehr zu deinem Influencerbetrieb.

Das bedeutet: Der Verkauf eines solchen Gegenstandes erhöht nur dann deinen Gewinn und muss somit versteuert werden, wenn der Verkaufspreis höher ist als der Wert, den der Gegenstand zu diesem Zeitpunkt aufgrund der Abschreibung noch hatte.

Praxis

Twitch Streamer Ramon hat sich einen besonderen höhenverstellbaren Schreibtisch, der für seine Gaming-Aktivitäten geeignet sein soll, für einen Preis von 1.050 Euro netto im Juli 2021 gekauft. Schreibtische haben eine Nutzungsdauer von 13 Jahren, der jährliche Abschreibungsbetrag beträgt somit:

1.050 Euro ÷ 13 Jahre = 80,77 Euro

Da Ramon Anfang 2024 spontan in eine neue Wohnung umzieht, will er den Schreibtisch verkaufen, da er in der neuen Wohnung weniger Platz hat. Im Juni 2024 findet er einen Käufer, der ihm für den Schreibtisch noch 500 Euro bezahlt.

Für das Jahr 2021 und das Jahr 2024 kann jeweils die Hälfte des jährlichen Abschreibungsbetrags abgezogen werden, für 2022 und 2023 der ganze Abschreibungsbetrag. Bis zum Verkauf sind somit insgesamt 242,31 Euro abgeschrieben.

Der Schreibtisch hat noch einen Wert von 1.050 Euro – 242,31 Euro = 807,69 Euro.

Ramon kann durch den Verkauf eine Betriebsausgabe in Höhe von 807,69 Euro ansetzen, denn der Schreibtisch gehört nicht mehr zu seinem Betrieb als Twitch Streamer. Auf der anderen Seite hat er eine Betriebseinnahme in Höhe des Verkaufspreises, also 500 Euro. Die darin enthaltene Umsatzsteuer von 79,83 Euro (500 Euro – (500 Euro ÷ 1,19 = 420,17 Euro)) ist bei Zahlung an das Finanzamt als Betriebsausgabe anzusetzen.

6.2.6 Wenn der Preis unter 800 Euro liegt

Bei manchen Gegenständen kann die Abschreibung aber auch schneller gehen und du musst deine Kosten nicht auf die Nutzungsdauer verteilen. Das ist bei sogenannten »**geringwertigen Wirtschaftsgütern**«, oft mit »GWG« abgekürzt, der Fall.

Fakt:

Ein Gegenstand ist ein GWG, wenn

- er für einen längeren Zeitraum zur Nutzung für deine Influencertätigkeit gedacht ist,
- beweglich und selbstständig nutzbar ist und
- der Netto-Kaufpreis nicht höher als 800 Euro ist.

Beweglich sind die meisten Gegenstände, es sei denn, es sind Grundstücke oder Häuser oder auch immaterielle Dinge wie eine Lizenz oder ein Patent. Was bedeutet aber **selbstständig nutzbar?** Diese Voraussetzung ist erfüllt, wenn ein Gegenstand ohne Ergänzung durch einen anderen Gegenstand benutzbar ist. So ist beispielsweise ein Schreibtisch selbstständig nutzbar. Ein Schreibtischaufsatz, der ohne den dazugehörigen Schreibtisch nicht stehen kann, ist dagegen nicht selbstständig nutzbar. Um zu prüfen, ob du beim Kaufpreis die GWG-Grenze von 800 Euro einhältst, schaust du dir immer den Netto-Kaufpreis, also ohne Umsatzsteuer, an. Diese gilt auch dann, wenn du beispielsweise als Kleinunternehmer keine Vorsteuer abziehen kannst.

Um die GWG-Grenze von 800 Euro einzuhalten, darf der Brutto-Kaufpreis eines Gegenstands maximal 856 Euro (wenn mit 7 % besteuert) oder 952 Euro (wenn mit 19 % besteuert) betragen.

Liegt bei deinem Kauf ein GWG vor, dann kannst du die Kosten **sofort** als Betriebsausgaben abziehen. Du musst also keine Verteilung über die Nutzungsdauer vornehmen.

Praxis

DIY-Influencerin Kerstin kauft sich im Mai 2024 eine neue Nähmaschine zum Preis von 369 Euro brutto. Der Netto-Kaufpreis ist somit 369 Euro ÷ 1,19 = 310,08 Euro hoch.

Die Nähmaschine erfüllt die Voraussetzungen für ein GWG. Daher ist der Netto-Kaufpreis von 310,08 Euro für Kerstin bei ihrer Gewinnermittlung für 2024 in voller Höhe Betriebsausgabe. Die an den Verkäufer bezahlte Umsatzsteuer bekommt Kerstin vom Finanzamt als Vorsteuer erstattet. Sie wird in Höhe von 58,92 Euro (369 Euro – 310,08 Euro) bei Zahlung an den Verkäufer als Betriebsausgabe und bei Erstattung durch das Finanzamt in gleicher Höhe wiederum als Betriebseinnahme berücksichtigt. Im Ergebnis hat die Vorsteuer für Kerstin keine Auswirkung auf ihren Gewinn.

Auch ein GWG kannst du zunächst »für privat« gekauft haben und wird dann von dir für deine Influencertätigkeit genutzt.

Praxis

Kerstin hat früher viel für ihre Kinder genäht und sich daher die Nähmaschine im Jahr 2020 gekauft. Da ihre Kinder nichts »Selbstgenähtes« mehr wollen, nutzt sie ihre Nähmaschine von nun an nur noch als DIY-Influencerin. Im Januar 2024 macht sie mit der Nähmaschine eine Einlage in ihren Influencerbetrieb. Sie tut also so, als würde sie die Nähmaschine gebraucht für ihre Influencertätigkeit kaufen. Ihre Internetrecherche ergibt, dass Kerstin heute für ihre Nähmaschine noch 100 Euro ausgeben müsste. Die Nähmaschine erfüllt daher die Voraussetzungen für ein GWG und Kerstin kann die 100 Euro komplett als Betriebsausgabe in 2024 abziehen.

Das Finanzamt möchte von dir, dass du für alle deine GWG eine **separate Liste** anlegst. In dieser Liste hältst du fest:

- die Bezeichnung des GWG,
- den Tag des Kaufs und
- den Netto-Kaufpreis.

6.2.7 Wenn du in der Zeit von 1. April bis 31. Dezember 2024 kaufst

Für länger nutzbare, bewegliche Gegenstände, die du in dem neunmonatigen Zeitraum von 1.4.2024 bis 31.12.2024 **gekauft** hast, gibt es auch die sogenannte **»degressive Abschreibung«.** Damit kannst du eine höhere Betriebsausgabe durch diese Abschreibung haben, als wenn du den Preis für den Kauf gleichmäßig bzw. linear auf die Nutzungsdauer verteilst → Kapitel 6.2.2. Denn statt des linearen jährlichen Abschreibungsbetrags darfst du hier das Doppelte davon nehmen, solange dieser Wert dann **nicht höher als 20 %** deines Kaufpreises ist.

Praxis

Garten-Influencer Jakob kauft sich am 1.7.2024 eine Kamera für netto 6.300 Euro, um besonders schöne Makro-Aufnahmen von Pflanzen damit machen zu können. Statt die Kosten für die Kamera gleichmäßig über die Nutzungsdauer von 7 Jahren zu verteilen, kann Jakob die Kamera auch degressiv abschreiben:

jährlicher linearer Abschreibungsbetrag: 6.300 Euro ÷ 7 Jahre = 900 Euro
jährlicher degressiver Abschreibungsbetrag: 900 Euro × 2 Jahre = 1.800 Euro

Aber: 20 % von 6.300 Euro = 1.260 Euro. Das ist der maximale degressive Abschreibungsbetrag.

Da Jakob die Kamera erst am 1.7.2024 kauft, kann er nur für ein halbes Jahr abschreiben:
1.260 Euro ÷ 2 = 630 Euro

Jakob kann im Jahr 2024 bei der degressiven Abschreibung 630 Euro als Betriebsausgabe für die Kamera ansetzen. Bei der linearen Abschreibung wäre die Betriebsausgabe 450 Euro (900 Euro ÷ 2).

6.3 Ein Smartphone muss sein

Jeder Influencer hat ein Smartphone – gerade für Influencer auf Instagram oder TikTok oder auch für Blogger ist ein Handy unbedingt notwendig. Aber auch, wenn du auf YouTube oder einer anderen Plattform unterwegs bist, nutzt du dein Handy bestimmt für viele betriebliche Vorgänge, wie Schreiben und Überprüfen von E-Mails, geschäftliche Telefonate usw.

Im Normalfall erledigst du aber auch private Angelegenheiten mit deinem Smartphone. Ausnahme: Du hast zwei Smartphones, also eines für private und eines für geschäftliche Zwecke. Bei einer gemischten Nutzung deines Smartphones gibt es ein paar Dinge zu beachten.

6.3.1 Das Handy gehört zu deinem Influencerunternehmen

Viele Influencer nutzen das Smartphone zu mehr als 50 % für die Influencertätigkeit. Aus steuerlicher Sicht gehört das Smartphone dann zu dem Betrieb des Influencers.

Und das bedeutet, dass alle Kosten im Zusammenhang mit deinem Handy für dich auch Betriebsausgaben sind.

Kosten für den Kauf des Smartphones

Viele Smartphones liegen preislich mittlerweile über 800 Euro und werden natürlich auch länger als ein Jahr genutzt. Somit sind in diesen Fällen auch die Kosten für die Anschaffung deines Handys mithilfe der Abschreibung über die Nutzungsdauer zu verteilen.

Schaust du allerdings die Nutzungsdauer für ein Handy in der »AfA-Tabelle« (→ Kapitel 6.2.1) nach, merkst du, dass diese Tabelle schon ganz schön in die Jahre gekommen ist. Sie stammt aus dem Jahr 2000 und man geht hier noch von der Nutzungsdauer eines Handys von 5 Jahren aus.

Du kannst problemlos von einer Nutzungsdauer von 3 Jahren für dein Handy ausgehen. Auch Finanzbeamte kennen den technischen Fortschritt und werden dies akzeptieren. Beachte: Die Sonderregelung für Laptops, Tablets etc. gilt für Smartphones nicht (→ Kapitel 6.4).

Der Betrag, den dich das Handy gekostet hat, wird also über 3 Jahre verteilt – wie bei anderen Anschaffungen auch (→ Kapitel 6.2). Und wenn du das Handy nicht am Jahresanfang gekauft hast, musst du die Jahresabschreibung auf die Monate aufteilen (→ Kapitel 6.2.3).

Hast du dich aber für ein günstigeres Handymodell entschieden, das unter 800 Euro kostet, kannst du es auch als GWG sofort abschreiben. Das heißt, du kannst die Kosten für den Kauf des Handys in deiner Gewinnermittlung des selben Jahres komplett als Betriebsausgaben abziehen (→ Kapitel 6.2.6).

Mobilfunkvertrag und andere Kosten

Auch die Kosten für deinen Mobilfunkvertrag gehören zu deinen Betriebsausgaben.

Daneben kannst du noch die Kosten für eine Versicherung deines Smartphones und für Handyreparaturen berücksichtigen. Ausgaben für Schutzfolie, Panzerglas und Handyhülle gehören auch dazu.

Bei kostenpflichtigen Apps kannst du nur die Kosten als Betriebsausgaben abziehen, die auch zu deiner Influencertätigkeit passen, denn auch hier muss der Kauf durch deine Arbeit als Influencer veranlasst sein.

6.3.2 Du nutzt dein Handy auch privat

Dein Handy gehört wegen der betrieblichen Nutzung von mehr als 50 % zu deinem Influencerbetrieb und damit hast du alle Kosten für das Handy als Betriebsausgaben bei der Ermittlung des Gewinns abgezogen.

Auf der anderen Seite nutzt du das Handy aber auch privat. Aus steuerlicher Sicht darfst du deshalb den Teil der Handykosten, die auf deine Privatnutzung fallen, nicht als Betriebsausgaben berücksichtigen. Hier ist also eine Korrektur notwendig. Das machst du, indem du den Anteil der Kosten, der auf die Privatnutzung entfällt, wieder zu deinem Gewinn dazuzählst. Du setzt also eine Einnahme in Höhe der zu viel abgezogenen Kosten an (= fiktive Einnahme).

Wie komme ich auf den privaten Anteil?

In welchem Umfang du dein Smartphone privat nutzt, lässt sich eigentlich nur schätzen. Klar ist aber, dass das Finanzamt eine ausschließlich betriebliche Nutzung nicht anerkennen wird, wenn du nur ein Gerät hast. Denn dann liegt es auf der Hand, dass du dein Handy auch privat nutzt. Letztendlich musst du eine Schätzung machen und diese im Zweifel gegenüber dem Finanzamt gut erläutern können. Die Grundlage für die Schätzung des privaten Anteils ist dein tatsächliches Nutzungsverhalten. Verschaffe dir am besten für einen gewissen Zeitraum von 1–3 Monaten einen Überblick, wie viel Zeit du dein Handy beruflich und privat nutzt. Die meisten Smartphones enthalten eine App, aus der du deine Bildschirmzeit und die verwendeten Apps sehen kannst. Bei dem auf diesem Weg ermittelten privaten Anteil kannst du dann so lange bleiben, wie sich dein Nutzungsverhalten nicht gravierend ändert.

Praxis

Luca nutzt sein Smartphone zu 80 % für seine Influencerzwecke. Er hat sich sein neues Handy im Juli 2024 für 1.500 Euro netto gekauft und schließt gleichzeitig auch einen neuen Mobilfunkvertrag ab, für den er 24,90 Euro netto im Monat zahlt. Er kann im Jahr 2024 also diese Betriebsausgaben berücksichtigen:

Abschreibung:

1.200 Euro ÷ 3 Jahre = 400 Euro.

Da er das Smartphone im Juli gekauft hat, darf er nur den Abschreibungsbetrag für ein halbes Jahr berücksichtigen, das heißt 200 Euro.

Mobilfunkvertrag:

Hier fällt der Monatsbetrag für Juli bis Dezember in 2024 an.

24,90 Euro × 6 Monate = 149,40 Euro

Gesamt:

Insgesamt kann Luca in 2024 für sein Smartphone als Betriebsausgaben berücksichtigen:

200 Euro + 149,40 Euro = 349,40 Euro

Privatanteil:

Da Luca das Handy zu 20 % privat benutzt, dürfen auch 20 % der Kosten rund um das Handy nicht als Betriebsausgaben abgezogen werden.

Deshalb zählt Luca 20 % der Kosten als fiktive Einnahme wieder zu seinem Gewinn dazu:

349,40 Euro × 20 % = 69,88 Euro

Luca hat die die komplette Umsatzsteuer aus der Anschaffung des Smartphones und aus den Kosten für den Mobilfunkvertrag als Vorsteuer vom Finanzamt erstattet bekommen. Deshalb muss er für seine private Nutzung des Handys Umsatzsteuer an das Finanzamt bezahlen. Die fällige Umsatzsteuer wird auf den Betrag der fiktiven Einnahme draufgeschlagen und beträgt:

69,88 Euro × 19 % = 13,28 Euro

6.3.3 Du nutzt dein Smartphone weniger als 50 % für deine Tätigkeit als Content Creator

Nutzt du dein Handy zu weniger als der Hälfte, aber zu mehr als 10 % für deine Social-Media-Tätigkeit? Dann kannst du entscheiden, ob es zu deinem Influencerbetrieb gehört oder nicht. Entscheidest du, dass es zu deinem Betrieb gehört, dann gehst du so vor wie bereits in → Kapitel 6.3.1 und Kapitel 6.3.2 beschrieben. Auch dann kannst du die laufenden Kosten für den Mobilfunkvertrag komplett als Betriebsausgaben berücksichtigen. Im Gegenzug musst du aber auch hier eine fiktive Einnahme für deine Privatnutzung des Handys ansetzen und Umsatzsteuer bezahlen.

Entscheidest du, dass dein Handy nicht zu deinem Influencerbetrieb gehört, bedeutet das: Du darfst den Kaufpreis und die laufenden Kosten nur in dem Umfang als Betriebsausgabe abziehen, wie diese Ausgaben auf deine betriebliche Nutzung entfallen.

Das Finanzamt akzeptiert aber auch eine Vereinfachung: Du setzt 20 % des monatlichen Rechnungsbetrags, aber höchstens 20 Euro, als Betriebsausgabe an. Der Kaufpreis des Handys wirkt sich bei Anwendung der Vereinfachung nicht als Betriebsausgabe bei deiner Gewinnermittlung aus.

6.3.4 Recap: Welche Handykosten kann ich abziehen?

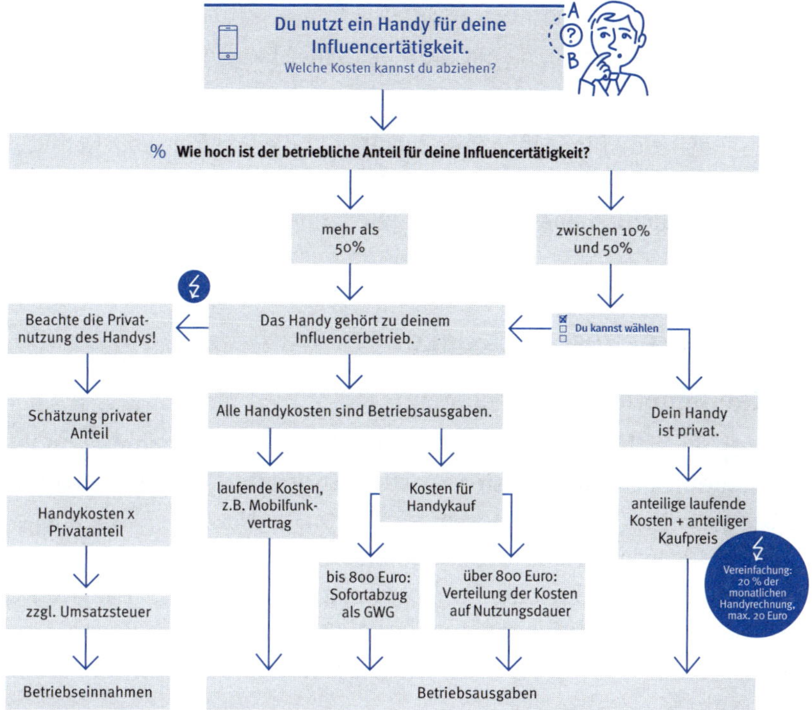

6.4 Laptop, Tablet, Software & Co.

Für sogenannte Computerhardware wie Laptops, Tablets etc. und Software gibt es eine andere Regelung als die beschriebene Abschreibung in → Kapitel 6.2.

Bei Computerhardware und Software kannst du deine Kosten für die Anschaffung im Jahr des Kaufs immer in voller Höhe als Betriebsausgabe ansetzen. Hierbei spielt es keine Rolle, wie viel dein digitales Gerät gekostet hat.

! Nutzt du deinen PC auch privat, musst du einen Teil der entstandenen Ausgaben wegen der Privatnutzung wieder als fiktive Einnahme ansetzen. Die Finanzämter akzeptieren hier meist einen betrieblichen Anteil von 50 %. Nutzt du deinen Computer zu mehr als 50 % für deinen Betrieb, kannst du die Ausgaben auch in diesem Umfang berücksichtigen. Als Influencer hast du hier gute Karten, da ein Großteil deiner Tätigkeit am PC verrichtet wird.

Besitzt du hingegen einen privaten und einen betrieblichen PC, kannst du die Ausgaben für den betrieblichen PC voll ansetzen, weil du für deine privaten Angelegenheiten ein weiteres Gerät hast.

6.4.1 Was gehört alles dazu?

Zur **Computerhardware** gehören:

Desktop-PCs, Notebooks, Tablets ab 9 Zoll Bildschirmdiagonale, Workstations, Dockingstations, externe Speicher- und Datenverarbeitungsgeräte (Small-Scale-Server), externe Netzteile, Eingabegeräte wie Tastatur, Maus, Grafiktablet, Scanner, Kamera, Mikrofon, Headset, externe Speicher wie Festplatten, CD/DVD-Laufwerke, USB-Sticks, Bandlaufwerke und auch Ausgabegeräte wie Beamer, Plotter, Headset, Lautsprecher, Bildschirme und Drucker.

Nicht dazu gehört das **Smartphone,** weil es meist eine Bildschirmdiagonale von weniger als 9 Zoll hat.

Zur **Software** gehören:

Betriebs- und Anwendungssoftware zur Dateneingabe und -verarbeitung, egal, ob es sich dabei um eine Standardanwendung oder eine individuell abgestimmte Anwendung handelt. Das heißt, du kannst die Kosten für alle Apps, die du als Creator brauchst, bei Zahlung in voller Höhe als Ausgabe berücksichtigen.

6.4.2 Du kannst dich auch anders entscheiden

Du kannst die Kosten für die Anschaffung eines solchen digitalen Produkts **sofort** bei deiner Gewinnermittlung als Betriebsausgabe ansetzen – du musst es aber nicht tun.

Wann kann das für dich Sinn machen?

Praxis

Sport-Influencerin Kathrin kauft sich im Dezember des Jahres einen neuen Laptop für 2.400 Euro netto. Sie nutzt das Gerät ausschließlich für ihre Tätigkeit als Creator. Da sie Anfang des Jahres einen Unfall hatte, hat sie in dem Jahr noch kaum etwas als Influencerin verdient.

Es ist für sie besser, die kompletten Ausgaben für den Laptop nicht sofort bei ihrer Gewinnermittlung abzuziehen. Da sie bisher kaum Einnahmen hatte, ist ihr Gewinn niedrig und sie muss daher wenig Steuern zahlen.

Rechnet sie im kommenden Jahr damit, wieder mehr Einnahmen zu haben, sollte sie die Ausgaben für den Computer lieber auf die Jahre verteilen. So hat sie sozusagen für die kommenden Jahre noch Betriebsausgaben »übrig«.

6.5 Wenn du im Homeoffice arbeitest

Bei der Tätigkeit eines Influencers gibt es viele Aufgaben, die von zu Hause »am Schreibtisch« erledigt werden. Viele Influencer verbringen auch einen großen Teil ihrer Arbeitszeit im Homeoffice. Dort kümmert man sich zum einen um alle Büroarbeiten wie zum Beispiel E-Mails beantworten, Rechnungen schreiben usw. Bei einigen Influencern findet aber auch das Erstellen des Social-Media-Contents, also Rechercheaufgaben, Aufnahme des Contents und die Bearbeitung von Videos, im Homeoffice zu Hause am Schreibtisch statt.

Praxis

Luna versorgt ihre Follower mit Motivationsvideos, wie sie ihren Alltag besser in den Griff bekommen. Die Recherche für ihre Storys, aber auch die Aufnahmen erledigt sie zu Hause in ihrem Zimmer.

Das Steuerrecht geht davon aus, dass **gedankliche, schriftliche und organisatorische Arbeiten** im Homeoffice erledigt werden können. Eigentlich fallen solche Arbeiten bei jedem Influencer an, nur im unterschiedlichen Umfang.

Um herauszufinden, welche Kosten du für dein Homeoffice ansetzen kannst, musst du dir anschauen, wo du diesen Arbeiten genau nachgehst und ob du deinen sogenannten **Arbeitsmittelpunkt** im Homeoffice hast.

6.5.1 Wo erledigst du deine Arbeiten im Homeoffice?

Es stellt sich also zunächst die Frage, wo du deinen »Schreibtischarbeiten« nachgehst.

Hast du für deine Influencertätigkeit zu Hause ein **eigenes Arbeitszimmer,** in dem du all deine gedanklichen, schriftlichen und organisatorischen Aufgaben erledigst?

Oder hast du dir im Wohn- oder Schlafzimmer eine **Arbeitsecke** eingerichtet. Vielleicht reicht es dir ja auch, diesen Arbeiten einfach am Küchentisch oder auf dem Sofa nachzugehen?

Ein richtiges Arbeitszimmer?

Hast du in deinem Zuhause ein richtiges Arbeitszimmer? In der Steuer-Fachsprache heißt es korrekt: Du verfügst über ein **»häusliches Arbeitszimmer«.** Damit es steuerlich anerkannt wird, müssen diese Voraussetzungen erfüllt sein:

- Es ist häuslich.
- Es hat die Ausstattung eines Arbeitszimmers.

- Es werden dort von dir gedankliche, schriftliche oder organisatorische Arbeiten erledigt.
- Es wird von dir nur bzw. überwiegend für deine Tätigkeit als Influencer genutzt.

Ist dein Arbeitszimmer ein Zimmer in deiner Wohnung oder in deinem Einfamilienhaus, dann ist es auch **häuslich.** Es spielt keine Rolle, ob du zur Miete wohnst oder ob die Wohnung/das Haus dir gehören.

Bei der **Ausstattung** ist es wichtig, dass das Arbeitszimmer **büromäßig** eingerichtet ist.

Auch kommt es darauf an, dass du in dem Arbeitszimmer **gedankliche, schriftliche oder organisatorische Arbeiten** erledigst. Ein als Fitnessraum eingerichtetes Zimmer in der eigenen Wohnung kann somit kein häusliches Arbeitszimmer sein.

Ein Zimmer wird nur dann als häusliches Arbeitszimmer anerkannt, wenn du es **fast ausschließlich** für deinen Betrieb als Influencer nutzt. Diese Voraussetzung ist erfüllt, wenn du den Raum weniger als 10 % privat nutzt.

Praxis

Luna hat zu Hause ein büromäßig eingerichtetes Arbeitszimmer. Da sie nicht nur Influencerin ist, sondern auch noch studiert, nutzt sie den Raum auch zum großen Teil für ihr Studium. Der Raum erfüllt somit nicht die Voraussetzungen eines häuslichen Arbeitszimmers für ihre Influencertätigkeit.

Ist dein Arbeitszimmer nicht **durch eine Tür** von dem Rest deiner Wohnung **abgetrennt,** erfüllt es auf keinen Fall die Voraussetzung »ausschließlich für die Influencertätigkeit genutzt«. Ein Durchgangszimmer oder eine durch ein Regal abgetrennte Arbeitsecke kann also nie ein häusliches Arbeitszimmer sein.

6.5.2 Ist der Mittelpunkt deiner Influencertätigkeit im Arbeitszimmer?

Du hast nun festgestellt, dass dein Arbeitszimmer alle Voraussetzungen für ein häusliches Arbeitszimmer erfüllt.

Die Kosten für dieses häusliche Arbeitszimmer darfst du aber nur dann bei deiner Gewinnermittlung ansetzen, wenn in dem Arbeitszimmer auch der Mittelpunkt deiner gesamten betrieblichen und beruflichen Tätigkeit liegt.

Was heißt das?

Arbeitest du ausschließlich als Influencer, kommt es also darauf an, ob der Arbeitsmittelpunkt deiner Influencertätigkeit in deinem Arbeitszimmer liegt.

Das ist dann der Fall, wenn du die »**wesentlichen und prägenden**« Tätigkeiten für deinen Influencerbetrieb zu Hause im Arbeitszimmer ausführst. Für einen Influencer sind die wesentlichen und prägenden Tätigkeiten die **Erstellung des Contents.** Erstellst du deinen Content für zum Beispiel Instagram und TikTok in deinem Arbeitszimmer, dann ist dort auch der Mittelpunkt für deine Influencertätigkeit.

Praxis

Technik-Influencer Ralf testet neue technische Geräte. In seinen YouTube-Videos erklärt er seinen Followern die Vor- und Nachteile des jeweiligen Geräts und hilft so bei der Kaufentscheidung. Seine Berichte und Videos erstellt er alle in seinem Arbeitszimmer.

In seinem häuslichen Arbeitszimmer erstellt Ralf also seine Social-Media-Inhalte, die prägend und typisch für seine Influencertätigkeit sind. Sein Tätigkeitsmittelpunkt liegt damit im Arbeitszimmer.

Es kommt übrigens nicht darauf an, wie viel Zeit du im Arbeitszimmer verbringst. Ausschlaggebend ist in erster Linie, wo die wesentlichen und prägenden Tätigkeiten ausgeführt werden.

Praxis

Bau-Influencer Lia hat ein Arbeitszimmer. Sie plant dort die Umbaumaßnahmen ihres Hauses, nimmt Kontakt zu Herstellern von Baumaterialien auf und verfasst dort auch Berichte, was viele Stunden beanspruchen kann. Trotzdem hat sie im Arbeitszimmer nicht ihren Tätigkeitsmittelpunkt. Ihre Tätigkeit auf der Baustelle, wo ihr Content entsteht, ist prägend für sie als Bau-Influencerin.

Wenn du neben deiner Influencertätigkeit noch einen anderen Job hast

Gehst du neben deinem Influencerjob noch einer anderen Tätigkeit nach, kommt es darauf an, ob der Arbeitsmittelpunkt für deine **gesamte** berufliche Tätigkeit in deinem Arbeitszimmer ist.

Beide Jobs im Arbeitszimmer

Praxis

Arne ist als Journalist bei einer Zeitung angestellt. In seinem Vertrag als Angestellter ist geregelt, dass er von zu Hause aus arbeitet. Nur wenn längere Meetings stattfinden, geht er ins Büro im Verlag. Als selbstständiger Influencer veröffentlicht er auf seinem Instagram-Kanal alles rund um das Thema Gesundheit. Sein Content dafür entsteht im Arbeitszimmer.

Für beide Tätigkeiten liegt der Arbeitsmittelpunkt im Arbeitszimmer. Damit ist auch der Arbeitsmittelpunkt für Arnes gesamte berufliche Tätigkeit im Arbeitszimmer.

Ein Job hier, ein Job dort

Praxis

Fabian ist als Journalist bei einer Zeitung angestellt. Seiner Tätigkeit als Angestellter geht er in seinem Büro im Verlag nach. Der Content für seine selbstständige Tätigkeit als Influencer entsteht zu Hause in seinem Arbeitszimmer.

Nur der Arbeitsmittelpunkt für die Influencertätigkeit ist daheim im Arbeitszimmer. Der Arbeitsmittelpunkt für seine gesamte berufliche Tätigkeit ist somit nicht im Arbeitszimmer.

Was ist die Haupttätigkeit?

Übst du mehrere Tätigkeiten aus und ist ein Job deine Haupttätigkeit, dann ist dein Arbeitsmittelpunkt immer dort, wo der Arbeitsmittelpunkt deiner Haupttätigkeit ist. Bist du in Vollzeit angestellt, dann ist deine Angestelltentätigkeit auch deine Haupttätigkeit.

Hast du aber keine Vollzeitbeschäftigung, sondern übst verschiedene Jobs nebeneinander aus, einer davon ist deine Influencertätigkeit, dann musst du prüfen, welches deine Haupttätigkeit ist.

Praxis

Pia ist selbstständig und hat eine kleine Praxis als Logopädin. Als selbstständige Influencerin gibt sie ihren Followern Tipps zur Sprachentwicklung von Kindern. Außerdem verfasst sie als freiberufliche Journalistin Fachartikel über Sprachstörungen von Kindern.

Der Arbeitsmittelpunkt für ihre Tätigkeit als Logopädin ist in der Praxis, bei den beiden anderen Tätigkeiten ist der Arbeitsmittelpunkt das Arbeitszimmer. Für die Gesamtbeurteilung kommt es auf Zeitaufwand, Einnahmen und Gewicht an.

Praxis

Pia hat an 3 Tagen die Praxis geöffnet und verdient damit über die Hälfte ihrer Gesamteinnahmen. Ihre Praxis ist bekannt und etabliert. Den Fachartikeln widmet Pia im Schnitt einen Arbeitstag. Den Instagramkanal hat sie vor Kurzem begonnen und hat die ersten Kooperationspartner.

Der Arbeitsmittelpunkt der Gesamttätigkeit ist aufgrund des Zeitaufwands, der Höhe der Einnahmen und des Gewichts, welches die Tätigkeit als Logopädin für Pia hat, ganz klar nicht im Arbeitszimmer, sondern in der Praxis. Dies muss sie beachten, wenn es um die Kosten für die Tätigkeit im Homeoffice als Influencerin geht.

6.5.3 Arbeitszimmer ist Mittelpunkt: Welche Kosten kannst du ansetzen?

Die Antwort auf die Frage, ob du als Influencer deinen Arbeitsmittelpunkt im Arbeitszimmer hast, ist wichtig, um zu wissen, welche Kosten du ansetzen kannst. Gehörst du zu den Influencern, die den Mittelpunkt ihrer Tätigkeit im Arbeitszimmer haben, kannst du wählen. Du kannst entweder

- die tatsächlichen Kosten deines Arbeitszimmers oder
- die sogenannte Jahrespauschale in Höhe von 1.260 Euro

bei deiner Gewinnermittlung ansetzen.

Die tatsächlichen Kosten deines Arbeitszimmers

Zu den Kosten für dein Arbeitszimmer gehören die Raumkosten und die Kosten für die Ausstattung des Arbeitszimmers.

Raumkosten fallen im Normalfall für deine ganze Wohnung oder für dein ganzes Haus an. Hast du die Wohnung oder das Haus **gemietet,** zählen hier die Miete aber auch die Mietnebenkosten wie Heizung und Strom dazu.

Wenn du deine Wohnung oder das Haus gemeinsam mit deinem Partner gemietet hast und du dort ein Arbeitszimmer nutzt, solltest du darauf achten, dass die Miete von deinem Konto bezahlt wird. Denn dann kannst du die Mietkosten immer berücksichtigen, egal wer von euch der Mieter ist.

Gehört dir die Immobilie, in der du dein Arbeitszimmer hast, gehören zu den Raumkosten unter anderem: Betriebskosten wie Strom, Heizung usw., Versicherungen, Abschreibung für das Gebäude, Renovierungskosten für die Immobilie etc. Gehört dir die Immobilie gemeinsam mit deinem Partner und ihr zahlt die Raumkosten gemeinsam, kannst du nur den Prozentsatz der Raumkosten berücksichtigen, wie dir prozentual auch die Immobilie gehört – in den meisten Fällen ist das dann die Hälfte.

Zahlst du die Raumkosten von deinem Konto, kannst du sie komplett berücksichtigen. Aber Achtung: Umgekehrt gilt: Zahlt dein Partner die Raumkosten von seinem Konto, geht dir hier der Abzug als Betriebsausgaben komplett verloren!

Raumkosten liegen dir im Normalfall für die gesamte Wohnung oder das gesamte Haus vor. Daher musst du ausrechnen, welcher Anteil davon auf dein Arbeitszimmer fällt. Dazu teilst du die Quadratmeterzahl deines Arbeitszimmers durch die Quadratmeterzahl der gesamten Wohnung bzw. des gesamten Hauses.

Praxis

Roxie hat in ihrer 80 m² großen Wohnung ein häusliches Arbeitszimmer mit 12 m². Die gesamten Raumkosten ihrer Wohnung belaufen sich auf 12.000 Euro im Jahr. Auf ihr Arbeitszimmer entfallen damit:

$12\ m^2 \div 80\ m^2 = 0{,}15$

Das bedeutet, 15 % der Raumkosten entfallen auf das Arbeitszimmer, also:

$12.000\ \text{Euro} \times 0{,}15 = 1.800\ \text{Euro}$

Zu den anteiligen Raumkosten kommen noch die **Ausstattungskosten** deines Arbeitszimmers dazu. Diese kannst du direkt deinem Arbeitszimmer zuordnen. Das sind die Ausgaben für Tapeten, Wandfarben und -bilder, Vorhänge und Rollos, Teppichboden, Parkett- oder Laminatboden, Einbauschränke und Deckenleuchten.

Möchtest du die tatsächlichen Kosten für dein häusliches Arbeitszimmer ansetzen, dann musst du hierüber unbedingt eine gesonderte Aufstellung führen.

Die Jahrespauschale als Alternative

Hast du deinen Tätigkeitsmittelpunkt in deinem Arbeitszimmer, kannst du statt der tatsächlichen Kosten aber auch die sogenannte Jahrespauschale ansetzen. Eine Pauschale ist immer einfacher und macht weniger Arbeit, denn hier darfst du einfach den Betrag von 1.260 Euro abziehen – unabhängig davon, welche Kosten du tatsächlich hast.

Hast du aber nur in einem Teil des Jahres ein häusliches Arbeitszimmer, in dem auch dein Tätigkeitsmittelpunkt ist, darfst du auch nur den entsprechenden Teil der Jahrespauschale ansetzen. Hast du beispielsweise nur 6 Monate eines Jahres ein häusliches Arbeitszimmer, dann gibt es auch nur die halbe Jahrespauschale. Grund hierfür kann zum Beispiel sein: Du ziehst um und hast nur in einer Wohnung ein häusliches Arbeitszimmer, in der anderen eine Arbeitsecke.

Mit der Jahrespauschale hast du weniger Arbeit, aber du solltest natürlich vor allem prüfen, welche Lösung für dich am günstigsten ist. Sinnvoll ist die Jahrespauschale vor allem dann, wenn die Kosten für deine Wohnung oder dein Haus sehr gering sind. Denn dann ist die Jahrespauschale häufig höher als deine tatsächlichen Kosten.

6.5.4 Kein Arbeitszimmer oder es ist nicht dein Arbeitsmittelpunkt

Was ist aber, wenn du zwar im Homeoffice arbeitest, dein Arbeitszimmer aber nicht die Voraussetzungen erfüllt, um steuerlich anerkannt zu werden? Beispielsweise weil es nicht abgeschlossen ist, sondern ein Durchgangszimmer? Oder du hast zwar ein Arbeitszimmer, aber den prägenden Teil deiner Influencertätigkeit erledigst du außerhalb deines Arbeitszimmers. Du hast dort nicht deinen Arbeitsmittelpunkt. Kannst du dann trotzdem Kosten berücksichtigen?

Kein Arbeitszimmer

Du hast kein Arbeitszimmer, das als häusliches Arbeitszimmer von deinem Finanzamt anerkannt wird, wenn:

- Du hast dir zum Beispiel in deinem Wohn- oder Schlafzimmer eine Arbeitsecke eingerichtet.
- Du hast in deinem Arbeitszimmer auch ein Gästebett stehen oder deine Kinder haben dort eine Spielecke oder du nutzt es für andere private Dinge.
- Der Raum ist nicht mit einer Tür von deiner restlichen Wohnung abgetrennt.
- Du erledigst deine »Schreibtischaufgaben« einfach an deinem Küchen- oder Wohnzimmertisch.

Nicht Mittelpunkt deiner Influencertätigkeit

Du hast zwar ein Arbeitszimmer, das alle Voraussetzungen erfüllt, aber hier erledigst du nicht die Arbeiten, die typisch und prägend für deine Influencertätigkeit sind.

Praxis

Ein Reiseblogger erstellt seinen Content auf seinen Reisen, ein Food-Influencer in Restaurants oder in der Küche.

Auch wenn ein häusliches Arbeitszimmer vorhanden ist und hier Aufgaben wie die Rechnungserstellung ausgeführt werden, liegt in diesen Fällen der Tätigkeitsmittelpunkt nicht im Arbeitszimmer.

6.5.5 Die Tagespauschale als Kosten fürs Homeoffice

Hast du also kein Arbeitszimmer oder liegt der Mittelpunkt deiner Influencertätigkeit nicht im Arbeitszimmer, dann darfst du für jeden Tag, an dem du **überwiegend** zu Hause im Homeoffice gearbeitet hast, die sogenannte **Tagespauschale** ansetzen. Überwiegend arbeitest du zu Hause, wenn du dort mehr als die Hälfte der Gesamtarbeitszeit des Tages gearbeitet hast. Wie viele Stunden du insgesamt gearbeitet hast, ist egal.

Praxis

Garten-Influencerin Mary hat eine Stunde im Garten verbracht, um eine neue Story aufzunehmen. Vier Stunden hat sie am selben Tag noch am Laptop in ihrem Wohnzimmer an der Recherche über neue Rosenzüchtungen gesessen. Somit hat sie überwiegend zu Hause gearbeitet und kann für diesen Tag die Tagespauschale ansetzen.

Allerdings kommt es bei dir wahrscheinlich gar nicht darauf an, ob du überwiegend an einem Tag im Homeoffice gearbeitet hast. Denn den meisten Influencern steht **kein anderer Arbeitsplatz** für ihre Büro- und Schreibtischarbeiten zur Verfügung. Und dann spielt es keine Rolle, ob du überwiegend oder nur kurz im Homeoffice gearbeitet hast. Das bedeutet: Auch wenn du nur kurze Zeit an einem Tag im Homeoffice gearbeitet hast, kannst du für diesen Tag die Tagespauschale ansetzen.

Praxis

Influencerin Anne lässt ihre Follower an ihren Mountainbike-Touren teilhaben. Der Mittelpunkt ihrer Arbeit als Influencerin ist in der Natur, denn dort entsteht ihr Content. Häufig ist sie daher den ganzen Tag unterwegs und setzt sich dann abends noch eine halbe Stunde an den Schreibtisch, um die notwendigen Büroarbeiten zu erledigen. Diese Büroarbeiten kann sie nur zu Hause im Homeoffice machen, denn einen anderen Arbeitsplatz hat sie dafür nicht. Deshalb kann sie auch für die Tage, an denen sie nur kurz abends zu Hause noch am Schreibtisch sitzt, die Tagespauschale ansetzen.

Hat ein Influencer noch einen »Betrieb« für seine Influencertätigkeit außerhalb seiner Wohnung, zum Beispiel der Fitness-Influencer einen angemieteten Trainingsraum, darf er die Tagespauschale für Tage ansetzen, an denen er im Betrieb (hier: Trainingsraum) und im Homeoffice gearbeitet hat. Auch hier kommt es nicht darauf an, ob überwiegend zu Hause gearbeitet wurde. Voraussetzung: Er hat im Betrieb keinen Arbeitsplatz für seine »Schreibtischarbeiten«.

Praxis

Harry ist Fitness-Influencer und auf Kraftsport spezialisiert. Da seine Kraftsportgeräte zu schwer sind, um sie in seiner Altbauwohnung aufzustellen, hat er sich in der Nachbarschaft einen kleinen Kellerraum angemietet, in denen er die Videos mit diesen Geräten aufnimmt. Er kann auch für die Tage, an denen er sowohl Homeoffice-Tätigkeiten für seinen Influencerjob in seiner Altbauwohnung erledigt als auch im Trainingsraum Content erstellt, die Tagespauschale ansetzen. Dabei ist es egal, wie viel Zeit er wo gearbeitet hat.

Da es bei den Influencern eher unwahrscheinlich ist, dass sie einen »Betrieb« außerhalb der eigenen Wohnung haben, in dem auch noch ein Arbeitsplatz für »Schreibtischarbeiten« (= gedankliche, schriftliche oder organisatorische Arbeiten) zur Verfügung steht, gehen wir hier nicht darauf ein.

Wie hoch ist die Tagespauschale?

Die Tagespauschale beträgt **6 Euro pro Tag,** ganz egal, welche Kosten du an einem solchen Tag tatsächlich hattest. Es gibt aber einen **Höchstbetrag von 1.260 Euro,** mehr darfst du im Jahr nicht ansetzen. Du darfst also die Tagespauschale nur für maximal 210 Arbeitstage zu Hause berücksichtigen, auch wenn du an mehr Tagen überwiegend daheim gearbeitet hast.

Halte schriftlich fest, an welchen Tagen und in Stichpunkten auch, was du zu Hause gearbeitet hast – entweder in deinem Terminkalender oder zum Beispiel auch in einer Excelliste. Für den Ansatz der Tagespauschale verlangt das Finanzamt diese Aufzeichnung der Kalendertage!

6.5.6 Du wohnst noch bei deinen Eltern

Wie sieht es aus, wenn du noch bei deinen Eltern wohnst und somit im Normalfall keine Kosten für dein Homeoffice hast. Denn die Kosten für Haus oder Wohnung werden ja von deinen Eltern getragen.

Kannst du trotzdem Kosten für dein Homeoffice als Betriebsausgaben für deine Influencertätigkeit ansetzen?

Ja, das kannst du. Und hier kommt es nicht darauf an, ob du bei deinen Eltern ein separates Arbeitszimmer hast, deinen Schreibtisch in deinem Zimmer hast oder lieber bei euch zu Hause am Küchentisch arbeitest. Da dir für deine Influencertätigkeit kein anderer Arbeitsplatz als der daheim bei deinen Eltern zur Verfügung steht, kannst du für deine Homeoffice-Tage die Tagespauschale von 6 Euro ansetzen (→ Kapitel 6.5.5). Natürlich geht das nur bis zum Höchstbetrag von 1.260 Euro.

Praxis

Influencerin Lale ist 17 und wohnt noch bei ihren Eltern. Auf TikTok gibt sie ihren Followern Lifestyle-Tipps für Schule und Alltag. Ihr Content entsteht überall – in der Schule, unterwegs und zu Hause. Auch wenn sie keine Kosten für ihren Homeoffice-Arbeitsplatz hat, kann sie für die Tage, an denen sie daheim arbeitet, die Tagespauschale als Kosten ansetzen, maximal für 210 Tage.

6.5.7 Recap: Welche Kosten kann ich für mein Homeoffice absetzen?

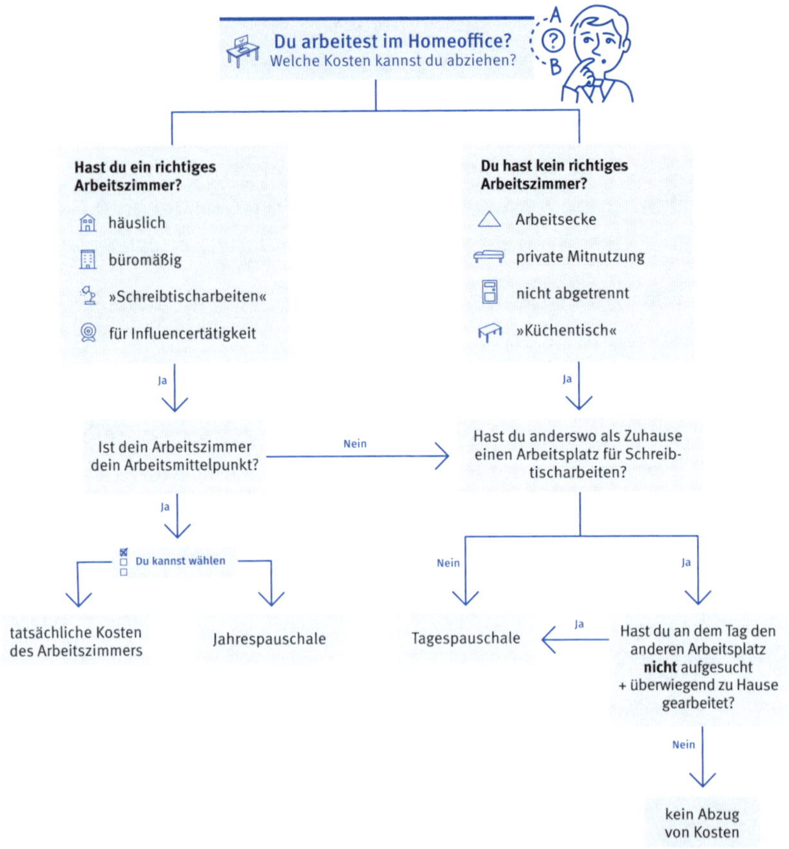

Du arbeitest im Homeoffice?
Welche Kosten kannst du abziehen?

A
B

Hast du ein richtiges Arbeitszimmer?

- häuslich
- büromäßig
- »Schreibtischarbeiten«
- für Influencertätigkeit

Ja

Ist dein Arbeitszimmer dein Arbeitsmittelpunkt?

Ja

Du kannst wählen

- tatsächliche Kosten des Arbeitszimmers
- Jahrespauschale

Nein

Du hast kein richtiges Arbeitszimmer?

- Arbeitsecke
- private Mitnutzung
- nicht abgetrennt
- »Küchentisch«

Ja

Hast du anderswo als Zuhause einen Arbeitsplatz für Schreibtischarbeiten?

Nein → Tagespauschale

Ja → Hast du an dem Tag den anderen Arbeitsplatz **nicht** aufgesucht + überwiegend zu Hause gearbeitet?

Ja → Tagespauschale

Nein → kein Abzug von Kosten

6.6 Kosten für die Nutzung anderer Räume

Viele Influencer erstellen ihre Social-Media-Inhalte nicht am Schreibtisch, sondern nutzen dafür andere Räume.

Praxis

Sport-Influencerin Kaja erstellt die Videos für ihre Fitnesstunden in einem separaten Fitnessraum.

Food-Influencer Roman macht die Aufnahmen für seine Storys in der Küche.

6.6.1 Der Raum ist in deinen eigenen vier Wänden

Natürlich werden auch in solchen Fällen häufig Räume in der eigenen Wohnung oder dem eigenen Haus genutzt.

Hast du dir einen eigenen Raum **nicht büromäßig** für deine Influencertätigkeit eingerichtet, so darfst du die tatsächlichen Kosten für diesen Raum als Betriebsausgaben ansetzen, wenn sie nichts mit deiner **privaten Lebensführung** zu tun haben. Bei der Ermittlung der Raumkosten gehst du wie bei der Ermittlung der tatsächlichen Kosten für ein Arbeitszimmer vor → Kapitel 6.5.3.

Praxis

Fashion-Influencerin Tamara hat sich in ihrer Wohnung einen Ankleideraum eingerichtet, in dem sie auch ihre Videos dreht.

Boris hat sich für seine Influencertätigkeit ein Studio eingerichtet, in dem er seinen Social-Media-Content aufnimmt.

Mit der Abziehbarkeit der Kosten ist es leider ganz schnell vorbei, wenn der Raum zu deinem Haushalt gehört oder eng mit deiner privaten Lebensführung zusammenhängt.

Praxis

Food-Influencer Roman kann keine Raumkosten für seine Küche berücksichtigen, obwohl er hier für seinen Influencerjob die Storys erstellt. Die Küche gehört zu seinem Haushalt und darf daher nicht steuerlich berücksichtigt werden.

Die Kosten für den Fitnessraum, den sich Sport-Influencerin Kaja in ihrer Wohnung für die Aufnahme ihrer Fitness-Stunden eingerichtet hat, darf sie nicht als Betriebsausgaben ansetzen. Denn Fitness ist eng mit der privaten Lebensführung verbunden: Es soll körperlich fit halten und es geht somit um die »private« Gesundheit.

6.6.2 Der Raum gehört nicht zu deiner Wohnung oder deinem Haus

Richtest du dir einen **nicht büromäßigen** Raum außerhalb deiner Wohnung ein, ist es in den meisten Fällen kein Problem, die dafür anfallenden Kosten, wie die Miete, als Betriebsausgaben zu berücksichtigen.

Will das Finanzamt dann beispielsweise die Kosten für die außerhäusige Küche eines Food-Influencers nicht akzeptieren, müsste es dem Food-Influencer nachweisen, dass der Raum auch privat genutzt wird.

Bei einem Raum, der von einem Sport- oder Fitness-Influencer angemietet wird, bleibt es schwierig. Da es sich um Fitness und Gesundheit dreht, geht das Finanzamt trotzdem von dem engen Zusammenhang zur privaten Lebensführung aus und wird wahrscheinlich die Kosten nicht anerkennen oder alternativ eine fiktive Einnahme für die Privatnutzung ansetzen wollen.

6.7 Du lädst zum Essen ein

Es gehört zum Geschäftsleben dazu – ab und an geschäftlich Essen zu gehen. Das ist auch bei Influencern der Fall. Einen neuen Kooperationspartner bei Vertragsabschluss zum Essen einladen oder nach einem erfolgreichen Shootingtag gemeinsam mit den Helfern auf deine Rechnung zum Essen gehen.

6.7.1 Bewirtungskosten werden gekürzt

Lädst du also einen Geschäftspartner in ein Restaurant ein, handelt es sich natürlich um Ausgaben, die auf deine Influencertätigkeit zurückzuführen sind. Und damit darfst du sie auch als Betriebsausgaben berücksichtigen. Allerdings ist der Abzug sogenannter **Bewirtungskosten** durch das Gesetz beschränkt.

Du darfst vom Nettobetrag der Bewirtungsrechnung nur 70 % abziehen, die restlichen 30 % gelten als nicht abziehbare Betriebsausgaben.

Diese 70:30-Regelung gilt übrigens nicht für die Umsatzsteuer. Aus der Bewirtungsrechnung bekommst du die komplette Umsatzsteuer als Vorsteuer erstattet.

Praxis

Beauty-Influencerin Nale hat für ein Outdoor-Shooting eine Visagistin zur Unterstützung engagiert. Nach einem erfolgreichen Tag lädt Nale die Visagistin zum Essen ein. Die Rechnung beläuft sich auf 80 Euro netto plus 15,20 Euro Umsatzsteuer.

Nale kann 70 % als Betriebsausgaben berücksichtigen:

80 Euro × 70 % = 80 Euro × 0,7 = 56 Euro

Die übrigen 24 Euro kann sie bei ihrer Gewinnermittlung nicht abziehen. Die 15,20 Euro Umsatzsteuer bekommt sie aber komplett vom Finanzamt als Vorsteuer erstattet.

6.7.2 An was du bei Bewirtungen denken musst

Damit ein Bewirtungsbeleg vom Finanzamt anerkannt wird, muss er von der Gaststätte oder dem Restaurant maschinell ausgestellt worden sein und folgende Angaben enthalten:

- Auf dem Beleg ist der Name des Restaurants, der Ort und das Datum angegeben.
- Es ist der Nettobetrag, der Bruttobetrag und die Umsatzsteuer ausgewiesen.
- Die Speisen und Getränke sind als einzelne Posten aufgeführt, das heißt, eine Rechnung über einen Sammelposten »Speisen und Getränke« reicht nicht.
- Ist die Rechnung inklusive der Umsatzsteuer höher als 250 Euro, dann musst du dir vom Restaurant, also von der Servicekraft, auf der Rechnung deinen Namen vermerken lassen. Denn auf der Rechnung muss der Name des Gastgebers angegeben sein und den darfst nicht du draufschreiben.

! Auch das Trinkgeld gehört zu den Bewirtungskosten. Vergiss daher nicht, es dir im Restaurant auf dem Bewirtungsbeleg vermerken zu lassen.

Der Bewirtungsbeleg muss dann noch von dir um einige Angaben ergänzt werden. Dafür gibt es häufig auf der Rückseite des Belegs bereits entsprechend vorgedruckte Zeilen. Du kannst die Angaben aber auch auf einem Zusatzblatt festhalten und mit der Rechnung des Restaurants zusammenheften. Angeben musst du die Namen aller bewirteten Personen, auch deinen! Außerdem musst du den Anlass für die Essenseinladung hier genau vermerken – Begriffe wie »Arbeitsessen« oder »Austausch« reichen nicht.

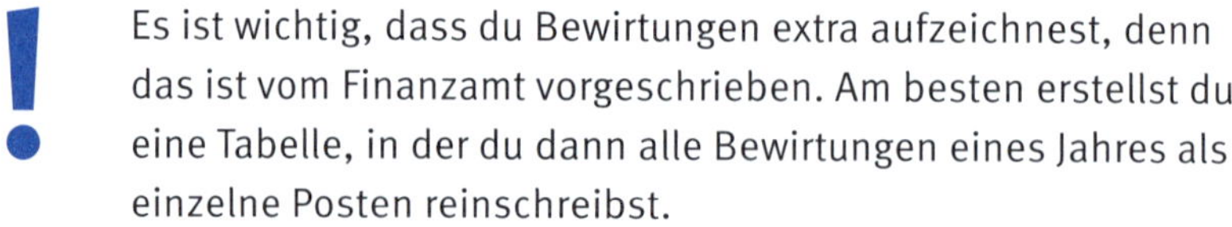

Es ist wichtig, dass du Bewirtungen extra aufzeichnest, denn das ist vom Finanzamt vorgeschrieben. Am besten erstellst du eine Tabelle, in der du dann alle Bewirtungen eines Jahres als einzelne Posten reinschreibst.

6.8 Wenn du geschäftlich unterwegs bist

Bist du auf einer Geschäftsreise, heißt das: Du bist beruflich, also wegen deiner Influencertätigkeit unterwegs.

Natürlich bist du auch geschäftlich unterwegs, wenn das Ganze nur ein paar Stunden – oder auch nur eine halbe Stunde – dauert. Du kannst auch dann die anfallenden Kosten bei der Gewinnermittlung berücksichtigen.

Beispiele gibt es hierfür viele. Vielleicht fährst du zu einem Event, über das du berichten willst, besuchst einen Geschäftspartner oder eine Messe. Auch wenn du an einer auswärtigen Fortbildung teilnimmst oder zu einen Foto-Shooting oder Videodreh fährst, bist du geschäftlich unterwegs. Wichtig ist immer, dass **der Anlass bzw. der Zweck deiner Geschäftsreise** auf deine **Influencertätigkeit** zurückzuführen ist.

Welche Kosten können nun bei einer Geschäftsreise anfallen? Das sind:

- Fahrtkosten
- Reisenebenkosten
- Kosten für die Übernachtung
- Kosten für die Verpflegung während der Geschäftsreise

Denk auch hier an die Aufteilung, wenn deine Reise sowohl betriebliche als auch private Gründe hat → Kapitel 6.1.2.

6.8.1 Welche Fahrtkosten und Reisenebenkosten hast du?

Bist du mit der Bahn, einem Fernbus, Verkehrsmitteln im öffentlichen Nahverkehr oder dem Flugzeug unterwegs, kannst du einfach die Kosten abziehen, die dir für das Ticket oder den Fahrschein entstanden sind.

Fährst du mit deinem **privaten Auto,** kannst du 30 Cent (0,3 Euro) für jeden Kilometer ansetzen, den du gefahren bist. Unter gewissen Voraussetzungen kannst du auch die tatsächlichen Kosten ansetzen → Kapitel 6.9.4. Nutzt du ein Motorrad und ein E-Bike, dann sind es 20 Cent. Wenn du mit dem Fahrrad unterwegs bist, kannst du hierfür keine Kosten ansetzen.

Praxis

Mode-Influencerin Cara fährt mit ihrem Privatauto ins 42 km entfernte Mannheim. Im Luisenpark möchte sie Fotoaufnahmen für ihre neusten Frühlings-Outfits machen. Für die Hin- und Rückfahrt fallen somit 84 km an. Sie kann berücksichtigen:

84 km × 0,3 Euro = 25,20 Euro

Fakt:

Bei einem Geschäftsauto oder einem Geschäftsmotorrad sieht es anders aus. Hier können zwar alle Ausgaben im Zusammenhang mit dem Geschäftsfahrzeug berücksichtigt werden, dafür muss aber auch die private Nutzung versteuert werden → Kapitel 6.9.

Hast du **Reisenebenkosten,** kannst du auch die Kosten abziehen, die dir tatsächlich entstanden sind. Reisenebenkosten können beispielsweise sein:

- Parkgebühren
- Kosten für ein Taxi oder einen Mietwagen
- Versicherungen wie eine Reiserücktrittversicherung
- Kosten für ein Visum

6.8.2 Deine Verpflegung wird pauschal abgerechnet

Welche Kosten du für deine Verpflegung während einer Geschäftsreise abziehen darfst, ist anders geregelt. Hier darfst du nur offiziell festgelegte Pauschalen ansetzen, die von deiner Abwesenheitsdauer abhängig sind. Diese Pauschalen nennt man **Verpflegungsmehraufwendungen.**

Das bedeutet: Wenn du dir bei deiner Geschäftsreise ein Essen in einem Restaurant gönnst, kannst du die tatsächlichen Kosten für das Restaurant nicht abziehen, sondern nur die Verpflegungspauschale. Umgekehrt kannst du aber auch die komplette Verpflegungspauschale geltend machen, auch wenn du beispielsweise nach dem Frühstück auf eine weitere Mahlzeit verzichtet hast.

Fakt:

Werden Mahlzeiten kostenlos gestellt, muss die Verpflegungspauschale gekürzt werden. Ist das Frühstück kostenlos, werden 20 % gekürzt, ist das Mittag- oder Abendessen kostenlos, müssen 40 % gekürzt werden. Der Kürzungsbetrag wird aber immer auf Basis der Tagespauschale von 28 Euro berechnet.

Praxis

Bau-Influencer Paolo besucht ein eintägiges Seminar in Hamburg, um in Zukunft seine Videos professioneller bearbeiten zu können. Er ist mehr als 10 Stunden unterwegs und ihm steht für diesen Tag eine Verpflegungspauschale von 14 Euro zu.

Aber: In der Seminargebühr ist ein Mittagessen mit inbegriffen. Er muss die Verpflegungspauschale um 40 % von 28 Euro, also 11,20 Euro kürzen.

14 Euro – 11,20 Euro = 2,80 Euro

Paolo kann nur 2,80 Euro für seine Verpflegung als Betriebsausgabe abziehen.

Du machst eine mehrtägige Geschäftsreise

Bist du mehrere Tage unterwegs, darfst du

- 14 Euro für den Anreise- und für den Abreisetag
- 28 Euro für volle Tage

ansetzen.

Praxis

Jimmy ist Gamer und nimmt von Dienstag bis Freitag an einer Gaming-Messe in Köln teil. Er reist am Montagnachmittag an und fährt am Freitag nach der letzten Veranstaltung zurück nach Hause. In seinem Hotel hat er für die 4 Tage das Frühstück für je 15 Euro dazugebucht. Am Anreisetag und am Mittwoch geht er abends in einem Lokal was Essen und zahlt 35 Euro und 27 Euro. Sonst versorgt er sich auf der Messe und am Abend beim Dönerladen. Insgesamt gibt er hierfür 45 Euro aus.

Auch wenn er für seine Verpflegung während der Geschäftsreise insgesamt 167 Euro tatsächlich ausgegeben hat, kann er bei seiner Gewinnermittlung nur 112 Euro abziehen.

Montag: Anreisetag	14 Euro
Dienstag: voller Tag	28 Euro
Mittwoch: voller Tag	28 Euro
Donnerstag: voller Tag	28 Euro
Freitag: Abreisetag	14 Euro
Gesamt:	**112 Euro**

Du bist einen Tag unterwegs

Bei einer eintägigen Geschäftsreise kannst du 14 Euro Verpflegungsmehraufwand für den Tag ansetzen. Es spielt keine Rolle, was du an diesem Tag tatsächlich für deine Verpflegung ausgegeben hast. **Voraussetzung:** Du warst mehr als **8 Stunden** unterwegs.

Praxis

Influencerin Lotta hat ein Treffen mit ihrem Kooperationspartner. Sie fährt morgens früh los und am Nachmittag nach dem Meeting gleich zurück. Insgesamt ist sie 12 Stunden unterwegs. Da sie nicht gerne alleine essen geht, hat sie sich zu Hause für die Fahrt Brote geschmiert.

Lotta kann für den Tag 14 Euro als Verpflegungspauschale ansetzen.

Verpflegung im Ausland

Auch bei Auslandsreisen kannst du die tatsächlichen Kosten eines Restaurantbesuchs nicht ansetzen. Wie bei Geschäftsreisen in Deutschland gibt es Pauschalen. Auch diese berücksichtigen deine Abwesenheitsdauer, also ob es sich um einen An-/Abreisetag bzw. um eine eintägige Reise von mehr als 8 Stunden oder um den vollen Tag einer mehrtägigen Reise handelt. Vor allem wird aber nach Land unterschieden, das heißt, für alle Länder der Welt gibt es unterschiedliche Verpflegungspauschalen.

Die aktuellen Verpflegungspauschalen findest du immer auf der Homepage des Finanzministeriums. Sie werden jedes Jahr in der Rubrik »Service« → »Publikationen« → »BMF-Schreiben« im Schreiben »Steuerliche Behandlung von Reisekosten und Reisekostenvergütungen bei betrieblich und beruflich veranlassten Auslandsreisen« veröffentlicht.

6.8.3 Bei den Übernachtungskosten genau hinschauen

Für Übernachtungen kannst du die **tatsächlichen Kosten** abziehen, das heißt die Kosten, die du im Hotel oder der Pension bezahlt hast. Hast du aber eine Übernachtung mit Frühstück oder einen Aufenthalt mit Halb -oder Vollpension gebucht, stecken im Rechnungsbetrag des Hotels auch die Kosten für die Verpflegung. Als Übernachtungskosten darfst du aber nur den Betrag absetzen, der auf die reine

Übernachtung entfällt. Die tatsächlich angefallenen Verpflegungskosten hingegen dürfen nicht angesetzt werden. Diese darfst du nur über die Verpflegungspauschalen berücksichtigen.

Je nachdem wie die Rechnung des Hotels aussieht, gibt es zwei Möglichkeiten, die abzugsfähigen Übernachtungskosten von den nicht abzugsfähigen Verpflegungskosten zu trennen. Am einfachsten ist es, wenn das Hotel den Gesamtbetrag schon aufgeschlüsselt hat. Dann berücksichtigst du einfach nur die ausgewiesenen Kosten für das Hotelzimmer als Übernachtungskosten.

Enthält die Rechnung nur einen Gesamtbetrag für Übernachtung und Verpflegung, wird der Verpflegungsanteil pauschal herausgerechnet. Hierbei zieht man für jedes enthaltene Frühstück 20 % und für jedes Mittag- und Abendessen 40 % der Tagespauschale von 28 Euro vom Rechnungsbetrag ab. Der verbleibende Betrag wird als Übernachtungskosten angesetzt.

Praxis

Bike-Influencerin Lisa nimmt von Freitag, 12. April bis Sonntag, 14. April an einem Event ihres Kooperationspartners teil. Sie hat sich für die 2 Nächte eine Unterkunft mit Frühstück gebucht. In der Rechnung der Gastgeberin über 300 Euro wird das Frühstück nicht gesondert ausgewiesen.

Lisa muss die Übernachtungskosten um 2× 5,60 Euro (28 Euro × 20 %) kürzen. Den verbleibenden Betrag von 288,80 Euro (300 Euro – 11,20 Euro) berücksichtigt sie als Übernachtungskosten in ihrer Gewinnermittlung.

Weiterhin kann Lisa für die mehrtägige Geschäftsreise folgende Verpflegungspauschalen als Betriebsausgaben ansetzen:

Freitag, 12. April = Anreisetag → 14 Euro

Samstag, 13. April = voller Tag → 28 Euro

Sonntag, 14. April = Abreisetag → 14 Euro

Übernachtungen bei Freunden oder Bekannten

Entstehen dir für deine Übernachtung keine Kosten, weil du beispielsweise im Rahmen einer Geschäftsreise bei deiner Familie, deinen Freunden oder Bekannten kostenlos unterkommst, kannst du auch keine Betriebsausgaben ansetzen. Bei den Übernachtungskosten können nur tatsächliche Ausgaben und keine Pauschalen berücksichtigt werden.

Übernachtung mit Airbnb, Booking oder FeWo-direkt

Es muss nicht immer ein Hotel sein! Auch bei Geschäftsreisen wird die Buchung einer Wohnung über Airbnb, Booking, FeWo-direkt oder einer anderen Vermietungsplattform immer beliebter. Bist du nur im Rahmen deiner Influencertätigkeit unterwegs, kannst du die Kosten für eine gemietete Wohnung problemlos abziehen. Hat deine Reise auch private Gründe, kommt es wie bei allen Reisekosten darauf an, dass du die Kosten eindeutig in einen privaten und in einen beruflichen Teil aufteilen kannst. Gelingt dir das nicht, kannst du keine Kosten absetzen.

Achte darauf, dass du bereits bei der Buchung angibst, dass der Grund deiner Reise geschäftlich ist. Damit weiß der Vermieter, dass du eine Rechnung haben möchtest. Denn die brauchst du für deine Gewinnermittlung!

6.9 Du hast ein Geschäftsauto

Wenn du ein Auto hast, dann wirst du es auch immer wieder für deine Influencertätigkeit nutzen. Solange das Auto dein Privatauto ist, kannst du für deine geschäftlichen Fahrten für jeden gefahrenen Kilometer 30 Cent (0,30 Euro) oder die tatsächlichen Kosten ansetzen (→ Kapitel 6.9.4).

Aber wann ist ein Auto eigentlich ein Privatauto und wann ein Geschäftsauto? Kannst du das selbst festlegen?

6.9.1 Wann ist ein Auto ein Geschäftsauto?

Egal, ob du schon ein Auto hast oder ob du dir erst eins kaufst – es kommt immer darauf an, wie viel das Auto geschäftlich und wie viel es privat gefahren wird. Es gibt drei Möglichkeiten:

- Du nutzt dein Auto **mehr als 90 %** für private Zwecke, dann ist es **immer** dein Privatauto.
- Du nutzt dein Auto **mehr als 50 %** für deine Influencertätigkeit, dann ist es **immer** dein Geschäftsauto.
- Du nutzt dein Auto **mehr als 10 % bis maximal 50 %** für deine Influencertätigkeit, dann **kannst du entscheiden,** ob es sich bei deinem Auto um ein Privatauto oder ein Geschäftsauto handelt.

! Da du als Influencer vieles für deinen Job »online« erledigen kannst, wird das Finanzamt genau hinschauen, ob die Nutzungsvoraussetzungen für ein Geschäftsauto tatsächlich vorliegen. Daher solltest du die Fahrten, die du mit deinem Auto für deine Influencertätigkeit zurücklegst, genau aufschreiben. Dann kannst du später belegen, dass dein Auto die Voraussetzungen für ein Geschäftsauto erfüllt.

Zu deinen geschäftlichen Fahrten zählen alle Fahrten, die du wegen deiner Influencertätigkeit machst. Das heißt, Fahrten zu Kooperationspartnern, zu Shootings oder zu einem Event. Aber auch, wenn du geschäftlich was besorgen musst oder aus beruflichen Gründen zum Beispiel zu deinem Steuerberater fährst – auch das sind Geschäftsfahrten.

Fakt:

Zu den geschäftlichen Fahrten zählen auch die Wege zwischen der Wohnung des Influencers und dem Betrieb, falls der Influencer für seine Tätigkeit neben seinem Arbeitszimmer zu Hause über weitere betrieblich genutzte Räume verfügt.

Wie bestimmst du den Prozentsatz?

Du brauchst daher den Prozentsatz, den du dein Auto betrieblich nutzt. Wenn du gerade ein Auto kaufst, bleibt dir nichts anderes übrig, als diesen Prozentsatz zu schätzen. Du schätzt also, wie viele Kilometer du insgesamt fährst und wie viele davon für deine Influencertätigkeit zurückgelegt werden. Der Prozentsatz der geschäftlichen Nutzung ergibt sich dann als

$$\frac{\text{geschäftlich gefahrene Kilometer}}{\text{insgesamt gefahrene Kilometer}} \times 100$$

Praxis

Chris gibt seinen Followern auf seinem Instagram-Account in Beiträgen und Reels regelmäßig Tipps zum Steuern sparen. Dies macht er ausschließlich von seinem häuslichen Arbeitszimmer aus. Chris hat diverse Kooperationspartner aus dem Steuersoftware- und Verlagsbereich. Er besucht mindestens einmal im Monat eine steuerfachliche Messe, um sein Netzwerk zu erweitern und ggf. weitere Kooperationspartner zu gewinnen. Im Jahr 2023 hat er mit seinem Pkw insgesamt 12.500 km zurückgelegt. Für die Messebesuche ist er in diesem Jahr 7.000 km gefahren.

Der Pkw von Chris ist zwingend ein Geschäftswagen, da die betriebliche Nutzung mit 56 % (7.000 km ÷ 12.500 km × 100) über 50 % liegt.

Du hast natürlich recht, wenn du dich fragst: Woher soll ich das vorher wissen? Versuche einfach, realistisch zu überlegen und halte deine Überlegungen schriftlich fest, falls das Finanzamt später nachfragt.

Woher weiß es das Finanzamt?

Liegt die geschäftliche Nutzung deines Autos zwischen 10 % und 50 % kannst du wählen, ob das Auto dein Privatauto oder dein Geschäftsauto sein soll. Entscheidest du dich für das Geschäftsauto, setzt du in deiner Gewinnermittlung **sämtliche Kosten** (Abschreibung, Sprit, Versicherung, Kfz-Steuer, Reparaturen etc.) als Betriebsausgaben an. Dadurch erfährt das Finanzamt von deiner Entscheidung.

Die Vorsteuer aus dem Kauf eines solchen Geschäftswagens kannst du dir ebenfalls in voller Höhe erstatten lassen. Selbst dann, wenn du das Fahrzeug teilweise privat nutzt. Um die Erstattung zu erhalten und die Zuordnung zu deinem Influencerunternehmen zu dokumentieren, trägst du die Vorsteuer aus dem Kauf des Pkw in der Voranmeldung für den Monat bzw. das Quartal ein, in dem du das Auto gekauft hast. Da es sich hierbei meist um einen größeren Betrag handelt, musst du damit rechnen, dass das Finanzamt zeitnah die Rechnung anfordert und nachfragt, wie das Fahrzeug genutzt wird.

Du hast das Auto schon länger

Sofern du das Auto bereits gekauft hast, bevor du mit deinem Social-Media-Account Geld verdient hast, handelt es sich zunächst um ein Privatauto. Überschreitet die betriebliche Nutzung nach Beginn deiner Tätigkeit als Content Creator die 10 %, kannst du es als Geschäftsauto deinem Influencerbetrieb zuordnen. Nutzt du den Pkw zu mehr als 50 % für deinen Betrieb, musst du es sogar als Geschäftsauto behandeln. Dann liegt eine sogenannte Einlage vor. Die Vorsteuer bekommst du in diesem Fall aber nicht vom Finanzamt zurück.

Privat- oder Geschäftsauto: Was spielt das für eine Rolle?

Die Einordnung eines Fahrzeugs als Privat- oder Geschäftsauto hat einerseits Bedeutung dafür, ob und in welcher Höhe du die Kosten für deine betrieblichen Fahrten als Betriebsausgabe berücksichtigen darfst.

Handelt es sich um ein **Geschäftsauto,** setzt du **alle Kosten** des Fahrzeugs als Betriebsausgaben an. Im Gegenzug musst du dann aber die Kosten, die aufgrund deiner **privaten Nutzung** des Autos angefallen sind, als eine fiktive Einnahme wieder deinem Gewinn dazuzählen und auch Umsatzsteuer darauf bezahlen. Wie du diese fiktive Einnahme berechnest, hängt davon ab, ob das Auto wegen der hohen geschäftlichen Nutzung ein Geschäftsauto sein muss oder ob du es so entschieden hast. Das spielt eine große Rolle bei der Frage, welche Methode du für die Berechnung des sogenannten Privatanteils, den du bei einem Geschäftsauto versteuern musst, anwenden darfst → Kapitel 6.9.3.

Ist dein Pkw hingegen ein Privatauto, kannst du die tatsächlich angefallenen Kosten nicht als Betriebsausgaben abziehen. Stattdessen kannst du aber für die Strecken, die du als Influencer betrieblich zurückgelegt hast, Betriebsausgaben in Höhe von 0,30 Euro je Kilometer ansetzen.

6.9.2 Welche Kosten kannst du bei einem Geschäftsauto absetzen?

Ist dein Auto ein Geschäftsauto, dann kannst du **alle Ausgaben** im Zusammenhang mit deinem Auto als Betriebsausgaben deiner Influencertätigkeit berücksichtigen. Das sind zum Beispiel:

- Ausgaben fürs Tanken, egal, ob Benzin, Diesel oder Strom;
- Kosten für Ersatzteile und die Werkstatt;
- Kosten für die Waschanlage;
- Auto-Versicherungen und Steuer;
- der jährliche Abschreibungsbetrag, denn ein Auto wird über mehrere Jahre genutzt. Daher müssen die Kosten für den Kauf auf die Jahre verteilt werden (→ Kapitel 6.2).

Fakt:

Neues Auto oder Auto schon vorhanden?

Wird das Auto gekauft, egal, ob neu oder gebraucht, können die Kosten, die beim Kauf ausgegeben wurden, nicht sofort komplett als Betriebsausgabe angesetzt werden. Stattdessen werden sie über die Nutzungsdauer des Autos verteilt, das heißt, das Auto wird abgeschrieben.

Ist das Auto schon vorhanden und wird erst später aufgrund der Nutzung zum Geschäftsauto, gibt es keinen aktuellen Kaufpreis. Stattdessen nimmt man den sogenannten Einlagewert. Dieser wird dann mit der Abschreibung über die Jahre verteilt. Beim Einlagewert kommt es darauf an, wie viele Jahre der Kauf her ist.

Das Auto wurde vor mehr als 3 Jahren privat gekauft: Dann ist der Wert der Einlagewert, der ausgegeben werden müsste, um das Auto zum Zeitpunkt der Einlage auf dem Markt zu kaufen, also der Marktwert.

Wurde das Auto innerhalb der letzten 3 Jahre privat gekauft, muss der damalige tatsächliche Kaufpreis genommen und so getan werden, als wäre das Auto seit dem Privatkauf abgeschrieben worden. Der nach dieser fiktiven Abschreibung verbleibende Restbetrag wird mit dem aktuellen Marktwert verglichen. Liegt der Wert unter dem aktuellen Marktpreis, wird der niedrigere Wert genommen und dann abgeschrieben.

Praxis

Carlo hat sich im Januar 2022 ein gebrauchtes Auto für 10.000 Euro netto privat gekauft. Mit seiner Influencertätigkeit startet er im Jahr 2023 und nutzt in diesem Jahr das Auto noch mehr als 90 % privat. Ende 2023 steigen seine Followerzahlen enorm und es ist klar, dass er in 2024 mehr als 40 % mit dem Auto geschäftlich unterwegs sein wird. Carlo möchte daher, dass das Auto ab 2024 ein Geschäftsauto ist. Denn dann kann er alle Kosten, die im Zusammenhang mit dem Auto anfallen, als Betriebsausgaben bei seiner Influencertätigkeit ansetzen. Daher macht er eine Einlage, das heißt, das Auto gehört ab Januar 2024 zu seinem Betrieb und ist ein Geschäftsauto.

Carlo geht davon aus, dass das Auto im Januar 2022 noch eine Nutzungsdauer von 5 Jahren hatte. Für den Zeitraum der Privatnutzung berechnet Carlo daher eine fiktive Abschreibung, das heißt er tut so, als hätte er das Auto bereits seit Januar 2022 abgeschrieben. Das bedeutet, er verteilt die 10.000 Euro auf 5 Jahre.

10.000 Euro ÷ 5 Jahre = 2.000 Euro

Von den 10.000 Euro muss Carlo 2.000 Euro als Abschreibungsbetrag für das Jahr 2022 und 2.000 Euro als Abschreibungsbetrag für das Jahr 2023 abziehen.

10.000 Euro – 2.000 Euro – 2.000 Euro = 6.000 Euro

Der nach der fiktiven Abschreibung verbleibende Restbetrag beträgt somit 6.000 Euro. 6.000 Euro ist die Höhe des Einlagewertes des Autos im Januar 2024, obwohl dieser Wert unter dem aktuellen Marktwert von 7.000 Euro liegt. Da Carlo davon ausgeht, dass das Auto noch eine Nutzungsdauer von 4 Jahren hat, schreibt er jährlich 1.500 Euro ab und berücksichtigt diesen Betrag jährlich als Betriebsausgabe.

Fakt: Nutzungsdauer bei gebrauchtem Auto?

Die Nutzungsdauer ergibt sich eigentlich aus der Abschreibungstabelle (→ Kapitel 6.2). Nach der Abschreibungstabelle hat ein Auto eine Nutzungsdauer von 6 Jahren. Wird ein gebrauchtes Auto zum Geschäftsauto, kann die noch verbleibende Nutzungsdauer geschätzt werden. Es hängt vor allem davon ab, wie gut das Auto bisher gepflegt und wie viele Kilometer damit gefahren wurden. Die Nutzungsdauer bei einem gebrauchten Auto liegt zwischen 2 und 5 Jahren.

6.9.3 Du nutzt dein Geschäftsauto auch privat

Ein wichtiger Hinweis gleich zu Beginn: Hast du ein Geschäftsauto, geht das Finanzamt immer davon aus, dass du dieses auch privat fährst. Es ist eigentlich **unmöglich,** dass es einem Influencer gelingt, das Finanzamt davon zu überzeugen, dass das Geschäftsauto nicht auch für private Fahrten genutzt wird. Deshalb gehen wir auch nicht weiter darauf ein.

Warum hat die private Nutzung deines Geschäftsautos Folgen, für die sich das Finanzamt interessiert? Ganz einfach. Hast du ein Geschäftsauto, setzt du **sämtliche** Ausgaben im Zusammenhang mit dem Auto als Betriebsausgaben an. Ein Teil dieser Ausgaben gehört aber eigentlich zu der privaten Nutzung deines Autos, denn dadurch wurden sie verursacht. Das Finanzamt will deshalb von dir, dass du die gesamten Kosten, die du für das Geschäftsauto angesetzt hast, wieder um den Teil, der eigentlich privat verursacht ist, korrigierst. Deine Betriebsausgaben sind hier zu hoch und sollen wieder weniger werden. Um das zu erreichen, zählst du die durch die private Nutzung verursachten Kosten wieder als Einnahme hinzu.

Das ist damit gemeint, wenn man sagt: »**Die private Nutzung des Geschäftsautos muss versteuert werden.**«

Der Weg, wie du das machst, ist genau vorgeschrieben. Es gibt drei Methoden, deren Namen du bestimmt schon mal gehört hast:

- die 1 %-Methode
- die Fahrtenbuchmethode
- Schätzungsmethode.

Wie funktioniert die 1 %-Methode?

Dein Auto ist ein Geschäftsauto, weil du damit mehr als 50 % geschäftlich fährst? Dann ist es vorgeschrieben, dass du den Privatanteil mit der 1 %-Methode ausrechnest. Möchtest du das nicht, ist stattdessen nur die Fahrtenbuchmethode erlaubt.

Bei der 1 %-Methode gehst du vom sogenannten inländischen Bruttolistenpreis deines Autos aus.

Fakt:

Der Bruttolistenpreis hat nichts mit dem tatsächlichen Kaufpreis eines Autos zu tun. Der Bruttolistenpreis ist die unverbindliche

Preisempfehlung des Herstellers für den deutschen Markt zum Zeitpunkt der Erstzulassung des Autos. Dieses Datum steht im Kraftfahrzeugschein oder in der Zulassungsbescheinigung.

Wenn du den Listenpreis für dein Auto brauchst, dann kannst du ihn beim Autohändler oder beim Autohersteller erfahren.

Es geht hier um den **Brutto**listenpreis, das heißt, die Umsatzsteuer gehört dazu. Kaufst du ein Auto neu, ist der Kaufpreis meistens um einiges niedriger als der Listenpreis, denn im Normalfall werden beim Kauf Rabatte gewährt. Trotzdem musst du bei der Berechnung des Privatanteils vom Bruttolistenpreis ausgehen.

Um den Wert der privaten Nutzung deines Geschäftsautos zu berechnen, nimmst du pro Monat 1 % des Bruttolistenpreises. Man spricht hier häufig auch von der Berechnung des **Privatanteils.** In den meisten Fällen brauchst du den Privatanteil für das ganze Jahr, also für 12 Monate. Diesen Privatanteil zählst du als Einnahme für deine Influencertätigkeit bei deiner Gewinnermittlung dazu. Welche genaue Höhe deine tatsächliche private Nutzung hat, spielt keine Rolle. Sie darf nur nicht höher als 50 % sein, denn sonst kannst du die 1 %-Methode nicht anwenden.

Du brauchst 1 % des Bruttolistenpreises? Dann kannst du den Bruttolistenpreis einfach mit 0,01 malnehmen. Der Privatanteil für ein ganzes Jahr beträgt also 12 % des Bruttolistenpreises, das heißt, du multiplizierst ihn mit 0,12.

Praxis

Florian hat sich als Reise-Influencer auf die Sehenswürdigkeiten in Deutschland spezialisiert. Um diese seinen Followern auf seinen sozialen Kanälen näherzubringen, ist er viel mit seinem Geschäftsauto unterwegs. Er hat einen kleinen SUV, der laut Hersteller einen Bruttolistenpreis von 28.500 Euro hat.

So berechnet sich die Privatnutzung des Autos:

1 % × 28.500 Euro = 0,01 × 28.500 Euro = 285 Euro pro Monat

Bei seiner Gewinnermittlung setzt Florian damit für die jährliche Privatnutzung seines Geschäftsautos 285 Euro × 12 Monate = 3.420 Euro als eine **Betriebseinnahme** an.

Darauf muss Florian auch noch Umsatzsteuer bezahlen. Denn die Umsatzsteuer, die er beim Kauf des Autos und bei den laufenden Kosten gezahlt hat, hat er als Vorsteuer vom Finanzamt zurückbekommen. Da ein Teil dieser Vorsteuern auch auf die private Nutzung entfallen, muss ein Ausgleich erfolgen.

Bei der 1 %-Methode nimmst du als Ausgangsgröße den für die Privatnutzung berechneten Betrag der Betriebseinnahme. Weil es bei einem Auto immer Kosten gibt, in denen keine Umsatzsteuer enthalten ist, werden immer pauschal 20 % abgezogen und darauf die Umsatzsteuer in Höhe von 19 % berechnet.

Praxis

Florian berechnet als Umsatzsteuer für die Privatnutzung seines Geschäftsautos:

3.420 Euro × 80 % = 2.736 Euro

Das ist die Grundlage für die Berechnung der Umsatzsteuer.

2.736 Euro × 19 % = 519,84 Euro

Florian muss für seine Privatnutzung 519,84 Euro Umsatzsteuer an sein Finanzamt zahlen.

Gerade, wenn dein Auto einen hohen Listenpreis hat, kann die 1 %-Methode dich ziemlich viel Geld kosten. Denn sie führt zu relativ hohen Betriebseinnahmen, die du versteuern musst. Daher solltest du überlegen, ob für dich die Fahrtenbuchmethode Sinn macht!

Fakt:

Elektroautos sind wesentlich teurer als Autos mit einem Verbrennungsmotor. Das wirkt sich auch auf den Listenpreis aus. Daher gibt es bei Elektroautos mit einem Bruttolistenpreis bis zu 60.000 Euro, die ab dem 1.1.2019 bis zum 31.12.2023 angeschafft wurden, bzw. mit einem Listenpreis bis 70.000 Euro bei Anschaffungen ab 2024 eine Erleichterung. Bei der Berechnung des Privatanteils mit der 1 %-Methode muss nur ein Viertel oder nur die Hälfte des Listenpreises angesetzt werden. Das hängt davon ab, ob es ein Auto mit oder ohne CO_2-Emission ist.

Wenn du für deine Infuencertätigkeit Räume außerhalb deines Zuhauses hast

Die meisten Influencer arbeiten auf der einen Seite zu Hause. Auf der anderen Seite sind sie für die Erstellung ihres Contents viel unterwegs. Es kommt eher selten vor, dass ein Influencer noch einen sogenannten Betrieb außerhalb seiner eigenen vier Wände hat. Für einen solchen Betrieb müsstest du externe Räume haben, die du für deine Social-Media-Tätigkeit nutzt.

Diese sogenannte »Betriebsstätte« hast du häufig dann, wenn du neben deiner Tätigkeit als Content Creator noch einer anderen selbstständigen Tätigkeit nachgehst und dafür Büro-, Praxis- oder Kanzleiräume hast.

Ist das bei dir der Fall und du nutzt die 1 %-Methode, musst du eine weitere Besonderheit beachten. Denn für Fahrten von deiner Wohnung zu deinem Betrieb darfst du nur die sogenannte **Entfernungspauschale** ansetzen. Dazu brauchst du die Kilometerzahl, die deine Wohnung von deinem Betrieb entfernt ist – die Entfernungskilometer.

Fakt:

Die Entfernungspauschale beträgt 30 Cent (= 0,30 Euro) pro Kilometer. Für Fahrten von der Wohnung zum Betrieb ergibt sich folgende Berechnung:

0,30 Euro × Anzahl der Entfernungskilometer × Zahl der Arbeitstage im Betrieb

In den Jahren 2022 bis 2026 beträgt die Entfernungspauschale ab dem 21. Kilometer 38 Cent (0,38 Euro).

Nur diese Kosten darfst du für deine Fahrten zwischen Wohnung und Betrieb abziehen. Das Problem dabei ist: Da du ein Geschäftsauto hast, hast du alle Kosten des Autos abgezogen. Für die Fahrten zwischen Wohnung und Betrieb ist aber nur die Entfernungspauschale erlaubt. Also musst du den Teil der Kosten, der auf diese Fahrten entfällt, wieder zu deinem Gewinn als Einnahme dazuzählen. Du weißt aber gar nicht, wie hoch dieser Teil der Kosten ist. Deshalb wird auch hier pauschal gerechnet:

Fakt:

Die jährlichen Kosten für die Fahrten zwischen Wohnung und Betrieb, die als Einnahme wieder den Gewinn erhöhen, ergeben sich als:

Bruttolistenpreis (auf volle 100 Euro abgerundet) × 0,03 % × Entfernungskilometer × 12 Monate

---

Praxis

Technik-Influencer Pit testet die verschiedensten Geräte. Da die Geräte viel Platz beanspruchen, hat er sich einen Raum etwas außerhalb der Stadt angemietet, in dem ein Großteil seines Contents entsteht. Aus steuerlicher Sicht ist dieser Raum sein »Influencerbetrieb«. Die Entfernung von seiner Wohnung zu seinem Betrieb beträgt 25 km. Im Jahr 2024 hat er dort an 190 Tagen gearbeitet. Pit hat ein Geschäftsauto, das er über 90 % für seinen Influencerbetrieb nutzt. Es hat einen Bruttolistenpreis von 28.000 Euro. Den Privatanteil für seine privaten Fahrten errechnet er mit der 1 %-Methode. Für das Jahr 2024 rechnet er:

Privatanteil:

28.000 Euro × 12 % = 3.360 Euro

Umsatzsteuer:

3.360 Euro × 80 % = 2.688 Euro

2.688 Euro × 19 % = 510,72 Euro

Nicht abziehbare Kosten für die Fahrten Wohnung–Betrieb:

28.000 Euro × 0,03 % × 25 km × 12 Monate = 28.000 Euro × 0,0003 × 25 km × 12 Monate = 2.520 Euro

Als Betriebsausgabe abziehbare Entfernungspauschale:

	0,30 Euro	×	20 km	×	190 Tage	=	1.140 Euro
+	0,38 Euro	×	5 km	×	190 Tage	=	361 Euro
						=	1.501 Euro

Den Privatanteil und die nicht abziehbaren Kosten für die Fahrten von seiner Wohnung zu seinem Technikraum muss Pit als Einnahme zu seinem Gewinn dazuzählen. Die Entfernungspauschale darf er als Betriebsausgabe abziehen.

Wie geht die Fahrtenbuchmethode?

Du hast ein Geschäftsauto, das du über 50 % für deine Influencertätigkeit nutzt? Es ist schon alt oder der Bruttolistenpreis ist sehr hoch oder du fährst kaum privat damit? Dann kann es für dich günstiger sein, den mühsamen Weg zu gehen und ein Fahrtenbuch zu führen.

Fakt:

In einem Fahrtenbuch wird jede Fahrt, egal, ob privat oder geschäftlich, aufgelistet. Diese Angaben müssen für jede Fahrt festgehalten werden:

- Datum
- Kilometerstand zu Beginn und am Ende der Fahrt
- Ziel der Fahrt
- Zweck der Fahrt
- Geschäftspartner, wenn solche aufgesucht wurden.

Mit dem Fahrtenbuch weißt du also genau, wie viele Kilometer du privat und wie viele Kilometer du für deine Influencertätigkeit geschäftlich zurückgelegt hast. Du kannst damit ausrechnen, wie viel Prozent du privat gefahren bist. Und mit diesem Prozentsatz kannst du ausrechnen, wie hoch die Kosten sind, die eigentlich zu deinen privaten Fahrten gehören. Somit kannst du von den gesamten Kosten, die du für dein Geschäftsauto als Betriebsausgaben abgezogen hast, den privaten Teil wieder als Einnahme dazuzählen.

Fakt:

Die Fahrten von der Wohnung des Influencers zum Betrieb gehören zu den betrieblichen Fahrten.

Praxis

Der Reise-Influencer Florian aus dem Beispiel oben hat sich für die Fahrtenbuchmethode entschieden, da er denkt, dass er mit der 1 %-Methode schlechter fährt. Aus seinem Fahrtenbuch ergibt sich.

Im Jahr 2024 ist er insgesamt 35.000 km gefahren, davon 28.000 km für seinen Job als Influencer, 7.000 km privat.

7.000 km ÷ 35.000 km = 0,2. Das entspricht 20 %.

Er nutzt damit sein Auto zu 20 % privat. Die gesamten Kosten für das Auto beliefen sich in 2024 auf 10.000 Euro. Sie setzten sich zusammen aus:

- 5.000 Euro Abschreibung (Kaufpreis 30.000 Euro ÷ Nutzungsdauer 6 Jahre)
- 3.500 Euro Tanken
- 800 Euro Versicherung und Steuern
- 700 Euro Werkstatt

Diese hat er als Betriebsausgaben komplett abgezogen. Für die private Nutzung setzt er daher eine Einnahme an in Höhe von

0,2 × 10.000 Euro = 2.000 Euro

Um die Umsatzsteuer zu berechnen, benötigt Florian bei der Fahrtenbuchmethode die tatsächlichen Kosten, soweit darin Vorsteuer enthalten war. Hierzu gehören die Ausgaben für die Werkstatt und fürs Tanken und der Kaufpreis des Autos. Allerdings wird die Abschreibung für die Umsatzsteuer auf einen Zeitraum von 5 Jahren berechnet:

- 6.000 Euro Abschreibung (Kaufpreis 30.000 Euro ÷ 5 Jahre)
- 3.500 Euro Tanken
- 700 Euro Werkstatt

Gesamtkosten mit Vorsteuerabzug = 10.200 Euro

10.200 Euro × privater Anteil laut Fahrtenbuch von 20 % = 2.040 Euro

2.040 Euro × 19 % = 387,60 Euro Umsatzsteuer

Die Fahrtenbuchmethode bedeutet für ihn zwar mehr Aufwand, aber er spart sich für die Privatnutzung seines Geschäftsautos damit die Versteuerung von 1.420 Euro. Um diesen Betrag ist die Einnahme mit der Fahrtenbuchmethode geringer als nach der 1 %-Methode. Außerdem muss Florian rund 130 Euro weniger Umsatzsteuer auf die Privatnutzung bezahlen.

Bei einem Fahrtenbuch musst du sehr genau sein, denn das Finanzamt ist hier sehr streng. Du musst ein Fahrtenbuch lückenlos, durchgehend, zeitnah nach jeder Fahrt und in geschlossener Form führen. Das bedeutet, Änderungen sind zwar möglich, müssen aber dokumentiert werden. Führst du es in Papierform, solltest du dir im Fachhandel ein Fahrtenbuch kaufen. Diese enthalten Tabellen, in denen alle zwingend vorzunehmenden Angaben enthalten sind. Möchtest du es elektronisch führen, musst du unbedingt darauf achten, dass du eine App verwendest, die die oben genannten Anforderungen erfüllt.

Erfüllt dein Fahrtenbuch die Voraussetzungen nicht, kann es dir passieren, dass das Finanzamt es nicht anerkennt und trotzdem die 1 %-Methode anwendet.

Wie gehst du bei der Schätzungsmethode vor?

Du hast ein Auto, das du mindestens 10 % und höchstens 50 % für deine Influencertätigkeit nutzt, und hast dich dafür entschieden, dass es sich um ein Geschäftsauto handelt. Du hast deswegen das Auto deinem Influencerbetrieb zugeordnet und kannst alle Kosten des Autos als Betriebsausgaben abziehen.

Für die Berechnung des Privatanteils ist hier die 1 %-Methode **nicht erlaubt.** Willst du kein Fahrtenbuch führen, dann kannst du auch mit der Schätzungsmethode deinen Privatanteil berechnen.

Auch bei dieser Methode musst du über deine Aufzeichnungen ermitteln, wie viel Prozent du betrieblich und wie viel Prozent du privat gefahren bist. Es ist aber nicht so streng wie beim Fahrtenbuch. Du kannst mithilfe deiner Notizen und Terminkalender am Ende des Jahres bestimmen, wie hoch der Prozentsatz für deine geschäftlichen Fahrten war. Sind Fahrten und zurückgelegte Kilometer bei dir über das Jahr recht gleichmäßig verteilt, dann ist es für das Finanzamt auch in Ordnung, wenn du nur 3 Monate am Stück deine geschäftlichen Fahrten aufschreibst und daraus den Prozentsatz für das ganze Jahr ermittelst.

Aus dem Prozentsatz für geschäftliche Fahrten erhältst du auch den Prozentsatz für die privaten Fahrten. Und diesen Prozentsatz wendest du dann auf die gesamten Kosten deines Autos an und erhältst so den Privatanteil.

Hast du einen Raum für deine Influencertätigkeit außerhalb deines Zuhauses, musst du auch bei dieser Methode wieder die Kosten für die Fahrten zwischen deiner Wohnung und deinem Betrieb dazuzählen und darfst nur die Entfernungspauschale abziehen. Genauer haben wir das bei der 1 %-Methode erklärt.

6.9.4 Manchmal ist es einfacher, ein Privatauto zu haben

Hast du ein Auto, das du mindestens 10 % und höchstens 50 % für deine Influencertätigkeit nutzt, kannst du es als Geschäftsauto behandeln – du musst aber nicht. Das Auto kann auch dein Privatauto sein.

Was hat das für Folgen? Ist dein Auto dein Privatauto, dann sind auch alle Kosten im Zusammenhang mit dem Auto private Kosten und du kannst sie nicht als Betriebsausgaben für deinen Influencerbetrieb abziehen.

Planst du, dein Auto recht bald wieder zu verkaufen? Dann kann es für dich sinnvoll sein, dein Auto als Privatauto zu behandeln. Denn bei einem Verkauf des Autos musst du den Verkaufspreis nicht versteuern.

Natürlich kannst du aber auch bei einem Privatauto die Kosten für Fahrten, die du aufgrund deiner Influencertätigkeit gemacht hast, bei deiner Gewinnermittlung als Betriebsausgabe abziehen. Für die Ermittlung dieser Kosten hast du zwei Möglichkeiten:

- Pauschale Abrechnung mit der sogenannten Reisekostenpauschale von 0,30 Euro je gefahrenen Kilometer
- Abrechnung der tatsächlichen Kosten.

Abrechnung mit der Reisekostenpauschale

Rechnest du pauschal ab, dann multiplizierst du einfach jeden geschäftlich gefahrenen Kilometer mit der Reisekostenpauschale.

Fakt:

Die Reisekostenpauschale pro geschäftlich gefahrenen Kilometer beträgt bei einem Auto 30 Cent, bei einem Motorrad oder Moped 20 Cent.

Praxis

Mode-Influencerin Helia hatte im Jahr 2024 einige Shootings, zu denen sie mit ihrem Privatauto gefahren ist. Insgesamt war sie im Jahr 2024 2.300 km geschäftlich unterwegs. Sie kann als Betriebsausgaben abziehen:

2.300 km × 0,30 Euro = 690 Euro

Abrechnung der tatsächlichen Kosten für dein Auto

30 Cent pro Kilometer durch die Reisekostenpauschale ist gerade bei den hohen Spritpreisen nicht viel. Deswegen fährst du bei der Abrechnung deiner betrieblichen Fahrten über die tatsächlichen Kosten meistens besser!

Hier musst du festhalten, wie viele Kilometer du insgesamt im Jahr gefahren bist. Dann fasst du alle Kosten deines Autos in dem Jahr zusammen.

Fakt:

$$\frac{\text{Gesamtkosten}}{\text{gesamte Kilometer}} = \text{Kosten pro Kilometer} = \text{Kilometer-Kostensatz}$$

Multiplizierst du den Kilometer-Kostensatz mit der Anzahl der Kilometer, die du als Influencer geschäftlich unterwegs warst, hast du die Kosten, die du abziehen kannst.

Die Berechnung mit einem solchen Kilometer-Kostensatz ist leider nur möglich, wenn du Kleinunternehmer bist oder wenn du beim Kauf deines Autos keine Vorsteuer abgezogen hast.

6.9.5 Recap: Welche Kosten kann ich für ein Auto abziehen?

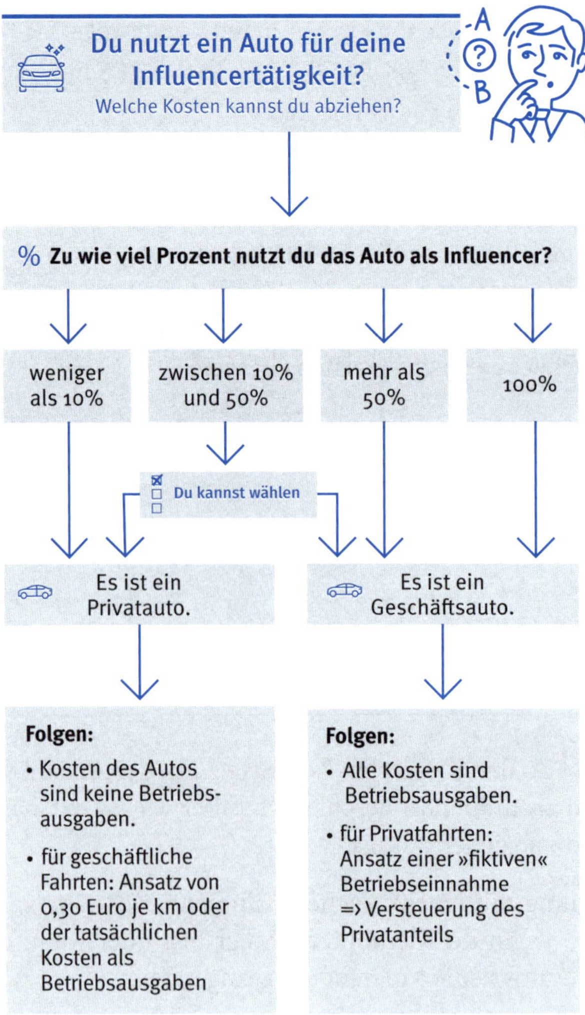

6.10 Auch diese Kosten fallen bei vielen Influencern an

Natürlich können bei dir als Influencer noch verschiedene andere Kosten in deinem Influencerbetrieb anfallen.

6.10.1 Apps, Plug-ins & Co.

Alle Influencer haben verschiedene Apps, die sie für ihre Influencertätigkeit brauchen. Auch ein Abo für die Bearbeitung von Fotos oder der Kauf von Plug-ins ist meist normaler Alltag.

All diese Kosten gehören zu deinen Kosten für Software. Und kaufst du Software für deinen Influencerbetrieb, dann kannst du die Kosten sofort in voller Höhe als Ausgaben abziehen. Wie hoch deine Ausgaben sind, spielt keine Rolle → Kapitel 6.4.

6.10.2 Beiträge und Versicherungen

Bist du Mitglied in einem **Berufsverband,** dann gehören die Mitgliedsbeiträge zu deinen abziehbaren Betriebsausgaben.

Fakt:

Als Berufsverbände kommen beispielsweise infrage:

- Bundesverband Influencer Marketing e.V.
- Deutscher Journalisten-Verband
- eSport-Bund Deutschland

Viele deiner Versicherungen, allen voran deine Krankenversicherung, betreffen deinen privaten Bereich, zum Beispiel deine Gesundheit. Deswegen sind die Beiträge zu diesen Versicherungen auch **keine** Betriebsausgaben. Neben Beiträgen zur Unfall- und Haftpflichtversicherung gehört hier auch eine allgemeine Berufsunfähigkeitsversicherung dazu. Denn hier sicherst du ab, dass du aufgrund von Krankheit oder eines Unfalls nicht mehr oder nur noch teilweise in der Lage bist, zu arbeiten.

Manche Versicherungen bieten aber sogenannte »**Blogger-Versicherungen**« an.

Fakt:

Eine in der Umgangssprache bezeichnete Blogger-Versicherung ist in erster Linie eine Berufshaftpflichtversicherung für Influencer. Hier wird versichert, dass der Influencer im Rahmen seiner Influencertätigkeit einen Fehler macht und durch diesen Fehler einem anderen ein Schaden zugefügt wird, der Geld kostet.

Was mit einer Blogger-Versicherung genau abgedeckt ist, muss je nach Anbieter genau geprüft werden.

So wird durch eine Blogger-Versicherung beispielsweise meist abgedeckt sein:

- In deinen erstellten Content hat sich ein Fehler eingeschlichen und deswegen verlangt jemand von dir Schadensersatz.
- Du hast auf deinem Social-Media-Kanal Fotos verwendet, für die du kein Urheberrecht hast.

Die Ausgaben für eine solche Blogger-Versicherung sind auf deine Tätigkeit als Influencer zurückzuführen und können deswegen als Betriebsausgaben abgezogen werden.

6.10.3 Kosten für eine eigene Website

Manche Influencer kombinieren ihre Präsenz in den sozialen Medien mit einem eigenen Internetauftritt. Dafür ist ein Domain-Name notwendig, das heißt die Adresse, mit der die Website erreicht wird.

Fakt:

Die Kosten für den Kauf einer Internet-Domain können nicht als Betriebsausgabe sofort abgezogen werden und auch nicht auf die Nutzungsdauer verteilt, also abgeschrieben werden. Denn bei einer Internet-Domain geht man davon aus, dass diese sich über die Jahre nicht abnutzt.

Natürlich kannst du aber die Kosten, die dir für die Erstellung deiner Website anfallen, als auch die Kosten für die Pflege und Wartung als Betriebsausgaben deiner Influencertätigkeit abziehen. Die Ausgaben für die erstmalige Erstellung deines Internetauftritts werden dabei über 3 Jahre abgeschrieben. Die laufende Pflege und Wartung kannst du im Zeitpunkt der Zahlung als Betriebsausgabe berücksichtigen.

6.10.4 Zahlungen an ein Management oder an eine Agentur

Hast du ein Management, das dich vertritt, dir Kooperationspartner sucht, dich berät und vieles anderes mehr, dann sind die Kosten Betriebsausgaben, die du in voller Höhe abziehen kannst. Ob dein Management oder die Agentur einen Festbetrag oder eine umsatzabhängige Vergütung bekommt, ist vollkommen egal.

6.10.5 Kosten für den Steuerberater und für Steuersoftware

Natürlich kannst du auch die Kosten für einen Steuerberater als Betriebsausgabe abziehen – solange die Kosten im Zusammenhang mit deiner Influencertätigkeit anfallen. Das sind also in erster Linie die Kosten, die dir für eine Gewinnermittlung oder für Beratungen zur Umsatzsteuer in Rechnung gestellt werden.

Lässt du dir aber deine komplette Steuererklärung von einem Steuerberater machen, geht es hier auch um »private Sachen« in deiner Steuererklärung.

Das Gleiche gilt auch für deine Ausgaben für eine Steuersoftware.

6.10.6 Kosten für Fotografen, Grafiker, Cutter & Co.

Es kann vorkommen, dass du für ein Shooting einen Fotografen engagierst oder einen Grafiker für die Erstellung deines Logos beauftragst. Hier beauftragst du einen anderen selbstständigen Unternehmer und natürlich ist dessen Honorar bei dir eine Betriebsausgabe.

Gleichzeitig musst du aber auch auf die gezahlten Honorare an selbstständige Künstler wie Fotografen, Grafiker, Webdesigner oder Journalisten auch die sogenannte **Künstlersozialabgabe** abführen. Auch diese ist für dich eine Betriebsausgabe.

Fakt:

Die Künstlersozialabgabe wird an die Künstlersozialkasse (KSK) abgeführt und beträgt im Jahr 2024 5 % auf die Honorare an Künstler. Allerdings muss sie erst gezahlt werden, wenn die gezahlten Honorare an Künstler und Kreative in einem Jahr mehr als 450 Euro netto betragen.

Hierzu musst du dich selbst bei der Künstlersozialkasse melden. Diese prüft dann, ob du abgabenpflichtig bist.

Die Künstlersozialkasse begegnet dir vielleicht auch bei der Frage, ob du dich als Influencer über diese krankenversichern kannst → Kapitel 2.3.4. Das sind aber zwei Paar Stiefel, die für deine Überlegungen nichts miteinander zu tun haben.

Der Zusammenhang besteht nur darin, dass die Künstlersozialkasse die Krankenversicherung teilweise über diese Künstlersozialabgabe finanziert.

6.10.7 Was sonst noch gebraucht wird: Büromaterial, Lizenzen und Internetanschluss

Alles, was du an **Büromaterial** für deine »Schreibtischarbeiten« als Influencer brauchst, kannst du auch als Betriebsausgaben abziehen. Das sind Kosten für Druckerpapier, Ordner, Locher usw. Aber gerade auch Porto und Verpackungsmaterial für die Rücksendung von Produkten an Kooperationspartner gehören hier dazu.

Für Musik und Fotos, die du auf deinen sozialen Kanälen in deinen Storys, Videos, Beiträgen verwendest, fallen **Lizenzgebühren** an. Da diese im Rahmen deines Influencerjobs anfallen, kannst du sie auch sofort als Betriebsausgaben abziehen.

Bei dem **Internetanschluss,** den du zu Hause hast, musst du aufteilen – denn ein Teil der Kosten fällt auf die geschäftliche Nutzung als Influencer, ein Teil auf die private Nutzung. Das Gleiche gilt, wenn du daheim noch einen **Festnetzanschluss** hast, von dem du sowohl private als auch geschäftliche Telefonate führst. Wenn du möchtest, kannst du über einen Zeitraum von 3 Monaten genau aufschreiben, wann du das Internet privat und wann geschäftlich nutzt.

Mach es dir hier leichter und ziehe 20 % bis 30 % der Kosten, die dir von deinem Internetanbieter in Rechnung gestellt werden, als Betriebsausgaben für deinen Internetanschluss ab. Dieser Prozentsatz wird vom Finanzamt akzeptiert.

Die gleiche Vorgehensweise kannst du für deinen Festnetzanschluss anwenden.

6.11 Recap: Ausgaben

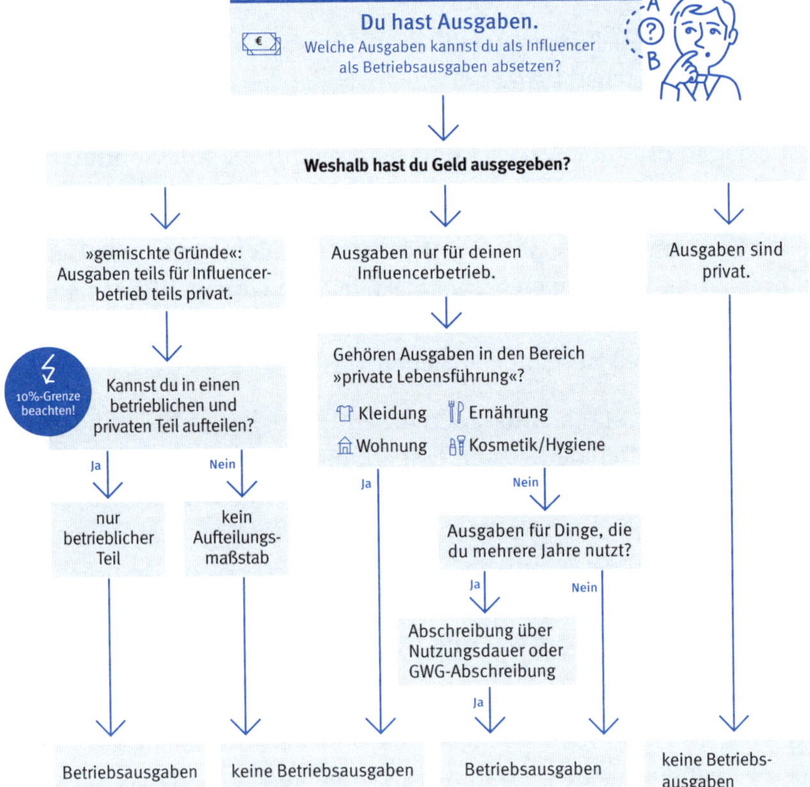

7 Und bei der Gewerbesteuer muss ich auch noch was tun?

Die meisten Influencer machen in irgendeiner Form Werbung für etwas, egal, ob über Partnerprogramme oder über konkrete Kooperationen. Und sobald es um Werbung geht, wird die Tätigkeit als gewerbliche Tätigkeit eingestuft → Kapitel 1.2.2.

Und bist du als Influencer Gewerbetreibender, dann bist du auch gewerbesteuerpflichtig und bei dir kann Gewerbesteuer anfallen.

Fakt:

Die Gewerbesteuer ist eine Steuer, die von den Städten und Gemeinden auf den Gewinn eines Unternehmens erhoben wird. Die Gewerbesteuer wird im Gewerbesteuergesetz (GewStG) geregelt.

Allerdings musst du dich mit dieser Steuer erst dann beschäftigen, wenn dein Social-Media-Business schon etwas besser läuft. Denn Gewerbesteuer fällt erst dann an, wenn dein sogenannter Gewerbeertrag den Freibetrag von 24.500 Euro überschreitet.

7.1 Für die Gewerbesteuer brauchst du deinen Gewerbeertrag

Ausgangsgröße zur Berechnung des Gewerbeertrags ist der Gewinn deines Influencerbetriebs, den du für die Einkommensteuer bei deiner Gewinnermittlung ausgerechnet hast → Kapitel 3.3.

Um vom Gewinn zum Gewerbeertrag zu gelangen, werden bestimmte Betriebsausgaben wieder hinzugerechnet (sog. Hinzurechnungen) und bestimmte Betriebseinnahmen wieder abgezogen (sog. Kürzungen). Diese Hinzurechnungen und Kürzungen sind im Gewerbesteuergesetz festgelegt. Für dich als Influencer haben sie allerdings kaum Bedeutung. Daher kannst du dich an der Höhe deines

Gewinns orientieren, um abzuschätzen, ob bei dir Gewerbesteuer anfällt. Liegt dein **Gewinn unter 24.500 Euro,** brauchst du meist keine Gewerbesteuer zu zahlen. Überschreitet dein Gewinn diesen Freibetrag, wird bei dir sehr wahrscheinlich Gewerbesteuer fällig.

7.2 Gewerbesteuererklärung: Wann, wie und wo?

Eine Gewerbesteuererklärung musst du nur dann abgeben, wenn

- dein Gewerbeertrag über der Grenze von 24.500 Euro liegt oder
- das Finanzamt dich zur Abgabe auffordert.

Aber wieso jetzt wieder das Finanzamt? Die Gewerbesteuer wird doch von den Kommunen erhoben. Deswegen bekommst du den Gewerbesteuerbescheid von deiner Stadt- oder Gemeindeverwaltung und überweist dorthin auch das Geld für die Gewerbesteuer.

Deine **Gewerbesteuererklärung** gibst du aber mit deinen übrigen Steuererklärungen (Einkommensteuer und Umsatzsteuer) bei dem für dich zuständigen Finanzamt ab. Denn das Verfahren bei der Gewerbesteuer läuft in zwei Schritten ab:

- Schritt 1:

  Aufgrund der von dir beim Finanzamt abgegebenen Gewerbesteuererklärung ermittelt das Finanzamt zunächst den sogenannten **Gewerbesteuer-Messbetrag,** indem der Gewerbeertrag mit der sogenannten Steuermesszahl von 3,5 % multipliziert wird.

  Hierüber erhältst du dann auch einen Bescheid, den Gewerbesteuer-Messbescheid. Den darin festgesetzten Betrag musst du nicht bezahlen. Denn dieser Messbescheid wird nicht nur an dich, sondern auch an die für dich zuständige Stadt- oder Gemeindeverwaltung geschickt.

- Schritt 2:

  Die Beamten der Stadt- oder Gemeindeverwaltung wenden auf den Gewerbesteuer-Messbetrag den örtlichen **Gewerbesteuer-**

Hebesatz an, um so die Gewerbesteuer zu berechnen. Dieser Hebesatz wird in Prozent festgelegt und ist je nach Kommune unterschiedlich hoch. Er liegt mindestens bei 200 % und in den meisten Gemeinden bei ca. 400 %. Die Höhe der Gewerbesteuer ergibt sich, indem der Gewerbesteuer-Messbetrag mit dem Hebesatz der Gemeinde multipliziert wird. Bei einem Hebesatz von 400 % bedeutet das: Der vom Finanzamt festgesetzte Messbetrag wird von der Gemeinde vervierfacht.

Praxis

Fashion-Influencerin Kathrin aus Traunstein hat im Jahr 2023 einen Gewinn über 30.000 Euro erzielt. Hinzurechnungen und Kürzungen zur Ermittlung des Gewerbeertrags fielen bei ihr nicht an. Nach Berücksichtigung des Freibetrags von 24.500 Euro bleibt noch ein Gewerbeertrag in Höhe von 5.500 Euro, der von Kathrins Finanzamt mit 3,5 % multipliziert wird. Kathrin erhält daher vom Traunsteiner Finanzamt einen Gewerbesteuer-Messbescheid, in dem als Steuermessbetrag 192 Euro (abgerundet) ausgewiesen ist.

Nach kurzer Zeit bekommt Kathrin für das Jahr 2023 ihren Gewerbesteuerbescheid 2023. Dort ist der Gewerbesteuer-Messbetrag von 192 Euro als auch der Hebesatz der Gemeinde Traunstein in Höhe von 375 % aufgeführt. Kathrin muss für das Jahr 2023 somit 192 Euro × 3,75 = 720 Euro Gewerbesteuer bezahlen.

Fällt für deinen Influencerbetrieb Gewerbesteuer an, wird die Gemeinde meist mit dem Gewerbesteuerbescheid für das abgelaufene Jahr auch **Gewerbesteuer-Vorauszahlungen** für das laufende Jahr festsetzen. Hierzu wird die Gewerbesteuer für das Vorjahr auf die vier Vorauszahlungstermine aufgeteilt (15. Februar, 15. Mai, 15. August und 15. November). Vorauszahlungen dürfen aber nur dann von dir verlangt werden, wenn sie je Vorauszahlungstermin mindestens 50 Euro betragen.

So wird deine Gewerbesteuer berechnet

Wie ergibt sich also **ganz vereinfacht** die Höhe deiner Gewerbesteuer?

7.3 Die Gewerbesteuer wird auf deine Einkommensteuer angerechnet

Die Höhe der Gewerbesteuer orientiert sich an dem Gewinn aus deinem Influencerbetrieb. Auf diesen Gewinn hast du aufgrund deiner Einkommensteuererklärung aber bereits Einkommensteuer gezahlt.

Damit diese doppelte Besteuerung deines Gewinns wieder ausgeglichen wird, erfolgt eine Anrechnung der Gewerbesteuer auf deine Einkommensteuer. Das bedeutet für dich: Wenn du gewerbesteuerpflichtig bist, zahlst du weniger Einkommensteuer.

Praxis

Die Einkommensteuer von Fashion-Influencerin Kathrin beträgt für das Jahr 2023 vor der Berücksichtigung der Gewerbesteuer 3.280 Euro. Sie hat außer dem Gewinn aus ihrer Social-Media-Tätigkeit keine weiteren Einkünfte. Hierauf wird im Einkommensteuerbescheid die Gewerbesteuer angerechnet, das heißt, die zu zahlende Einkommensteuer mindert sich. Im ersten Schritt erfolgt die Anrechnung mit dem 4-Fachen des Gewerbesteuer-Messbetrags. Für Kathrin bedeutet das:

Gewerbesteuer-Messbetrag 192 Euro × 4 = 768 Euro.

Es darf aber nicht mehr Gewerbesteuer auf die Einkommensteuer angerechnet werden, als tatsächlich an die Gemeinde gezahlt werden musste. Daher ist der im ersten Schritt berechnete Betrag mit der von der Gemeinde Traustein festgesetzten Gewerbesteuer von 720 Euro zu vergleichen.

Somit wird die Einkommensteuer lediglich um 720 Euro vermindert und Kathrin muss für das Jahr 2023 2.560 Euro Einkommensteuer an das Finanzamt überweisen.

Fakt:

Beträgt der Hebesatz der Gemeinde mehr als 400 %, wird die Gewerbesteuer nicht in voller Höhe auf die Einkommensteuer angerechnet.

8 Kleines ABC der Influencer: Was ist typisch?

An dieser Stelle gehen wir noch mal kurz darauf ein, auf was einzelne Typen von Influencern besonders achten sollten. Natürlich ist das hier nur eine kleine Auswahl – denn es gibt eine große Zahl an »Arten« von Influencern und Content Creator.

8.1 Bau-Influencer

Je nachdem, ob du selbstständiger Handwerker, angestellter Handwerker oder selbst Bauherr bist, können sich unterschiedliche Fragen ergeben, auf die du achten solltest.

Ein ausführliches Beispiel zu einem Bau-Influencer findest du hier → Kapitel 9.4.

Du hast einen eigenen Handwerksbetrieb

Bist du **selbstständiger Handwerker** und berichtest auf Social-Media über deine berufliche Tätigkeit, gehören die Einnahmen aus deinen Werbekooperationen zu den Einnahmen aus deinem Handwerksbetrieb. Die Ausgaben für die von dir in diesem Zusammenhang benutzten Werkzeuge und Materialien sind meist bereits als Ausgaben in deinem Handwerksbetrieb berücksichtigt. Hinzu kommen dann noch die Kosten für die Ausstattung, die du speziell für das Erstellen des Contents benötigst, wie beispielsweise Kamera, Ringlicht, spezielle Software etc.

Du bist Mitarbeiter in einem Handwerksbetrieb

Bist du im Hauptberuf **angestellter Handwerker** und erzielst daneben Einnahmen als Content Creator, hast du Einkünfte aus zwei verschiedenen Einkunftsarten, die auch getrennt voneinander zu ermitteln sind. Dein Lohn wird als Einkünfte aus nichtselbstständiger

Arbeit versteuert. Mit den Einnahmen aus deinem Social-Media-Account bist du gewerblich tätig. Erstellst du deinen Content auf den Baustellen, auf denen du als Arbeitnehmer tätig bist, wirst du meist keine Kosten für Werkzeuge und Baumaterialien haben. Im Rahmen deiner selbstständigen Tätigkeit als Influencer ziehst du die Kosten für die Dinge ab, die unmittelbar damit zusammenhängen. Unter Umständen musst du die Ausgaben aufteilen und teilweise als Werbungskosten von deinem Lohn abziehen und teilweise als Ausgaben in deinem Influencerbetrieb berücksichtigen. Beispielsweise Kosten für ein Werkzeug, das du selbst kaufst, aber sowohl bei deiner Arbeit als angestellter Handwerker als auch für die Produktion deines Contents benutzt.

Produzierst du deinen Content außerhalb deines Arbeitsverhältnisses zu Hause, indem du in deiner **eigenen Wohnung** renovierst oder an deinem eigenen Haus baust, bist du wie ein »Bauherr« einzustufen. Das heißt, der Abzug der Ausgaben für Baumaterial und Maschinen kann unter Umständen eingeschränkt oder ganz ausgeschlossen sein.

Du bist selbst Bauherr

Dokumentierst du auf deinem Social-Media-Account den Baufortschritt auf deiner eigenen Baustelle und erzielst damit Einnahmen aus Kooperationen, bist du insoweit gewerblich tätig. Die Einnahmen aus deinen Kooperationen werden dabei versteuert. Die Ausgaben für die Erstellung des Contents (Ringlicht, Kamera, Schnitt etc.) werden im Rahmen der Gewinnermittlung ohne Weiteres berücksichtigt. Bei deinen Ausgaben für Baumaschinen, Werkzeuge und Baumaterial gilt dies aber nicht ohne Weiteres. Hierbei kommt es darauf an, wie du die Wohnung bzw. das Haus, das du renovierst oder baust, später nutzen möchtest.

Nutzung als eigene Wohnung

Renovierst oder baust du eine Immobilie, in die du später selbst einziehen möchtest, sind die Ausgaben für Baumaterial, Werkzeuge, Maschinen etc. privat veranlasst und damit steuerlich nicht abzugsfähig. Daran ändert auch die Tatsache nichts, dass du den Baufortschritt auf Social Media dokumentierst und dadurch Einnahmen erzielst.

Du möchtest vermieten

Anders sieht es aus, wenn du die Immobilie später vermieten möchtest. Dann handelt es sich bei den Baukosten um Ausgaben, die mit den späteren Mieteinnahmen zusammenhängen. Diese Kosten kannst du steuerlich berücksichtigen, und zwar als Ausgaben bei deinen Einkünften aus Vermietung und Verpachtung. Die Einnahmen aus deinen Kooperationen gehören aber nach wie vor zu den Einnahmen aus deiner gewerblichen Influencertätigkeit.

8.2 Beauty-Influencer

Als Beauty-Influencer bekommst du sowohl von Kooperationspartnern oder auch unaufgefordert von anderen Unternehmen Kosmetika, häufig in Form von Produktproben, zugeschickt.

Diese Zusendungen sind zunächst bei dir Einnahmen in Höhe des Preises, den du hättest zahlen müssen, wenn du das Kosmetikprodukt gekauft hättest (→ Kapitel 5.2). Gleichzeitig verwendest du die Kosmetika, um einen entsprechenden Content darüber zu erstellen.

Da bei Kosmetik nicht davon ausgegangen wird, dass du sie ausschließlich betrieblich nutzt, darfst du hier auch keine Betriebsausgaben ansetzen. Selbst wenn du während des Schminkens gleichzeitig Content produzierst, lassen die Finanzverwaltung und die Rechtsprechung keinen Abzug, auch nicht teilweise, zu. Denn »Beauty« gehört für das Finanzamt ohne »Wenn und Aber« zu deiner privaten Lebensführung.

Praxis

Rahel bekommt von der Kosmetikfirma »Open-Eye« die neuste Linie an Augen-Make-up – Eyeliner, Lidschatten und Mascara – zugeschickt. Sie erstellt damit 3 Videos, jeweils mit einem Alltags-, Business- und Party-Look. Im Laden kosten die Produkte zusammen 49,90 Euro inklusive Umsatzsteuer, das heißt, sie kosten netto 41,93 Euro. In dieser Höhe hat Rahel eine Einnahme und sie muss Umsatzsteuer in Höhe von 7,97 Euro an das Finanzamt bezahlen. Ausgaben und Vorsteuer kann Rahel nicht ansetzen.

Ob du die Kosmetika selbst gekauft oder kostenlos geschickt bekommen hast, spielt keine Rolle. Denn es handelt sich um typische Kosten für deine Lebensführung, die du nicht, auch nicht teilweise, abziehen kannst.

Die von uns dargestellte Auffassung orientiert sich an der aktuellen Rechtsprechung der Finanzgerichte. Hast du gute Argumente, zum Beispiel weil du Kosmetika während der Content-Erstellung **vollständig** verbrauchst, kannst du versuchen, dein Finanzamt davon zu überzeugen, den Wert der Sachen als Betriebsausgabe zu berücksichtigen.

8.3 DIY-Influencer

Viele DIY-Influencer konzentrieren sich auf die Lösung von alltäglichen Problemen im Haushalt, auf kreative Ideen und deren Umsetzung für ein schönes Zuhause oder auch auf ausführliche Bastel- oder Bauideen. Welchem Thema auch immer du dich als DIY-Influencer auf deinem Social-Media-Kanal widmest – das Problem ist hier immer die Abgrenzung zu deiner privaten Lebensführung.

Baust oder reparierst du, während du Content produzierst, Dinge für dich selbst, deine Familie, Freunde oder Bekannte, gehören die Material- und Werkzeugkosten zu den Kosten der Lebensführung und sind damit nicht abzugsfähig. Abzugrenzen davon sind allerdings die direkten Kosten für die Erstellung des Contents.

Verkaufst du die selbst hergestellten Dinge hingegen, sind die Verkaufserlöse Betriebseinnahmen in deinem Betrieb und damit auch die Material- und Werkzeugkosten Betriebsausgaben. Dasselbe gilt, wenn du dir für deinen Kanal gezielt defekte Produkte besorgst, die du dann in deinen Videos reparierst und wieder verkaufst. Nutzt du die reparierten Produkte im Anschluss aber selbst oder verschenkst sie, liegen in diesem Zeitpunkt Entnahmen vor, für die du fiktive Betriebseinnahmen ansetzen musst.

8.4 Fashion-Influencer

Als Fashion-Influencer teilst du mit deinen Followern, welche Marken du gerne trägst, wie du dich morgens für den Tag bzw. abends zum Ausgehen zurechtmachst oder auch deine Shopping-Erlebnisse.

Die Kleidungsstücke, die du in deinen Videos trägst und die du von deinen Kooperationspartnern dafür zur Verfügung gestellt bekommen hast, gehören zu deinen Einnahmen (→ Kapitel 5.2). Was ist aber mit den passenden Accessoires, die du dir zu einem gesponserten Outfit selbst gekauft hast, oder mit den passenden Schuhen. Vielleicht hast du auch ein Kleidungsstück selbst erworben, um das Outfit für dein Reel perfekt abzurunden. Sind das alles Betriebsausgaben?

Leider ein ganz klares »Nein«!

Praxis

In ihrer neuesten Story zeigt sich Ramona in den neuen Strickpullis ihres Kooperationspartners. Um ihren Outfits noch den persönlichen Stempel aufzudrücken, hat sie verschiedene Tücher gekauft. Da sie die Tücher auch in ihrem »Privatleben« anziehen kann, ist hier kein Abzug der Kosten möglich.

Fakt:

Bei Alltagskleidung geht das Finanzamt von Kosten der privaten Lebensführung aus und lässt den Kostenabzug nicht zu. Bei ausgefallenen Kleidungsstücken, die deshalb nicht »alltagstauglich« sind, besteht die Chance, dass das Finanzamt die Kosten hierfür anerkennt. Die fehlende Alltagstauglichkeit sollte aber durch die entsprechenden Links auf den jeweiligen Post belegt werden können.

Es kommt natürlich auch auf deine Kooperationspartner an, was du dir alles dazukaufen musst, um ein Outfit perfekt in Szene zu setzen. Aber vielleicht ist es ja auch gerade dein Markenzeichen, die zur Verfügung gestellten Kleidungsstücke mit ausgefallenen Accessoires zu kombinieren. Da kommt schnell einiges zusammen – an Tüchern, Schuhen & Co., aber vor allem auch an Ausgaben, die du nicht abziehen darfst.

8.5 Food-Influencer

Als Food-Influencer wirst du es schwer haben, die Kosten für Lebensmittel als Betriebsausgaben abzusetzen. Selbst wenn du die Zubereitung eines Gerichts auf Instagram oder TikTok in Form eines Videos oder Beitrags mit deinen Followern teilst – da du das Essen danach verspeist, oder zumindest es verspeisen könntest –, überwiegt der private Anlass, nämlich deine Verpflegung. Die Kosten der Lebensmittel kannst du daher nicht bei deiner Gewinnermittlung berücksichtigen.

Anders kann es bei Kosten für ausgefallene Gewürze aussehen. Oder beispielsweise auch für besonders schöne Teller, mit denen du deine Gerichte für deine Social-Media-Kanäle passend in Szene setzt. Hier kann die Vermarktung im Vordergrund stehen und die Kosten sind abziehbar.

Praxis

Food-Influencer Tarik teilt zweimal die Woche Videos mit Rezepten und Zubereitungen aus der indischen Küche. Um die Gerichte traditionell zu präsentieren, hat er sich entsprechende Keramik und Dekomaterial zugelegt. Die Kosten dafür sind Betriebsausgaben.

Das gleiche Schicksal teilen Influencer, die über ihre Erfahrungen in Restaurants und Cafés berichten. Auch hier überwiegt die »private Verpflegung«, sodass die Kosten für die ausprobierten Mahlzeiten, das heißt die Rechnung des Restaurants, keine Betriebsausgaben sind.

Kaufst du dir als Food-Influencer eine Kochschürze, so sind das Ausgaben für deine Berufskleidung und du kannst sie abziehen.

8.6 Gaming-Influencer

Verdienst du dein Geld dadurch, dass du deine Spiele streamst, entstehen dir Kosten für **Videospiele und Konsolen.** Diese Ausgaben kannst du zumindest teilweise als Betriebsausgaben abziehen.

In welchem Umfang du sie berücksichtigen darfst, ist nicht genau festgelegt. Denkbar ist aus unserer Sicht, dass du die Ausgaben in vollem Umfang abziehen darfst, wenn du immer streamst, wenn du spielst. Stelle dich aber darauf ein, dass dein Finanzamt hier nachfragt. Denn Computerspiele und Konsolen werden in den allermeisten Fällen nur für private Zwecke genutzt, sodass die Kosten dafür nicht abzugsfähig sind.

Als Argument für den vollen Abzug solltest du deine Nutzungszeiten und die auf dem Account veröffentlichten Beiträge und Streams anführen. Selbst eine Nutzung ohne Stream muss nicht privat veranlasst sein, wenn du dabei deine Fähigkeiten verbesserst, um im Livestream erfolgreicher zu sein.

Nutzt du deine Ausstattung und die Apps auch für private Zwecke, weil du auch in deiner Freizeit andere Spiele spielst, kommt bei diesen Kosten der Ansatz eines Privatanteils infrage. Hier bleibt dir kein anderer Weg, als den privaten Anteil zu schätzen und deine Schätzung für das Finanzamt nachvollziehbar schriftlich festzuhalten.

Für einen **Trainingsraum,** den sich ein Gaming-Influencer oder E-Sportler in seinem Zuhause einrichtet, können die Kosten als Betriebsausgaben abgezogen werden. Denn: Ohne Übung kann ein Gaming-Influencer kein Geld verdienen, daher ist das Üben »überlebenswichtig«. Somit dürfen auch die Kosten für einen ausschließlich zum Training eingerichteten Raum berücksichtigt werden.

Das Gleiche gilt für die Kosten für die **Ausrüstung zum Computerspielen,** wie beispielsweise ein Gaming-Stuhl. Als Gaming-Influencer musst du gut in den jeweiligen Spielen sein. Damit sollte das Finanzamt zu überzeugen sein, dass die Kosten für die Ausrüstung nichts mit deinem Privatbereich zu tun haben, sondern Betriebsausgaben sind.

Häufig haben Gamer neben ihrem Spielecomputer auch noch ein zweites Gerät. Damit hast du ein gutes Argument, dass der Spielcomputer nicht privat genutzt wird und alle Ausgaben im Zusammenhang mit dem Gaming-Computer abziehbare Betriebsausgaben sind.

Fakt:

Die Kosten von Notebooks, PCs, Tablets, Mouse usw. können sofort beim Kauf als Ausgabe berücksichtigt werden → Kapitel 6.4. Das gilt aber nicht für Spielekonsolen und Controller. Hier müssen die Kosten über 3 Jahre abgeschrieben werden.

Viele Gaming-Influencer nehmen regelmäßig an Turnieren teil. Da die Teilnehmer hier persönlich vor Ort sein müssen und der Wettkampf meist als Content geteilt wird, wird das Finanzamt gegen den

Abzug der Reisekosten zu solchen Turnieren keine Einwände haben. Aber wie immer gilt auch hier: Begibst du dich am Wettkampfort auch auf Sightseeing-Tour, dann musst du die Kosten in privat und geschäftlich aufteilen → Kapitel 6.1.2.

8.7 Kidfluencer oder Family-Influencer

Zeigst du auf deinem Social-Media-Account den Alltag mit deiner Familie, gibt es vielfältige potenzielle Kooperationspartner. Hier sind nahezu alle Bereiche des täglichen Lebens denkbar, die auf Social Media präsentiert werden können: Baby- und Kleinkindausstattung wie Kinderwägen und Autositze, Spielzeug, Babynahrung, Möbel, Kleidung und sonstige Alltagshelfer. Die Einnahmen aus deinen Kooperationen gehören zu den Betriebseinnahmen deines Influencerbetriebs. Dies gilt auch, wenn du Produkte deiner Kooperationspartner kostenlos erhältst.

Als Ausgaben kannst du die direkt mit Contenterstellung zusammenhängenden Kosten für beispielsweise Handy, Ringlicht und PC ansetzen. Hier musst du allerdings eine private Mitbenutzung berücksichtigen (→ Kapitel 6.3.2 und Kapitel 6.4).

Bei den kostenlos erhaltenen Produkten sieht es jedoch anders aus. Denn meist wirst du die Gegenstände, die dir von deinen Kooperationspartnern kostenlos zur Verfügung gestellt werden, nahezu ausschließlich privat benutzen. Die geringfügige betriebliche Nutzung, die sich dabei ergibt, wenn du die Produkte in deinen Beiträgen und Videos zeigst und bewirbst, reicht nicht dazu aus, zu einer betrieblichen Nutzung von mehr als 10 % zu kommen.

Außerdem handelt es sich bei den meisten Gegenständen, die dir als Kid- oder Family-Influencer kostenlos zur Verfügung gestellt werden, um Produkte, die der allgemeinen Lebensführung zuzurechnen sind und deren Kosten damit auch dann nicht abgezogen werden dürfen, wenn du sie zu mehr als 10 % für deinen Influencerbetrieb nutzt (→ Kapitel 6.1.1).

8.8 Petfluencer

Haustiere gehören, wie es der Name schon sagt, zu deinem privaten Haushalt. Daher gehören die dafür anfallenden Kosten zunächst zu den Kosten deiner Lebensführung und du darfst sie nicht abziehen. Ausnahmsweise können die Ausgaben teilweise als Betriebsausgaben berücksichtigt werden, wenn du in deinen Beiträgen als Petfluencer über das Leben deines Haustiers berichtest und damit Einnahmen erzielst.

Ob und in welchem Umfang du die Kosten ansetzen kannst, hängt aber sehr stark davon ab, in welchem Umfang du dein Haustier für die Erstellung deines Contents »benutzt«. Ein vollständiger Kostenabzug ist unserer Meinung nach aber eigentlich ausgeschlossen.

Auch wenn es für Tierliebhaber nicht schön klingt, aber ein Tier wird steuerlich wie eine Sache, also ein Arbeitsmittel, behandelt. Abziehen kannst du die Ausgaben für dein Haustier demnach dann, wenn du es in deinem Influencerbetrieb einsetzt. Allerdings gibt es hier einen Mindestumfang von 10 %, der auf den betrieblichen Bereich, also die Influencertätigkeit, entfallen muss. Liegst du darunter, kannst du die Kosten nicht berücksichtigen. Nach unserer Ansicht ist das immer dann der Fall, wenn dein Content lediglich aus Schnappschüssen besteht, die im Alltag entstehen.

Was ist überhaupt eine betriebliche Nutzung bei einem Tier?

Als Petfluencer erzielst du deine Einnahmen in der Regel aus Kooperationen mit Unternehmen, die Produkte für Tiere herstellen und über dich vermarkten möchten. Deine Leistung besteht darin, einen mehr oder weniger großen Social-Media-Account zu betreiben und dort die Produkte deiner Kooperationspartner zu präsentieren. Hierbei kommt dein Haustier ins Spiel. Durch Beiträge oder Reels, in denen dein Tier vorkommt, baust du dir deine Reichweite auf. Die betriebliche »Nutzung« deines Tiers umfasst also die Zeit, in der du gemeinsam mit ihm Content produzierst, und die dazugehörenden Vorbereitungen. Die restliche Zeit gehört zur privaten Nutzung deines Haustiers.

Damit du gegenüber dem Finanzamt dieses Verhältnis belegen kannst, solltest du dir diese Zeiten genau notieren.

Praxis

Petfluencerin Daggi teilt in ihren Videos und Beiträgen Alltag und Kunststücke ihres Hundes Fluffy. Für die Erstellung ihres Contents mit Fluffy hat sie einen genauen Arbeitsplan – Videos und Beiträge werden an drei Vormittagen und an drei Nachmittagen der Woche erstellt. Somit hat sie anhand der Zeit einen genauen Maßstab, mit dem sie die Kosten für Fluffys Haltung aufteilen kann. 3/7 der Kosten setzt sie daher als Betriebsausgaben an.

Welche Kosten gehören zu meinen Betriebsausgaben?

Zu den Ausgaben, die du in deinem Influencerbetrieb für dein Tier berücksichtigen kannst, gehören die Ausgaben für den Kauf und die laufende Haltung, also zum Beispiel Nahrung, Tierarzt, Versicherung, Tierpflege, Hundeschule und Spielzeug. Liegt der Kaufpreis über 800 Euro, musst du dein Haustier über die Abschreibung auf die »Nutzungsdauer« verteilen. Diese liegt bei Hunden beispielsweise bei 8 Jahren, bei einem Pferd bei 10 Jahren.

Bei den Kosten für das Tier und dessen Haltung handelt sich aber immer um gemischte Kosten. Das heißt, du musst sie anhand des ermittelten Maßstabs aufteilen (→ Kapitel 6.1.2).

Ausgaben, die direkt und ausschließlich mit der Erstellung des Contents zusammenhängen (Kamera, Licht, Schnitt, Deko etc.), kannst du zusätzlich komplett abziehen.

8.9 Reise- oder Travel-Influencer

Als Reise-Influencer, Travel-Influencer oder auch Travel-Blogger gibst du verständlicherweise viel Geld für deine Reisen aus. Und diese Kosten willst du natürlich als Ausgaben für deinen Influencerjob berücksichtigen.

Touristische Reisen gehören in der Regel zu den Kosten der Lebensführung. Da du im Rahmen deines Social-Media-Accounts davon berichtest und darüber dann auch Einnahmen bekommst, gehören die Ausgaben für die Reise, zumindest teilweise, zu deiner betrieblichen Tätigkeit. Damit du aber auch einen Teil der Kosten deiner Reise als Betriebsausgaben ansetzen kannst, muss es möglich sein, die Reise in einen privaten Teil (= Urlaub) und in einen betrieblichen Teil (= Geschäftsreise) aufzuteilen. Das geht bei Reisen anhand der Aufenthaltstage. Das Verhältnis für die Aufteilung ermittelst du dann aus dem Verhältnis der geschäftlichen Aufenthaltstage zur Gesamtdauer deiner Reise.

Praxis

Travel-Influencer René reist 2 Wochen durch Spanien. Er versorgt seine Follower täglich mit Beiträgen oder Reels, die er auf Instagram hochlädt. Die Bilder bzw. Videos nimmt er tagsüber nebenbei auf, zum Beispiel während er am Strand ist oder Sehenswürdigkeiten besichtigt. Abends im Hotel bereitet er die Beiträge vor und lädt sie hoch.

Die Kosten für den Urlaub in Spanien sind in vollem Umfang Kosten der Lebensführung und damit nicht als Betriebsausgaben abzugsfähig. Der betriebliche Teil des Aufenthalts (fotografieren, Beiträge bearbeiten und hochladen) ist so stark mit dem touristischen und damit privaten Teil des Aufenthalts verwoben und vermischt, dass eine Aufteilung nicht möglich ist.

Wie sieht es aber jetzt aus?

René hält sich während seiner Reise an 2 Tagen an der spanischen Atlantikküste auf, weil er dort mit einem seiner Kooperationspartner zum Fotoshooting verabredet ist. An beiden Tagen steht die Arbeit im Vordergrund.

René kann in diesem Fall 2/14 der Kosten der An- und Abreise und 2 Übernachtungen als Betriebsausgaben abziehen. Für diese beiden Tage kann er auch Verpflegungspauschalen ansetzen → Kapitel 6.8.

Das Finanzamt wird bei Reisen an schöne Orte wissen wollen, weshalb es sich bei deiner Reise nicht um ein Privatvergnügen handelt. Daher ist es wichtig, dass du gerade bei Reisen in Urlaubsregionen nachweisen kannst, dass die Reise oder auch nur ein Teil der Reise aus geschäftlichen Gründen gemacht wird. Es spricht nichts dagegen, dass du deine Geschäftsreise auch mit deinem privaten Vergnügen verbindest. Wichtig ist aber, dass du trennen kannst, welche Tage du für deine Influencertätigkeit genutzt hast und welche privat.

Lässt sich die Reise nicht in Tagen aufteilen, dürfen die Kosten insgesamt nicht als Betriebsausgaben berücksichtigt werden. Du kannst jedoch versuchen dein Finanzamt mit guten Argumenten, beispielsweise mit den regelmäßig täglich hochgeladenen Beiträgen, davon zu überzeugen, doch einen Teil der Kosten als Betriebsausgaben zu berücksichtigen.

Ein Tagebuch in deinem Blog ist eine gute Möglichkeit, einen solchen Nachweis zu führen. Und natürlich ist es überzeugend, wenn du einen konkreten Auftrag für eine Reise bekommen hast.

Fakt:

Reiseimpfungen gegen Gelbfieber, Dengue oder eine andere Krankheit, die häufig für Reisen in »ferne Länder« vorgeschrieben oder empfohlen sind, können nie als Betriebsausgaben abgezogen werden. Denn hier geht es immer vorrangig um die eigene »private« Gesundheit, auch wenn es sich um eine reine Geschäftsreise als Travel-Influencer handelt.

Für die Verpflegung gibt es auch für das Ausland Verpflegungspauschalen → Kapitel 6.8.2. Für die Übernachtung sind die Hotelkosten abziehbar – auch hier dran denken: Den Preis, den dir das Hotel für ein Frühstück in Rechnung stellt, musst du rausrechnen → Kapitel 6.8.3.

Auch wenn du auf deinen Social-Media-Kanälen deine Erfahrungen über Hotels auf der ganzen Welt teilst, solltest du bei den Hotelkosten den Bogen nicht überspannen. Das Finanzamt hat sonst die Möglichkeit, den Betriebsausgabenabzug für deine Übernachtung wegen »Unangemessenheit« zu streichen. Bei Übernachtungen in Luxushotels kann also schnell die Frage aufkommen, was du aufgrund der Übernachtung eigentlich verdient hast.

8.10 Sport- und Fitness-Influencer

Als Sport- und Fitness-Influencer kannst du Ausgaben für deine **Sport- oder Fitnesskleidung** oder für deine Sportschuhe nicht als Betriebsausgaben abziehen. Denn diese Kosten gehören aus Sicht des Finanzamts zu deiner privaten Lebensführung → Kapitel 6.1.1.

Die Kosten für **Fitness- und Trainingsgeräte** musst du in den meisten Fällen in einen privaten und einen geschäftlichen Anteil aufteilen. Denn du nutzt sie zum einen für deine persönliche Fitness und deine Gesundheit und zum anderen, um damit Videos, Fotos als Content für Social Media zu erstellen. Anhand der Zeit, die du die

Geräte privat und geschäftlich nutzt, kannst du die Kosten im Ergebnis häufig nur anteilig abziehen. Nutzt du ein Gerät zu mehr als 50 % für deine Influencertätigkeit, kannst du die Kosten aber komplett als Betriebsausgaben berücksichtigen. Da die Geräte über einen längeren Zeitraum zum Einsatz kommen, werden die Kosten über die Nutzungsdauer verteilt, also abgeschrieben. Im Gegenzug musst du für die private Nutzung (= Entnahme) eine fiktive Betriebseinnahme ansetzen.

Liegt die betriebliche Nutzung unter 50 % aber bei mindestens 10 %, kannst du dir aussuchen, ob du die Kosten voll abziehst und eine fiktive Betriebseinnahme ansetzt oder ob du nur den betrieblichen Teil der Kosten als Betriebsausgabe berücksichtigst. Die zweite Variante hat für dich den Vorteil, dass das Gerät privat bleibt und du einen späteren Verkauf nicht versteuern musst.

Kostet ein Trainingsgerät unter 800 Euro, kann es ein GWG (→ Kapitel 6.2.6) sein und somit die Kosten sofort komplett als Betriebsausgaben abgezogen werden. Dafür muss das Gerät aber selbstständig, also unabhängig von einem anderen Gerät, genutzt werden können.

Praxis

Auf Instagram können die Follower von »Andy the Metalman« zum einen verfolgen, welche spektakulären Übungen sich Andy durch sein hartes Training erarbeitet. Auf der anderen Seite veröffentlicht Andy aber auch Work-outs für Calisthenics-Einsteiger.

Er hat sich im Juli 2024 einen neuen Fitness-Tower für 1.200 Euro netto für seine Übungen angeschafft. Er hat noch ein paar niedrige Push-up-bars für 100 Euro netto und 2 neue Hantelscheiben für 120 Euro netto mitbestellt.

An seinen 6 Trainingstagen in der Woche nutzt Andy den Tower durchschnittlich 4 Stunden für sein eigenes Training, eine Stunde erstellt er am Tower Videos für seinen Instagram-Kanal und eine Stunde die Work-outs für seine Einsteigerkurse. Die

1.200 Euro für den Tower werden nach der AfA-Tabelle (Fitnessgeräte) über eine Nutzungsdauer von 5 Jahren verteilt, das heißt 240 Euro im Jahr. Da er den Tower zu 2/3 (4 private Stunden zu 2 Stunden als Influencer) privat und damit weniger als 50 % für seinen Influencerbetrieb nutzt, entscheidet sich Andy nur den betrieblichen Teil der Kosten anzusetzen. Die Abschreibung muss Andy daher in einen geschäftlichen und einen privaten Teil aufteilen. Er kann von den 240 Euro nur 80 Euro als Betriebsausgabe abziehen. Im Jahr 2024 davon nur die Hälfte, also 40 Euro, da sich Andy den Tower erst im Juli gekauft hat.

Die Push-up-bars sind für Anfänger, die er nur für seine Kurse nutzt. Als GWG sind sie in der vollen Höhe von 100 Euro im Jahr 2024 Betriebsausgaben. Die Hantelscheiben können nicht ohne Hantelstange genutzt werden, sodass sie nicht die Voraussetzungen für ein GWG erfüllen. Daher muss Andy die Kosten dafür auf 5 Jahre Nutzungsdauer und entsprechend des Prozentsatzes für die Nutzung als Influencer aufteilen.

Erstellst du deinen Content für Social Media in einem **Fitnessstudio,** sind auch die **Mitgliedsbeiträge** gemischte Kosten, die in privat und geschäftlich aufgeteilt werden müssen. Hier wird es aber wahrscheinlich schwierig, dass sich das Finanzamt von einer Aufteilung anhand der Zeit überzeugen lässt. In den meisten Fällen werden daher die Kosten für eine Mitgliedschaft vom Finanzamt nicht akzeptiert.

9 Einigen Influencern über die Schulter geschaut

9.1 Bei Simon wird einiges verlost

Sport-Influencer Simon unterhält seine Follower mit seinem Skifahrtalent. Er postet tolle Abfahrten und informiert dabei auch über das Material seiner Kooperationspartner – von den Skiern über Helme bis zum Schuh. Simon ist kein Kleinunternehmer.

Simon bekommt Helme geschenkt

Von der Firma Snow-Save hat er in 2023 zwei Helme »geschenkt« bekommen und seine Erfahrungen mit den Helmen, wie mit Snow-Save vereinbart, in drei Videos geteilt. Im Geschäft kostet der eine Helm 100 Euro netto, der andere 150 Euro netto. In der Vereinbarung zwischen Simon und Snow-Save wurde festgelegt, dass beide Seiten eine entsprechende Rechnung über 250 Euro zzgl. Umsatzsteuer ausstellen.

Die beiden Helme sind bei Simon zunächst Einnahmen in Höhe der Nettowerte von 100 Euro und 150 Euro. Außerdem fällt Umsatzsteuer in Höhe von insgesamt 47,50 Euro an (250 Euro × 19 %). Denn Simon erhält die Helme als Gegenleistung für die Erstellung der Videos. Simon schickt der Firma Snow-Save daher eine Rechnung über Werbeleistungen in Höhe von 250 Euro zzgl. 47,50 Euro Umsatzsteuer. Auch wenn Simon von Snow-Save keine direkte Honorarzahlung erhalten hat, hat er für die Firma aber als Influencer eine Werbeleistung ausgeführt und wurde dafür mit den beiden Helmen »bezahlt«. Simon ist verpflichtet, für seine Werbeleistung eine Rechnung innerhalb von 6 Monaten nach Ausführung seiner Leistung auszustellen, weil es sich bei Snow-Save ebenfalls um einen Unternehmer handelt.

Simon verwendet die Helme in seinem Influencerbetrieb zur Erstellung der Videos. Die Helme werden behandelt, als hätte Simon sie gekauft, um sie dann für seine Videos zu verwenden. Deswegen hat er wegen der Helme auch Betriebsausgaben. Da die Preise je Helm bei beiden unter 800 Euro liegen, handelt es sich bei den Helmen um geringwertige Wirtschaftsgüter (GWG) und er kann die Beträge sofort in voller Höhe als Betriebsausgaben abziehen (→ Kapitel 6.2.6).

Außerdem erhält Simon auch die Vorsteuer aus 47,50 Euro vom Finanzamt zurück. Denn Snow-Save hat ihm eine Rechnung über insgesamt 250 Euro zuzüglich Umsatzsteuer geschickt.

Fakt:

Umsatzsteuerlich handelt es sich bei diesem Vorgang um einen tauschähnlichen Umsatz. Um die Vorsteuer vom Finanzamt zurück zu bekommen, ist es nicht erforderlich, dass Simon eine Zahlung leistet.

Simon verlost und verschenkt Helme

Mittlerweile hat Simon eine Sammlung von sechs Ski-Helmen und entschließt sich, den Helm von Snow-Save für 100 Euro auf seinem Instagram-Kanal an seine Follower zu verlosen.

Hierbei handelt es sich um eine betriebliche Verwendung. Es ergeben sich keine weiteren Betriebseinnahmen oder Betriebsausgaben. Denn Simon hat die Helme bereits zu dem Zeitpunkt als Ausgabe berücksichtigt, als sie ihm von der Firma Snow-Save zur Verfügung gestellt wurden.

Den zweiten Helm von Snow-Save schenkt er seinem Freund Rudi. Durch die Schenkung gehört dieser Helm nicht mehr zum Influencerbetrieb von Simon. Es liegt eine sogenannte Entnahme vor, die eigentlich so behandelt wird, als hätte Simon den Helm verkauft und dafür Geld bekommen. Er muss für die Entnahme des Helms daher eine Betriebseinnahme in Höhe des aktuellen Wertes ansetzen. Weil Simon den Helm nur für die Videos kurz aufgesetzt hatte, ist er noch wie neu. Daher ist der aktuelle Wert der Kaufpreis, den man beim Kauf des Helmes ausgeben müsste.

Aufgrund der Entnahme fällt auch Umsatzsteuer an. Denn hätte Simon einen Helm als Geschenk für seinen Freund gekauft, hätte er auch Umsatzsteuer zahlen müssen, die er aber nicht als Vorsteuer berücksichtigen kann – denn das Geschenk hat nichts mit seinem Influencerbetrieb zu tun. Die fällige Umsatzsteuer beträgt 19 % auf den aktuellen Einkaufspreis des neuwertigen Helms, also auf 150 Euro. Simon muss daher für die Schenkung an Rudi 28,50 Euro Umsatzsteuer an das Finanzamt bezahlen.

Simon verlost selbst gekaufte Ski

Im Januar 2023 kam eine absolute Neuheit an Skiern von der Firma Everest heraus – leider eine Firma, mit der Simon keine Kooperation hat. Er wollte die Ski aber unbedingt sofort haben und leistete sich das Luxus-Modell für 1.428 Euro inklusive Umsatzsteuer, um damit besonders spektakuläre Abfahrten für seine Social-Media-Kanäle in Szene zu setzen. Nachdem er die Ski nun in 2023 genutzt hat, will er auch diese in einem Live-Event Anfang Januar 2024 auf Instagram verlosen. Er erhofft sich, durch diese besondere Veranstaltung in Zukunft den Hersteller Everest als Kooperationspartner zu gewinnen.

Die Umsatzsteuer in Höhe von 228 Euro hat Simon in seiner Umsatzsteuer-Voranmeldung für das 1. Quartal als Vorsteuer eingetragen.

Da die Ski 1.200 Euro netto gekostet haben (1.428 Euro ÷ 1,19 = 1.200 Euro), konnte Simon die Kosten nicht sofort in voller Höhe beim Kauf als Betriebsausgabe berücksichtigen, sondern schreibt sie über 5 Jahre ab (→ Kapitel 6.2). Im Jahr 2023 hat er daher 1.200 Euro ÷ 5 Jahre = 240 Euro als Ausgabe angesetzt. Zum Zeitpunkt der Verlosung haben die Ski somit noch einen Wert von 1.200 Euro – 240 Euro = 960 Euro. Wenn Simon die Ski im Januar 2024 verlost, hat er somit eine Betriebsausgabe in Höhe von 960 Euro.

Simon verlost einen Helm, den er privat gekauft hat

Simon hat Ende 2023 von der Firma Everest, von der er so begeistert ist, einen Skihelm für seine Freundin als Weihnachtsgeschenk für 160 Euro inklusive Umsatzsteuer gekauft. Denn seine Helme passen ihr leider nicht. Kurz vor Weihnachten trennen sich aber die beiden und Simon entschließt sich, den Helm zusammen mit den Skiern bei dem Live-Event auf Instagram an seine Follower zu verlosen. Der Grund für den Kauf des Helms war rein privat. Will er den Helm nun im Rahmen seiner Influencertätigkeit verlosen, muss der Helm zum Influencerbetrieb von Simon gehören. Er muss ihn sozusagen in seinen Betrieb überführen – in der Fachsprache sagt man: Er macht eine Einlage.

Da Simon den Helm gerade erst vor 5 Wochen neu gekauft hat und er nicht getragen wurde, kann er den Kaufpreis als Wert für die Einlage nehmen – allerdings muss er den Netto-Kaufpreis nehmen.

160 Euro ÷ 1,19 = 134,45 Euro

Die Einlage hat die gleiche Wirkung, als hätte Simon den Helm für seine Verlosung gekauft. Er hat eine Betriebsausgabe in Höhe von 134,45 Euro, die er sofort abziehen kann.

Die Umsatzsteuer aus dem Kauf des Helms im Privatbereich bekommt Simon nicht vom Finanzamt zurück. Denn er hat ihn zunächst für private Zwecke gekauft. Daran ändert auch die spätere Verwendung im Rahmen seiner Tätigkeit als Content Creator nichts.

Simon verlost einen Helm, die Abwicklung übernimmt sein Kooperationspartner

Das Live-Event auf Instagram war ein voller Erfolg und das Beste für Simon: Er hat damit die Firma Everest als neuen Kooperationspartner gewonnen. Everest will zu Saisonende gleich noch mal ein Live-Event mit Simon durchführen. Bei diesem soll Simon direkt unter den Teilnehmern die Gewinner eines neuen Helms und einer neuen Skibrille ziehen. Die Abwicklung, also der Versand der Gewinne, wird von Everest abgewickelt.

Dieser Event ist sowohl für Simon als auch für die Firma Everest eine sehr werbewirksame Sache. Einnahmen oder Ausgaben entstehen Simon aufgrund der Verlosung nicht, da die Preise der Verlosung direkt von Everest an die Gewinner verschickt werden.

9.2 Eine Hand wäscht die andere: Hotelwerbung gegen kostenlose Übernachtung

Travel-Influencerin Vivi, die auf Deutschlandreisen mit der Bahn spezialisiert ist, wurde im Sommer 2023 von einem Hotel am Chiemsee eingeladen. Vivi und das Hotel haben vereinbart, dass Vivi Fotos und Videos über den Chiemsee und den Chiemgau erstellt und auf ihren Kanälen veröffentlicht. In ihren verschiedenen Beiträgen weist sie dann immer wieder auf das Hotel hin und wie schön es ist, dort zu wohnen. Das ist eine gute Werbung für das Hotel. Ihre Aufnahmen stellt sie auch dem Hotel zur weiteren Verwendung auf dessen Homepage etc. zur Verfügung. Als Bezahlung sind für Vivi die 3 Übernachtungen in dem Hotel kostenlos. Das Hotel stellt ihr eine Rechnung über die Übernachtungen inklusive Frühstück zum Preis von 25 Euro pro Tag aus, insgesamt in Höhe von 600 Euro zuzüglich 7 % Umsatzsteuer. Im Gegenzug berechnet Vivi dem Hotel 600 Euro zuzüglich 19 % Umsatzsteuer für Werbe- und Marketingdienstleistungen.

Hat Vivi Einnahmen?

Für die Übernachtungen im Hotel muss Vivi im Endeffekt zwar nichts bezahlen, allerdings arbeitet sie ja auch dafür. Hier liegt so etwas wie ein Tausch vor. Vivi erstellt Beiträge mit Werbung für das Hotel. Im Gegenzug wohnt sie für 3 Tage im Hotel, ohne etwas dafür bezahlen zu müssen. Der Wert der 3 Übernachtungen stellt für Vivi eine Betriebseinnahme dar.

Der Versteuerung dieser Einnahmen könnte Vivi nur entgehen, wenn das Hotel die kostenlosen Übernachtungen pauschal versteuern würde. Damit würde der Hotelier praktisch die Steuer für Vivi übernehmen und sie müsste nichts weiter veranlassen.

Urlaub oder nicht?

Da Vivi einen Auftrag von dem Hotel bekommen hat, ist ihr Aufenthalt am Chiemsee auf jeden Fall durch ihre Influencertätigkeit veranlasst. Fraglich ist aber, ob das Finanzamt den kompletten Aufenthalt über 3 Tage anerkennt und nicht auch vermutet, dass der Aufenthalt auch private Gründe wie eben Urlaub hat. Damit Vivi überhaupt eine Chance hat, das Finanzamt zu überzeugen, sollte sie auf jeden Fall genau dokumentieren, was sie an den einzelnen Tagen gemacht hat. Hierbei sollte Vivi alle Zeiten notieren, in denen sie mit dem Erstellen der Werbung für das Hotel beschäftigt war (Aufnehmen von Fotos oder Videos, Videoschnitt, Erstellen der Beiträge/Stories, Besprechung mit Hotelmitarbeitern etc.). Für den vollen Abzug der Kosten des Aufenthalts spricht aber, dass Vivi aus betrieblichen Gründen an den Chiemsee gereist ist. Dies gilt auch dann, wenn sie in ihren Pausen wandert oder Rad fährt.

Anders wäre es aber, wenn Vivi beispielsweise an einem Tag ihres Aufenthalts ausschließlich oder fast ausschließlich privat unterwegs wäre. Dann müssten die angefallenen Kosten in betriebliche und private Kosten aufgeteilt werden.

Bei der Rechnung des Hotels für die 3 Übernachtungen muss Vivi auf alle Fälle zwischen den Kosten für die Übernachtung und dem Anteil für das Frühstück unterscheiden.

Verpflegungskosten

Die vom Hotel in Rechnung gestellten Verpflegungskosten für das Frühstück in Höhe von 75 Euro (3 × 25 Euro) kann Vivi nicht in tatsächlicher Höhe abziehen. Denn für die Verpflegung dürfen nur Pauschbeträge, die sogenannten Verpflegungsmehraufwendungen, angesetzt werden. Für den Anreise- und den Abreisetag darf Vivi lediglich Pauschbeträge in Höhe von jeweils 14 Euro als Betriebsausgaben berücksichtigen. Für die beiden Zwischentage ihrer Reise darf sie jeweils 28 Euro von ihren Einnahmen abziehen. Im Ergebnis kann Vivi 84 Euro (14 Euro × 2 + 28 Euro × 2) als Betriebsausgabe abziehen. Fallen bei Vivi weitere Kosten für Mittag- oder Abendessen an, beispielsweise, weil sie in einem Restaurant gegessen hat, kann sie diese nicht als Betriebsausgaben berücksichtigen, denn die Kosten für die Verpflegung sind über die Pauschbeträge bereits abgegolten.

Übernachtungskosten

Gelingt Vivi der Nachweis, dass sie an den 3 Tagen überwiegend mit der Erstellung der Werbung für das Hotel beschäftigt war, kann sie die Übernachtungskosten von 525 Euro als Betriebsausgaben ansetzen.

Vorsteuerabzug aus der Rechnung des Hotels

Die in der Rechnung des Hotels ausgewiesene Umsatzsteuer wird Vivi vom Finanzamt als Vorsteuer erstattet, wenn die Geschäftsreise in vollem Umfang anerkannt wird. Dies gilt auch für den auf das Frühstück entfallenden Betrag. Bei der Umsatzsteuer gibt es keine Verpflegungspauschalen, wie sie für den Betriebsausgabenabzug existieren.

Fahrtkosten

Die Kosten für die Anreise zum Hotel darf Vivi ebenfalls in voller Höhe als Betriebsausgaben ansetzen, wenn es ihr gelingt, dem Finanzamt die ausschließlich betriebliche Veranlassung der Reise darzulegen. Sie kann dann die Kosten für die Hin- und Rückfahrt mit der Bahn in voller Höhe steuerlich geltend machen.

Hotel ist im Ausland

Was würde sich nun ändern, wenn das Hotel, welches Vivi einlädt, nicht am Chiemsee, sondern in Kitzbühel in Österreich liegt?

Betriebseinnahmen hat Vivi auch hier in Höhe der kostenlosen Übernachtungen. Und als Betriebsausgaben kann Vivi auch bei einem Auslandsaufenthalt die Übernachtungskosten, die Verpflegungsmehraufwendungen und die Fahrtkosten berücksichtigen.

Im Ausland gelten höhere Pauschbeträge

Für den Aufenthalt in Kitzbühel kann Vivi höhere Verpflegungspauschalen als im Inland ansetzen. Bei Geschäftsreisen ins Ausland gelten länderweise unterschiedlich hohe Pauschbeträge. Für die Reise nach Kitzbühel (Österreich) darf Vivi für den An- und Abreisetag jeweils 27 Euro und für die beiden Zwischentage jeweils 40 Euro als Betriebsausgabe berücksichtigen. Im Ergebnis sind das 134 Euro.

Auch hier gilt: Höhere Kosten für ihre Verpflegung als diese Verpflegungspauschalen kann Vivi nicht als Betriebsausgaben ansetzen – egal, wie oft und wie teuer sie in den Tagen beim Essen war.

Vivi stellt eine Netto-Rechnung

Vivi muss bei der Erstellung der Rechnung an das Hotel beachten, dass sie eine Leistung im europäischen Ausland erbringt. In diesem Fall darf sie keine Rechnung mit deutscher Umsatzsteuer ausstellen, sondern muss eine Nettorechnung an das Hotel schreiben. Die Besonderheit hierbei ist, dass das Hotel dann die österreichische Umsatzsteuer für die Leistung von Vivi an das Finanzamt bezahlen muss (sog. Reverse-Charge-Verfahren).

Allerdings hat Vivi aufgrund ihres Influencerauftrags in Österreich eine weitere Verpflichtung gegenüber der deutschen Finanzverwaltung. Sie muss angeben, dass sie eine Leistung im europäischen Ausland erbracht hat. Dies geschieht durch eine sogenannte »Zusammenfassende Meldung« (kurz »ZM«). Vivi muss die ZM online beim Finanzamt abgeben und darin angeben, an wen sie ihre Leistung erbracht hat und wie hoch die Vergütung war. Hierfür muss Vivi die Umsatzsteuer-Identifikationsnummer (USt-ID) des Inhabers in Erfahrung bringen und angeben. Denn über die Umsatzsteuer-Identifikationsnummer ist klar, für wen Vivi tätig war.

Fakt:

Für eine Tätigkeit im Ausland braucht Vivi auch selbst eine USt-ID. Wenn sie diese nicht bereits im Fragebogen zur steuerlichen Erfassung beantragt hat, sollte sie spätestens bei der Anbahnung des Geschäfts mit dem österreichischen Hotel eine Umsatzsteuer-Identifikationsnummer beantragen (→ Kapitel 2.2.3).

Vorsteuerabzug aus der Hotelrechnung

Das Hotel stellt Vivi hingegen eine Rechnung aus, in der österreichische Umsatzsteuer enthalten ist. Diese Umsatzsteuer darf Vivi auf keinen Fall in ihrer Umsatzsteuer-Voranmeldung als Vorsteuer eintragen. Denn es handelt sich um ausländische Umsatzsteuer, die Vivi sich auf anderem Weg zurückholen muss. Hierzu gibt es ein besonderes Verfahren, das sogenannte Vorsteuer-Vergütungsverfahren. Um die österreichische Umsatzsteuer zurückzubekommen, muss Vivi beim Bundeszentralamt für Steuern (BZSt) online einen Vergütungsantrag einreichen. Das BZSt leitet diesen Antrag an die österreichische Steuerverwaltung weiter. Von dort erhält Vivi ihre in Österreich gezahlte Umsatzsteuer zurück.

9.3 Kleider in allen Farben – zurück damit

Fashion-Influencerin Shamini kann aufgrund ihres Typs einfach jede Farbe tragen – das findet auch ihr Kooperationspartner. Er schickt ihr daher das Kleid »Perfect« gleich in fünf Farben. Mit Shamini ist vereinbart, dass sie zu jeder Farbe zwei Videos erstellt und auf Instagram und TikTok postet. Der Kooperationspartner möchte somit zeigen, dass das Modell des Kleides für jeden Anlass geeignet ist. Für die Erstellung und das Teilen der Videos bekommt Shamini eine Pauschale von 2.000 Euro netto. Die Kleider darf sie außerdem behalten. Eigentlich ein Grund zur Freude, oder? Denn jedes Kleid kostet im Online-Shop 189 Euro netto. Leider liegt aber den Kleidern **kein** Schreiben bei, dass die Kleider bereits von ihrem Kooperationspartner pauschal versteuert wurden.

Einnahmen ohne Geld zu haben

Ob sie will oder nicht. Durch die Kleider hat Shamini weitere Einnahmen in Höhe von 945 Euro. Hat Shamini beispielsweise einen Steuersatz von 30 %, bedeutet das für sie:

945 Euro × 0,3 = 283,50 Euro

Shamini müsste also für die Einnahme »Kleider« 283,45 Euro Steuern an das Finanzamt zahlen. Auch auf das pauschale Honorar in Höhe von 2.000 Euro fallen 30 % Steuern an. Hier zahlt sie also 600 Euro.

Wenn Shamini also ganz vereinfacht überlegt, hat sie für die Videos zwar 2.000 Euro auf ihr Konto überwiesen bekommen, aber davon gehen schon wieder 883,50 Euro an Steuern ab. Es bleiben nur 1.116,50 Euro übrig. Hätte sie sich das vorher überlegt, dann hätte sie eine höhere Pauschale verlangt. Denn die fällige Steuer kann Shamini nur von der erhaltenen Pauschale bezahlen.

Gibt es einen Ausweg?

Egal, von den Kleidern weiß doch keiner!

»Die Kleider gebe ich einfach nicht an. Woher soll das Finanzamt denn wissen, dass ich die bekommen habe!« Zugegeben, ein naheliegender Gedanke, den Shamini da hat.

Aber leider nicht richtig, denn Shaminis Finanzamt kann ganz schnell von den Kleidern erfahren. Wie? Die Finanzämter führen bei größeren Unternehmen Betriebsprüfungen durch. Dabei werden die von diesen Unternehmen erstellten Gewinnermittlungen überprüft. Die Beamten schauen also nach, ob die Einnahmen und Ausgaben der Unternehmen richtig erfasst wurden. Findet eine Betriebsprüfung bei dem Kooperationspartner von Shamini statt, sieht man, dass Zahlungen und Geschenke an Shamini in der Gewinnermittlung des Kooperationspartners als Ausgabe angesetzt wurden. Der Prüfer schickt gegebenenfalls deswegen eine sogenannte Kontrollmitteilung an das Finanzamt von Shamini, damit die Finanzbeamten dort überprüfen, ob sie ihre Einnahmen richtig versteuert hat.

Hat sie das nicht getan, muss sie damit rechnen, dass das Finanzamt die Einnahmen nachträglich ansetzt und sie Steuern nachzahlen muss. Fehlen Einnahmen in größerem Umfang, ist es auch möglich, dass die Beamten von einer Steuerhinterziehung ausgehen. Dann würde Shamini neben der Nachzahlung auch eine Geld- oder im schlimmsten Fall eine Freiheitsstrafe drohen.

Dürfen die Kleider als Betriebsausgaben angesetzt werden?

Shamini hat die fünf Kleider für die Erstellung von Videos verwendet. Sie ist daher der Meinung, dass sie deren Wert als Betriebsausgaben ansetzen darf. Damit wäre die Versteuerung der Einnahmen wieder ausgeglichen und die Influencerin müsste nur die gezahlte Pauschale versteuern. Hier hat sie die Rechnung aber ohne das Finanzamt und die Gerichte gemacht. Denn die Ausgaben für sogenannte »bürgerliche Kleidung« dürfen in keinem Fall als Betriebsausgabe angesetzt werden. Mit bürgerlicher Kleidung sind alle Klamotten gemeint, die man auch in der Freizeit tragen **könnte.** Ob Shamini die Kleider auch tatsächlich privat getragen hat oder jemals tragen wird, ist völlig egal. Denn für das Abzugsverbot reicht schon die bloße Möglichkeit aus.

Shamini schickt die Kleider zurück

Egal, ob Shamini die Kleider aufgrund ihrer Rechnung von oben nicht behalten möchte oder ob sie einfach ein Kleid in fünf Farben nicht braucht. Wenn sie mit ihrem Kooperationspartner nicht vereinbart hat, dass sie die Kleider behalten muss, kann er sie auch nicht dazu zwingen.

Shamini kann also die Kleider zurückschicken und hat daraus dann keine Einnahmen. Sie sollte unbedingt die Belege für den Versand (DHL, Hermes, o.Ä.) aufbewahren und sich von ihrem Kooperationspartner die Rücksendung der Kleider bestätigen lassen. Am besten schickt sie dafür ihrem Kooperationspartner eine E-Mail wie

»Bitte bestätigen Sie mir die Rücksendung des für das Shooting verwendeten Kleids »Perfect« in den Farben Schwarz, Violett, Pink, Weiß und Gelb.« Somit kann ihr Kooperationspartner einfach mit einer Antwort wie *»Danke für die Rücksendung der Shooting-Samples«* den Erhalt bestätigen. Im Zweifel ist der Versandbeleg und die E-Mails ein ausreichender Nachweis für das Finanzamt.

Wenn den Kleidern ein Schreiben beiliegt

Anders sieht es aus, wenn dem Paket von ihrem Kooperationspartner mit den fünf Kleidern ein Schreiben beiliegt:

»Liebe Shamini,

schon mal vorab vielen Dank für die Erstellung der vereinbarten Videos zu unserem Kleid »Perfect«. Neben der vereinbarten Pauschale von 2.000 Euro kannst du die Kleider gerne behalten. Sie wurden von uns bereits pauschal versteuert.«

Shamini kann sich freuen. Sie hat fünf Kleider, die ihr gut stehen, und muss sie nicht als Einnahmen bei ihrer Gewinnermittlung berücksichtigen. Ausgaben darf sie auch in diesem Fall nicht abziehen, da es sich ja um »bürgerliche Kleidung« handelt.

9.4 Mit Kooperationspartnern die eigene Immobilie renovieren?

Lukas und seine Lebensgefährtin haben zusammen ein altes Bauernhaus im Allgäu gekauft. Gemeinsam wollen sie es sanieren und renovieren, denn es soll ihr Traumhaus für die gemeinsame Familie werden. Ganz wichtig: Bei ihrem Projekt legen sie großen Wert auf die Verwendung von ökologischen und umweltfreundlichen Baumaterialien. Von Beginn an teilt Lukas Fotos und Videos über ihr »Traumprojekt« auf seinem Instagram-Kanal und baut sich mit seinem Schwerpunkt auf ökologisches Bauen schnell eine ansehnliche Zahl an Followern auf. Da auch die ersten Kooperationsangebote nicht auf sich warten lassen, hat Lukas ein Gewerbe angemeldet und sich mit seiner Tätigkeit als »Bau-Influencer« selbstständig gemacht.

Mit der passenden Kooperation steuerfrei verputzt?

Lukas und seine Partnerin mussten das Bauernhaus zunächst vollständig entkernen, was sie auch auf ihrem Kanal dokumentiert haben. Während der Abrissarbeiten kam der Kontakt mit einem deutschlandweit tätigen Hersteller von Lehmputz zustande. Lukas konnte eine für ihn sehr vorteilhafte Vereinbarung aushandeln, wonach ihm der komplette Putz vom Hersteller zur Verfügung gestellt wird, er aber nur die Hälfte des eigentlichen Verkaufspreises zahlen musste. Im Gegenzug verpflichtete sich Lukas, die komplette Verarbeitung des Putzes auf seinem Instagram-Kanal zu dokumentieren. Er konnte dadurch immerhin rund 15.000 Euro bei den Baukosten einsparen. Nach der Veröffentlichung der ersten Beiträge zur Verarbeitung des Lehmputzes schnellten die Followerzahlen nochmal stark nach oben. Dies bemerkte auch Lukas Kooperationspartner und stellte ihm nun den kompletten Putz kostenlos zur Verfügung.

Lukas rechnete gegenüber dem Putzhersteller Social-Media-Marketingleistungen in Höhe von 30.000 Euro zzgl. Umsatzsteuer ab. Im Gegenzug erhielt Lukas eine Rechnung über die Lieferung von Lehmputz im Wert von 30.000 Euro zzgl. Umsatzsteuer. Aus Lukas Sicht die geradezu perfekte Kooperation. Denn er glaubt, dass dabei steuerlich im Endeffekt null rauskommt und er im Ergebnis für Kooperation und Putz weder Einkommensteuer noch Umsatzsteuer an das Finanzamt zahlen muss. Er ist sich zwar bewusst, dass er die 30.000 Euro, die er dem Putzhersteller in Rechnung gestellt hat, als Einnahme versteuern muss und auch Umsatzsteuer dafür abführen muss. Im Gegenzug rechnet er aber fest damit, dass er die Kosten für den Putz als Betriebsausgabe berücksichtigen kann und die Vorsteuer aus der Rechnung des Putzherstellers zurückbekommt. Denn er hat ja den gesamten Baufortschritt auf Instagram dokumentiert.

Hier irrt sich Lukas aber zumindest teilweise. Richtig ist, dass er den Wert des kostenlos erhaltenen Putzes als Betriebseinnahme versteuern muss. Auch stimmt es, dass Lukas die Umsatzsteuer darauf an das Finanzamt abführen muss. Nicht richtig ist aber, dass er den Wert des kostenlos erhaltenen Putzes in voller Höhe als Betriebsausgabe in seinem Influencerbetrieb ansetzen kann. Denn er verwendet das Baumaterial zur Renovierung eines Hauses, in das er später mal selbst einziehen möchte. Die Kosten für eine selbst genutzte Immobile gehören zu den typischen Kosten der Lebensführung und sind als solche steuerlich nicht abzugsfähig. Es besteht zwar unbestritten ein gewisser Zusammenhang mit der Influencertätigkeit von Lukas. Ausgaben für eine selbst genutzte Wohnung dürfen aber nicht aufgeteilt werden (→ Kapitel 6.1.2). Daher kann Lukas die Kosten nicht als Betriebsausgaben abziehen. Aus denselben Gründen bekommt er auch die Vorsteuer aus der Rechnung über den Putz nicht vom Finanzamt erstattet.

Als Betriebsausgaben abzugsfähig sind hingegen sämtliche Kosten, die unmittelbar mit der Erstellung des produzierten Contents zusammenhängen, wie zum Beispiel Kamera, Beleuchtung, Videoschnitt etc.

Lukas kann trotzdem versuchen, sein Finanzamt von der, zumindest teilweisen, Berücksichtigung der Kosten zu überzeugen. Als Argumente kann er zum Beispiel anführen, dass er erhebliche Einnahmen erzielt hat oder mehr Material verbraucht hat, weil er durch die Foto- und Videoaufnahmen immer wieder seine Arbeit mit dem Putz unterbrechen musste.

Nach der Baustelle ist vor der Baustelle: Eine Wohnung zum Vermieten

Nach dem Abschluss der Bauarbeiten in der selbst bewohnten Immobilie können Lukas und seine Partnerin nicht genug vom Renovieren bekommen. Lukas kauft in der Nähe eine Eigentumswohnung, die er vermieten möchte. Auch hier sind aber zunächst einige Renovierungsarbeiten nötig, die Lukas wiederum auf seinem Instagram-Kanal dokumentiert. Durch seine große Reichweite gelingt es ihm auch bei diesem Bauprojekt Kooperationspartner zu finden, die ihm Teile der benötigten Baumaterialen kostenlos zur Verfügung stellen. Im Gegenzug bewirbt Lukas die entsprechenden Produkte in seinen Beiträgen und Reels. Lukas stellt wieder eine Rechnung über die Marketingleistungen und erhält im Gegenzug Rechnungen über die Baumaterialien. Die Rechnungen für die Baumaterialien werden aber immer mit der Influencerleistung von Lukas verrechnet, sodass keine Zahlungen geleistet werden müssen.

In diesem Fall sieht die steuerliche Situation für Lukas etwas besser aus. Den Wert der kostenlos erhaltenen Baumaterialien muss er auch hier als Einnahmen in seinem Influencerbetrieb versteuern und Umsatzsteuer darauf abführen. Der Wert der Baumaterialien ist aber steuerlich abzugsfähig. Denn Lukas erzielt mit den künftigen Mieteinnahmen einkommensteuerlich sogenannte Einkünfte aus Vermietung und Verpachtung. Die Ausgaben für die Renovierung der Wohnung kann er im Gegenzug als sogenannte Werbungskosten abziehen. Dazu gehört auch der Wert der Baumaterialien, die er im Rahmen seiner Influencertätigkeit kostenlos erhalten hat.

Fakt:

Nicht alle Kosten, die bei der Renovierung einer zur Vermietung bestimmten Immobilie anfallen, können **sofort** als Werbungskosten abgezogen werden. Handelt es sich dabei um sogenannte Herstellungskosten, können sie nur im Wege der Abschreibung berücksichtigt werden.

Ganz perfekt ist es für Lukas aber nicht. Denn die Vorsteuer, die in den Rechnungen über die kostenlos erhaltenen Baumaterialen enthalten war, bekommt er vom Finanzamt nicht zurück. Denn die Umsatzsteuer aus Rechnungen anderer Unternehmer wird vom Finanzamt nur dann als Vorsteuer erstattet, wenn man umsatzsteuerpflichtige Leistungen erbringt. Die Vermietung einer Wohnung ist hingegen immer umsatzsteuerfrei. Daher bekommt Lukas die Vorsteuer vom Finanzamt nicht zurück. Als Werbungskosten setzt er daher bei der Vermietung die Bruttobeträge an.

Fakt:

Die kurzfristige Vermietung von Immobilien, beispielsweise von Ferienwohnungen über Airbnb, unterliegt aber der Umsatzsteuer. Vorsteuerbeträge, die auf die Renovierung von Ferienwohnungen entfallen, werden vom Finanzamt erstattet, da sie mit einer umsatzsteuerpflichtigen Vermietung zusammenhängen.

Die direkten Ausgaben für die Erstellung des Contents gehören zu Lukas' Betriebsausgaben seiner Influencertätigkeit. Hieraus kann er sich auch die Vorsteuer vom Finanzamt erstatten lassen.

Index

D

E

F

G

H

I

V

W

Z